# Inhaltsverzeichnis

# Einleitung

Liebe Menschheit, mein Name ist Christophorus Sonntag. Ich bin am 28. Januar 1654 in Weida, der Wiege des Vogtlandes, im östlichen Teil Thüringens geboren.

Ich habe an der Universität zu Jena Theologie studiert und wurde Pfarrer in Oppurg. Später erhielt ich einen Ruf als Professor an die Universität Altdorf, wo ich als Professor für Theologie lehrte. Ich war viermal Rektor dieser Universität und achtmal Dekan der theologischen Fakultät.

Ich war ein Vertreter der milden lutherischen Orthodoxie und habe in diesem beschriebenen Leben mehrere Schriften verfasst und Kirchenlieder gedichtet. Genug von diesem Dasein hatte ich am 6. Juli 1717 in Altdorf bei Nürnberg und wurde aufs Erste wieder ins Kamaloka, ins Himmelsreich, in die Ewigkeit, in das Alles-was-ist – wie immer Ihr das auch nennen mögt – zurückgeholt.

Ich nenne es „Himmel" und spreche im Weiteren von „Gott" und „Gottvater"; Vorteil daran ist, dass Ihr zumindest von der Dimension her ahnt, was ich meine. Nachteil ist, dass die ganzen Bilder, die Euch über Eure Lebensjahre hin von verschiedenen Institutionen – auch der Kirche – eingebläut wurden, wieder aufleuchten und dem Phänomen einfach nicht gerecht werden. Ich habe mich entschieden, es trotzdem zu tun. Ihr müsst mir das verzeihen.

Was ich dort mache? Im Himmel? Ich sitze eigentlich das ganze Jahr auf meiner „Wolke", schaue runter auf die Welt und schreibe mir auf, was mich ärgert. Auch das, was mich zu Tode ärgert, und das, obwohl ich weiß, dass es keinen Tod gibt. Ihr glaubt, es gibt einen, es gibt aber keinen. Und einmal im Jahr reinkarniere ich in einen Menschen und lasse ihn meine Gedanken in einer Fastenpredigt sagen. Um nicht zu sagen: rauspoltern.

Dieser Mensch ist auch heute wieder mein operativer Arm, um Euch meine Gedanken aufzuschreiben. Glaubt nicht, dass dieser Mensch irgendetwas Besonderes sei. Es gibt ein paar Gesetze zur Inkarnation, die Ihr auf der Erde wie so vieles andere nicht verstehen könnt. Wir suchen uns nicht den Klügsten, Aufrechtesten oder Besten aus, nein, wir müssen jemand finden, der unseren Namen trägt. Nehmt das einfach so hin. Ich habe so einen gefunden und benutze ihn zu meinen Zwecken. Nicht mehr, aber auch nicht weniger.

Weshalb ich mich jetzt außerhalb meiner jährlichen Fastenpredigt an Euch wende, hat einen ganz einfachen Grund: Bei uns im Himmel gibt es keine Zeit. Das ist für Euch schwer zu verstehen. Lasst mich das so formulieren, dass Ihr es begreifen könnt: Jeden „Abend" gibt es bei uns ein Abendmahl, bei dem alle Seelen an einem großen Tisch sitzen. Und immer einmal darf jede Seele direkt beim Schöpfer sitzen. Das dauert natürlich unendlich lange – aus Eurer Sicht –, da wir oben keine Zeit haben, empfinden wir das nicht als „lange" oder als ätzendes Warten; alles geschieht jetzt. Deshalb war auch ich jetzt dran und durfte direkt bei Gottvater sein. Ich habe mir genau angehört, was er gesagt hat, und habe entschieden, dass jetzt der richtige Zeitpunkt ist, Euch das mitzuteilen.

Ich berichte Euch, was ich von Gott erfahren habe. Damit inspiriere ich einen fehlerhaften Menschen und lasse ihn das in seinen Worten niederschreiben, also seid nicht entrüstet, wenn das nicht die reine göttliche universelle Sprache sein kann: Wir reduzieren eine prächtige farbenfrohe Blumenwiese auf ein Schwarz-Weiß-Bild. Ich halte es aber trotzdem für hilfreich, wenn Ihr Euch dieses Schwarz-Weiß-Bild anschaut, weil Ihr dann ein bisschen Ahnung kriegt, welche Farbenpracht tatsächlich herrscht. Auf dieser Erde und hinter dieser Erde. Das sollt Ihr wissen.

Denn nicht erst die Covid-19-Pandemie hat einmal mehr festgestellt: Wir müssen reden… halt: wir müssen nicht. Ihr müsst gar nichts! Schon gar nicht für oder wegen Gott! Gott ist wie ein gütiger Onkel, der Euch wohlwollend alles machen lässt, was Ihr wollt, und Euch immer wieder sagt: Macht, was Ihr wollt, aber lebt dann bitte auch mit den Konsequenzen Eures Tuns. Wenn Ihr die Konsequenzen nicht mehr wollt, ändert Euer Verhalten. Nicht mehr und nicht weniger.

Lasst uns zu Anfang ein paar grundlegende Dinge besprechen:
Ihr könnt mehr, als Ihr denkt. Ihr könntet Berge versetzen, stattdessen vergrabt Ihr Bahnhöfe. Das müssen wir auch voransetzen: Gott hat auch den Humor erschaffen. Also stellt Euch darauf ein, dass Ihr beim Lesen dieses Buches bei aller inhaltlichen Dramatik ab und zu lachen oder schmunzeln müsst. Das passt natürlich nicht in das Gottesbild, das Euch die Kirchen vermittelt haben. Wollen wir mal so sagen: Auch die Kirche besteht aus Menschen mit all ihren Schwächen und Eigeninteressen. Gott ist größer als jede Schublade, in die man ihn stecken will.

Zweitens: Eigentlich ist alles egal. Ich sage das nicht aus nihilistischen Gründen heraus, sondern, weil es der Wahrheit entspricht, auch wenn Euch das provozieren mag. Euer Leben auf der Erde beginnt nach Eurer Wahrnehmung durch einen willkürlichen Akt: Irgendein Mann erzeugt Euch, irgendeine Frau empfängt Euch und trägt Euch aus, neun Monate später seid Ihr da, warum auch immer und warum auch immer ausgerechnet Ihr. Dann marschiert Ihr durch das Leben, das entweder willkürlich endet durch Krankheit, Unfall oder Altersschwäche. Oder selbstbestimmt: peng.

In diesem Leben habt Ihr immer das Gefühl, dass ein anderer das Steuer in der Hand hält: in Eurem Jahresurlaub regnet es jeden Tag. Wenn dann aber der Kollege verreist, während Ihr seinen Job mit erledigt (was natürlich keiner sieht oder wertschätzt!), scheint natürlich immer die Sonne. Klar. Immer! Ausgerechnet Eure Firma geht bankrott, ausgerechnet Ihr lauft in die Straßenbahn und ausgerechnet Ihr kriegt diese blöde Krankheit. Oh, wäre es doch bloß Covid-19 gewesen. Ihr könnt scheinbar nur auf alles re-agieren, aber nichts wirklich steuern. Das macht Euch verständlicherweise unzufrieden und schickt Euch ständig auf die Suche nach Erfüllung, die wiederum meist nur kurz anhält.

Die Wahrheit ist, dass es keine Zufälle, kein Glück und kein Pech gibt, keinen Tod und keine Zeit. Es gibt auch keine Sünde und keine Hölle. Es gibt auch kein Eingreifen Gottes auf dieser Welt; er bietet Euch nur seine Weltanschauung an und Ihr könnt Euch daran bedienen. Ihr könnt kosmisch-göttliche Kräfte anzapfen und ein erfülltes Leben führen. Ihr könnt Euch frei machen und Glück geben und empfangen. Ihr könnt aber auch alles andere tun, das ist sein Geschenk an Euch: Macht, was Ihr wollt, und kommt mit den Konsequenzen zurecht.

Wie aber kann es keine Zeit und keinen Tod geben, wenn Ihr ständig mit beidem konfrontiert werdet? Schaut, die Mathematik kann höhere Dimension berechnen, Ihr habt schon bei der Vorstellung von Einsteins vierter Raumzeit-Dimension Probleme. Trotzdem, Ich bitte Euch, stellt Euch einfach mal spaßeshalber Folgendes vor: Ihr seid ein Teil des Ganzen.

Das, was Ihr Gott nennt, nennen wir hier oben die „Höhere Schöpferische Wahrheit" (HSW). Ihr seid ein Teil von HSW. Stellt Euch das Ganze am besten einfach mal als Körper vor. Ob Knochenzelle im Zeh oder Gehirnzelle im Kopf, alles zusammen macht nachher eine intelligente wunderschöne Frau oder einen sportlich-klugen Mann aus. So ist es auch im höherdimensionalen Bereich: Wir alle zusammen sind dort eins. Vielleicht habt Ihr in der Bibel schon gelesen, dass Gott Euch nach seinem Ebenbild gemacht habe. Genau so ist es: Jeder von Euch ist ein kleiner Teil, zusammen sind wir die ganze schöpferische Wahrheit. In diesem Zustand sind alle Teile glücklich, weil alles funktioniert. Und doch kann man Wärme besser genießen, wenn man die Kälte kennt, Licht strahlt umso heller, wenn es die Dunkelheit bricht und wahres Glück ist es, wenn man das Unglück überwunden hat.

Solange Ihr eingebettet seid im großen Ganzen, ist alles gut und Ihr seid – wir alle sind – deswegen grundzufrieden.

Aber so können wir uns und so könnt Ihr Euch nicht eigenständig und getrennt erleben. Weil Ihr das wollt und weil Gottvater Euch keinen Wunsch versagen kann, haben wir das Spiel mit der Erde erfunden.

Dort seid Ihr plötzlich scheinbar allein. Ihr seht, wer Ihr seid, gerne auch mal im abschätzigen Vergleich mit dem anderen. Plötzlich hat die Knochenzelle im großen Zeh die Möglichkeit, die Gehirnzelle zu beneiden: Ich muss ständig diesen blöden Fuß stabilisieren – welchen Fuß stabilisiert die denn? Keinen! Wohnt aber ganz oben im Penthouse des Körpers, die feine dumme eingebildete Sau!

Die Gehirnzelle wiederum hat die Möglichkeit, die Knochenzelle im großen Zeh, die nicht mal richtig denken kann, abgrundtief zu verachten. Bis diese ihr dann die gegenseitige Abhängigkeit beweist: wenn der große Zeh nämlich kompliziert gebrochen ist, liegt auch das edle Gehirn mitsamt seinen exklusiven Superior-Zellen im Krankenhaus und wartet auf die Genesung.

Deshalb müsst Ihr euch im Rahmen Eurer Zellenzugehörigkeit immer neu zusammenfinden, bei Demonstrationen, bei Konzerten, bei Sportveranstaltungen, um Euch dann bei einem gemeinsamen Gefühlchen (Euer Verein schießt ein Tor) in den Arm zu fallen. Und Euch fünf Minuten später wieder gegenseitig zu beschimpfen, zu beneiden, auszutricksen, zu belügen, betrügen und zu enttäuschen. Es ist ein hochinteressantes Spiel, sich wieder getrennt empfinden zu wollen, wenn man doch ganz eng zusammengehört. Dieses Spiel betreibt Ihr ein ganzes Leben lang mit großer Leidenschaft und Gott schaut interessiert und wohlwollend zu.

Nehmt Euer Leben als Spiel oder als Urlaub. Ihr reist von Eurem schönen Heimatort da hin und kehrt wieder zurück. Mit neuen Erfahrungen über Euch selbst, über das Einzelne und das Ganze – und Ihr geht auf in wohligem Glück, so wie man vom Eiswasser zurück in die Sauna schreitet. Bis es einem da drin wieder zu heiß wird …

Natürlich sagen viele von Euch: wenn es diesen Gott gäbe, würde er sich zeigen. Einige von euch haben mit dem besten Freund verabredet: der erste, der stirbt, gibt dem anderen ein unmissverständliches Zeichen. Weil dieses Zeichen immer ausbleibt, kommt Ihr zu der defätistischen Entscheidung, dass es nur dieses eine Leben auf der Erde gibt – Hasta la vista Baby, das wars. In Wahrheit findet alles bei uns statt, wo es keine Zeit gibt. Alles ist jetzt! Jetzt ist Eure Anwesenheit in unserem göttlichen Dasein, und jetzt ist Euer Leben mit seiner Geburt, seinem Dahingang und seinem Tod auf der Erde. Warum gibt Euch Euer gerade verstorbener Freund keine Zeichen? Weil er jetzt gerade mit Dir und mit uns allen ist, aber auch jetzt gerade auf die Erde kommt, jetzt lebt und jetzt wieder stirbt, zusammen mit Dir, verstehst Du? Ich gebe zu, das ist ein bisschen viel für ein menschliches Gehirn, es reicht aber, wenn Ihr das Spiel gedanklich mitmacht und Euch auf diese Reise begebt. Und, auch wenn ich mich mehrfach wiederhole: nichts muss! Ihr müsst das nicht glauben! Ihr müsst, schon gar nicht wegen Gott, ein gutes Leben führen. Ihr müsst wegen ihm weder auf Flugreisen noch auf Fleisch verzichten.

Oh ja, das provoziert Euch jetzt wieder; die einen von Euch, weil Ihr denkt: was ist das für ein Prophet, der da oben im Himmel sitzt, uns eine bessere Erde verspricht und gleichzeitig sagt, wir dürfen weiterfliegen und Fleisch essen? Das Lesen ist für mich an dieser Stelle beendet! Euch andere provoziert es, weil Ihr sagt: siehst du, selbst die göttliche Autorität gestattet uns, mit dicken Autos durch die Gegend zu jagen und abends doppelt so viel Fleisch zu bestellen, wie man essen kann! Und jetzt geh mir aus den Augen, Neider, deine Armut kotzt mich an!

Könntet Ihr mal beide bitte über den Rand Eures kleinen Tellers blicken? Es ist nämlich auf einer höheren Ebene egal, was auf der Erde passiert! Der Erde selbst ist es wurst, ob Stürme toben, ob ein Klimawandel menschengemacht ist oder nicht; es ist der Erde herzlich egal, ob Menschen oder Tiere auf ihr leben, beides oder keines davon. So locker kann man das sehen.

Und doch wäre es auf Eurer Ebene hilfreich, die Erde so zu behandeln, dass sie Euch und Euren Kindeskindern als lebenswerter Ort bewahrt bleibt, denn Ihr möchtet Euch auf der Erde „erleben" – und dazu sollte sie auch Leben möglich machen. Deshalb ist es der Sinn dieses Buch, Euch zu helfen, das Leben auf der Erde ein bisschen problemfreier zu gestalten.

Jeder von Euch hat seine eigene Geschichte. Manche Leser mögen jetzt schon um die fünfzig Jahre alt sein und erinnern sich an ihre eigene Vergangenheit. Früher gab es noch ausgewählte Sensationen zu ausgewählten Zeitpunkten: Weihnachten, darauf hat man sich als Kind wochenlang gefreut, der Sommerurlaub, die Loriot-Sendung in zwei Monaten, der erste Spargel im Mai, die erste kurze Hose im Juni.

Diese Abläufe habt Ihr modernisiert und dabei Wesentliches verloren; natürlich könnt Ihr Euch den Sommer im Januar auf den Kapverden holen und den Spargel im Februar aus Chile essen! Ihr habt Euch aber die Freude genommen, Euch darauf zu freuen, diesen Genuss zum richtigen Zeitpunkt wahrzunehmen.

Das möchte dieses Buch sagen; es gibt keinen Grund, auf irgendetwas zu verzichten, Gottvater hat Euch gesagt: macht Euch die Erde untertan, das dürft und sollt Ihr tun. Noch mal: er ist der Ansicht, dass Menschen auch Fleisch essen dürfen, denn das Tier hat ein ganz anderes Wissen um die Wirklichkeit. Habt Ihr schon mal einen Hund jammern hören, weil sein rechtes Bein nicht mehr funktioniert? Eine Katze, weil sie sich die Schnurrhaare am Feuer abgesengt hat? Nein, Tiere nehmen das Spiel auf der Erde unaufgeregter wahr und gehen auch mit ihrem Kommen und Gehen spielerischer um. Ein Tier ist gerne bereit, seinen Körper für Euch herzugeben, weil es auf einer höheren Ebene weiß, dass es unsterblich ist. Du weißt das eigentlich auch, willst es aber nicht wahrhaben, weil Deine hochsensitive Angst Dich daran hindert.

Aber, Menschheit, jetzt mal Butter bei die Fische: warum könnt Ihr das Rind, das Euch am Schluss seines Lebens seinen Körper geben muss, nicht bis dahin anständig und freundlich behandeln?

Warum muss ein Schwein bei Euch die Hälfte seines Lebens in einer engen Box verbringen? Warum dürfen Hühner keinen Auslauf haben? Warum tut es Euch so schrecklich leid, dass männliche Küken über viele Jahre hinweg brutal und bei lebendigem Leib geschreddert wurden und hattet dabei den Eindruck, Ihr könntet gar nichts dagegen tun?

Warum lasst Ihr dem Hauskaninchen für 120,- Euro eine immunstärkende Vitaminspritze verpassen, um fünf Minuten später vier Kalbsschnitzelchen zu panieren und in Butter zu schmälzen? Dazu passt ein hausgemachter schwäbischer Gurken-Kartoffelsalat, am besten noch ein bisschen warm, handgeschabte Spätzle und ein Hochgewächs-Riesling aus dem Remstal, den Ihr aber bitte bei maximal zehn Grad Celsius kredenzen solltet. Zum Nachtisch … okay, ich schweife ab.

Die Frage ist doch: braucht Ihr einen Brotaufstrich, der Palmöl beinhaltet? Oder macht das Leben auch ohne Spaß? Wäre es eine Idee, kein Fleisch mehr zu essen? Oder wenigstens die Massentierzucht sofort zu beenden? Wie konntet Ihr je auf die Idee kommen, das Leben der Tiere zu industrialisieren? Das ist unwürdig und sorgt für viele vermeidbare Umweltprobleme! Warum nicht zurück zum Prinzip „Sonntagsbraten"? Nehmt Christophorus Sonntag als spätmittelalterlichen Paten für die Idee; einmal die Woche Fleisch essen und dabei wissen: dem Tier ging es in seinem Leben gut. Vielleicht sogar richtig gut? Könnte es sein, dass es kosmische Energien gibt, die, wenn Ihr ein bisschen mehr im Einklang mit Allem-was-ist lebt und ein bisschen mehr an Eure Mitgeschöpfe denkt, ein bisschen mehr Frieden und Freude auf der Erde wäre? Weniger Leid? Weniger Hunger? Weniger Ungerechtigkeit? Und kosmischerweise … Verzeihung, komischerweise auch weniger Magengeschwüre und Darmkrebs?

Könnte es sein, dass Euch ein Shopping-Wochenende in London oder in New York oder auf Palma de Mallorca vor allem deshalb Spaß macht, weil Euch nichts anderes einfällt? Hat Euch die Corona-Pandemie nicht gezeigt, dass es vielleicht auch gerade da schön sein kann, wo Ihr gerade seid? Wo Euch das Schicksal hingeworfen hat? Ihr fliegt nach Mallorca, kauft eine teure Tasche, esst ein teures Essen und mietet euch dann E-Bikes, um vier Stunden Bewegung zu haben? Habt Ihr Euch mal überlegt, ob das nicht auch vor der Haustüre geht? Vielleicht nicht immer, aber halt immer öfter? Noch mal: Ihr dürft fliegen, wenn Ihr das als richtig empfindet, aber Ihr müsst wissen, dass es Konsequenzen hat, für Euch und für die Umwelt. Der Spruch hat einen längeren Bart, als ich einen trage, gilt aber immer noch: Manchmal ist weniger mehr. Mehr oder weniger. Und eben nachhaltiger.

Wenn Ihr das ändern würdet, bedeutete das in dem Zeitalter, in dem Ihr hier gerade lebt, und die ich die „Geld-Zeit" nennen möchte, natürlich eines: das einzelne Vergnügen wird teurer und somit etwas knapper, wertiger und bekommt wieder einen besonderen Reiz.

Dazu möchte ich Euch mit diesem Buch ermuntern. Ich hoffe, ich konnte Euch erklären, dass es egal ist, denn Gottes Liebe könnt Ihr weder erwerben noch verlieren, das Leben ist ein Spiel. Aber es bringt Euch mehr, wenn Ihr Euch an ein paar Spielregeln haltet, weil Ihr dann mehr Erkenntniszugewinn habt.

Das sind die Regeln im großen komischen Spiel. Ihr könnt sie brechen oder beachten. Beides hat Konsequenzen. Weil immer mehr Menschen danach fragen, will ich Euch auch antworten. Es sind nur grobe Gedanken und Richtungsweisungen, die Details müsst Ihr selbst in die Hand nehmen. Ich sortiere es von A bis Z.

Sonntag, bist du noch fit oder schon eingeschlafen?

*Nein, alles gut, ich schreibe mit!*

Gut! Los gehts, alter Knabe!

# Kapitel 1

## Artensterben

Jetzt beginnt dieses Buch gleich mit solch einem unschönen Thema. Aber mit „A" beginnt eben das Alphabet und eben auch „Artensterben". Natürlich hätten sich auch andere Begriffe mit „A" zu Beginn finden lassen, z. B. „Aufmerksamkeits-Hyperaktivitätsstörung, „Arbeiterunfallversicherungsgesetz" oder gar „Anal-Phabetismus", aber ich will ja, dass Ihr gleich mittendrin seid und mir nicht schon beim ersten Begriff einschlaft.

Und warum nicht gleich mit einem der wichtigsten Themen beginnen? Und wenn Ihr jetzt seufzt und denkt: „Na ja, okay, dann hab ich das wenigstens überstanden", dann habt Ihr leider falsch gedacht, denn das Thema wird immer mal wieder auftauchen! Es betrifft eben auch viele andere Lebensbereiche, was die Kapitel „Insekten", „Landwirtschaft" oder „Meere" weiter hinten wieder aufgreifen werden.

Außerdem treibt dieses Thema auch Gottvater sehr um – ja, er hat Euch den freien Willen gegeben und wenn Ihr Euch entscheidet, diesen zu nutzen, um Euch selbst den Untergang zu bescheren, dann ist das halt so. Aber dass Ihr eine Vielzahl der acht Millionen Tierarten mitnehmt, die Gott in all ihrer Vielfalt erschaffen hat, das stößt uns hier oben doch sehr sauer auf.

Eure Wissenschaftler sprechen übrigens vom sechsten Artensterben. Die gute Nachricht: Für die ersten fünf wart Ihr nicht verantwortlich. Die schlechte: So schnell wie Ihr kriegt es keiner hin. Das letzte Artensterben betraf die Dinosaurier. Und die durften einige Millionen Jahre auf der Erde rumlaufen, bis es sie erwischte. Den Homo sapiens, übersetzt: „vernunftbegabter Mensch" – Sinn für Humor habt Ihr ja! – also Euch, gibt es seit etwa 300 000 Jahren. Und so wie es aussieht, kommt da nicht mehr so viel dazu.

Wenn ich von hier oben auf die Erde runterblicke, dann sehe ich leicht, was sich in den letzten Jahrhunderten verändert hat: Immer mehr Natur fällt dem Menschen zum Opfer – immer neue Flächen müssen für Landwirtschaft, Industrie und Wohngebäude weichen und somit auch die Lebensräume vieler Tierarten. Erst zerstört Ihr diese Lebensräume, dann steckt Ihr die letzten verbleibenden Exemplare in Zoos, wo Ihr dann verzweifelt versucht zu retten, was noch zu retten ist. Als ob man nach dem heftigen Sonnenbrand auf die glorreiche Idee käme, endlich Sonnencreme aufzutragen.

Und wenn eine Mutter gedankenverloren und fahrlässig mit ihren Kindern an Silvester versehentlich das Krefelder Affenhaus in Flammen aufgehen lässt, würdet Ihr sie am liebsten als Alleinschuldige an der Pein aller Tiere kreuzigen – das hatten wir ja auch schon so ähnlich, damals in Golgatha.

Erschreckend ist auch das Tempo, in dem Ihr das alles hinbekommt. Vor allem seit Euch die Idee mit dem Kapitalismus gekommen ist, geht das immer schneller. Zu meiner Zeit als Theologieprofessor griff der Mensch auch schon in die Natur ein, er brauchte ja Nahrung. Aber die Felder wurden so bewirtschaftet, dass sie auch für die folgenden Generationen Erträge erbrachten. Und es wäre ja nicht so, dass Euch Menschen die Lage nicht bewusst ist. Die Fakten liegen ja auf der Hand. Aber Ihr sitzt da wie die kleinen Kinder beim Versteckspielen, die sich die Hand vors Gesicht halten und sagen: „Hähä, ätsch, Du siehst mich nicht!" Fangen wir also einfach mal mit ein paar Zahlen an, Stand 2020, um Euch die Lage zu verdeutlichen. Und hierbei handelt es sich nur um ein paar Beispiele:

- Eine Million Arten sind akut vom Aussterben bedroht.

- 44 % der Amphibien und ein Drittel der Meeressäuger werden schon bald von Eurem Planeten verschwinden; die Hälfte aller Korallenriffe sind bereits zerstört.

- ein Viertel der Landfläche der Erde ist so heruntergewirtschaftet, dass sie quasi nicht mehr nutzbar ist.

- Allein in den letzten 40 Jahren wurden 140 Millionen Hektar Regenwald vernichtet.

- Seit Beginn des 20. Jahrhunderts ist die Biomasse der freilebenden Wildtiere um 82 % geschrumpft

Man stelle sich einfach mal vor, diese Zahlen wären die Bilanz eines Unternehmens – man würde von totaler Unfähigkeit der Manager sprechen und sie alle rausschmeißen – und vor allem den bisherigen Kurs des Unternehmens infrage stellen. Wahrscheinlicher aber würde der Staat mit Hilfsgeldern einspringen, zumindest, wenn es sich um ein wichtiges Unternehmen handelt (Autoindustrie, Lufthansa, Banken, usw.). Und wer jetzt immer noch achselzuckend denkt, dass für diese Katastrophe ja vor allem andere Länder verantwortlich sind und wir hierzulande doch Müll trennen und auf Plastiktüten im Supermarkt verzichten, dem sei gesagt, dass auch in Deutschland 69 % der Lebensräume in schlechtem Zustand sind und 63 % der Arten hier ebenfalls kurz- oder mittelfristig in Gefahr sind.

Wisst Ihr übrigens, auf welchen Flächen in Deutschland sich die Natur noch am wohlsten fühlt? Auf Truppenübungsplätzen! Na, immerhin war Eure Erfindung des Militärs wenigstens dafür gut!

Da fällt mir gerade ein, im Jahre 1679 hatte ich mal einen Zeitgenossen getroffen, wie hieß er gleich, Jean-Baptiste Du Tertre ...

*Bruder Christophorus?*

Ja, mein treuer Knecht?

*Ich hab das gerade mal parallel gegoogelt ...*

Du hast geguckelt?

*...im Internet nachgeschaut, er lebte von 1610 - 1687!*

Danke für diesen Einwand, treuer Knecht! Jedenfalls, dieser Bursche hatte schon in meinem Geburtsjahr einen Artikel über den Antigua-Glatt-kopfleguan geschrieben. Er jammerte damals in seinem Elaborat, bald würde dieser aussterben, ginge die Entwicklung so weiter. Ja, recht hatte er! Gibt es heute nicht mehr! Nicht, dass ich ihn vermissen würde, der schmeckt ziemlich ranzig ... der Leguan, nicht Jean Baptiste.

Mag sein, das schockt Euch gerade nicht, weil sich mancher nun sagt: „Was soll's – ich mag eh keine Tiere und diesen ranzigen Antigua-Glatt-kopfleguan habe ich auch noch nie vermisst!", dem sei gesagt: Ohne Tiere und Pflanzen gibt es keine Nahrung mehr für Euch! Gott und die von ihm angestoßene Evolution haben sich das alles schon sehr schlau ausgedacht – hier greift ein Rädchen ins andere und wenn Ihr aus einem Puzzle immer mehr Teile herausnehmt, dann ist es nur noch eine Frage der Zeit, bis das Gesamtbild nicht mehr erkennbar ist.

Immerhin, wenn das Artensterben weiter so schnell voran geht, dann braucht ihr Euch wenigstens nicht mehr um den Klimawandel zu kümmern. Noch könnt Ihr dagegen vielleicht etwas tun. Manche Gegenden werden bewohnbar bleiben, technische Entwicklungen könnten helfen, mag sein, aber das hilft Euch beim Artensterben nicht weiter – denn Ihr werdet es nie schaffen, in Euren Laboren ausgestorbene Arten wieder zum Leben zu erwecken!

Alles begriffen? Die Lage ist klar? Problem erkannt? Dann dürfte Euch jetzt auch die Lösung interessieren, hier ist sie:

Fordert von Euren Politikern oder wählt Parteien, die genau das auf der Agenda haben:

- Reformiert die Landwirtschaft!

- Fördert den regionalen Bauern anstatt Agrarfabriken in Apulien, Spanien, Rumänien, Polen und sonst wo!

- Schafft mehr geschützte Flächen!

- Bekämpft die Überbevölkerung!

So, und das ist Euch ja immer am liebsten, wenn man auf eine höhere Ebene verweist, auf die Ihr ja überhaupt gar keinen Einfluss habt. Abgesehen davon, dass das natürlich eine reine Schutzbehauptung ist, fällt mir das etwas anderes Seltsames auf: Ihr könnt nämlich tatsächlich selbst etwas machen. Was? Das:

- Esst weniger Fleisch!

- Wenn ein Tier schon für Euch sterben muss, dann esst nicht nur sein Filet, sondern auch seine Füße. Kurz: Es schenkt Euch seinen ganzen Körper, esst dann bitte auch den ganzen Körper!

- Hört auf, Tiere aus Qualzucht zu kaufen!

- Kauft beim regionalen Bauern und bezahlt ihn fair!

16

Und: Hört auf, Eure Verantwortung zu leugnen. Nehmt sie an, sie ist sowieso da! Hört auf zu jammern: „... man kann ja ohnehin nichts machen!" – wer sagt das? Wer belegt das? Was für ein Blödsinn, Eures Verstandes unwürdig! Natürlich könnt Ihr etwas machen! Jeder recycelte Joghurtbecher setzt die richtige Energie frei! Jedes wildblühende Bienenschutzeck in Eurem Garten animiert oder verunsichert Euren Nachbarn! Vier Fahrräder vor dem Bäcker beschämen den Nachbarn mit dem kürzeren Weg, den er aus Ignoranz mit seinem kerosintankenden Boliden zurückgelegt hat. Es ist doch Eure Welt! Keine Katze kackt neben ihren Schlafplatz – warum tut Ihr es? Weil Ihr blöder als eine Katze seid? Da kocht mein göttlicher Zorn hoch, Ihr seid nämlich nicht zu blöd, Ihr seid bloß zu faul zum Denken. Wäre Jesus faul gewesen, hätte er keine Pharisäer aus dem Tempel jagen können. Wäre Luther faul gewesen, hätte er weder Thesen formuliert noch jemals an die Kirchentür von Wittenberg genagelt. Hat er das? Verrate ich Euch vielleicht später. Aber Ihr würdet heute noch brav Ablassbriefe kaufen! Mannmannmann Menschheit!

So, jetzt wisst Ihr Bescheid. Wie gesagt, ich werde das Thema noch einige Male aufgreifen, wir kommen nicht drum rum. Es ist Zeit für eine Umkehr, sonst kommt es doch so, wie in dem alten, aber immer noch treffenden Witz, bei dem sich zwei Planeten auf ihren immergleichen interstellarem Runden begegnen:

„...hei", sagt der eine Planet zum anderen, „wenn ich ehrlich sein darf, Du siehst verdammt schlecht aus – was ist los?"
„Ach", jammert der Angesprochene, „ich hab ganz schlimm die Menschen!"
Sagt der Erste: „Wenns nur das ist – das vergeht wieder!"

# Kapitel 2
## Ausbeutung

Ihr lebt nicht mehr in Zeiten der Sklavenhalter- oder Feudalherrschaft. Die Zeit der Sklaven, die auf Baumwollfeldern schufteten, ist vorüber. Die Ära der leibeigenen Bauern ist vorbei. Wir haben die Erklärung der Menschenrechte und verschiedene Abkommen über deren Umsetzung, die von fast allen Staaten der Welt unterschrieben wurden. Wo also liegt das Problem? Gut, es gibt Staaten, die undemokratisch sind und die darum ihren Einwohnern grundlegende Rechte vorenthalten müssen. Aber hier soll es um einen anderen Bereich gehen, in dem noch nicht alle Menschen frei und gleich sind – um den wirtschaftlichen Aspekt. Sicher wird es niemals gelingen, dass alle Menschen dieser Welt in dem Sinne gleich sind, wie es die Theorien des Kommunismus als höchste Form der Entwicklung vorsehen und in der Praxis in der Umsetzung kläglich gescheitert sind. So ist es halt, wenn ich gesunde Ernährung propagiere, aber selbst dreimal pro Tag im Fastfood-Restaurant essen gehen will.

Unterschiede unter den Menschen wird es immer geben, denkt an das eingangs gemalte Bild von der Knochen- und der Gehirnzelle, aber heute haben wir die Situation, dass der Wohlstand der einen auf dem Elend der anderen basiert – was Berthold Brecht schon 1934 erkannt hatte:

„Reicher Mann und armer Mann
standen da und sahn sich an.
Da sagt der Arme bleich:
Wär ich nicht arm, wärst du nicht reich."

Auch fast hundert Jahre später hat sich an dieser Erkenntnis nichts geändert. Man könnte es auch so formulieren: „Der Unterschied zwischen der Ausbeutung!"

Der Wohlstand vor allem der westlichen Welt beruht darauf, dass es Menschen gibt, die für wenig Geld unter schwierigen Bedingungen Dinge herstellen, die wir zum Leben „brauchen". Manche dieser Menschen werden wir in anderen Kapiteln wieder treffen: Kinder, die in Minen im Kongo nach Lithium für Tablets und Smartphones suchen oder die Näherin in Bangladesch, die für einen Hungerlohn unsere Kleidung näht. In diesen

Fällen bleibt Euch immerhin die Möglichkeit, moralisch empört zu schnaufen, aber dann resigniert die Achseln zu zucken und zu konstatieren, das alles sei ja schrecklich weit weg.

Aber die Ausbeutung ist nicht nur ein globales Phänomen, sie findet auch hier und heute statt, teilweise vor der Haustür eines jeden Einzelnen von Euch. Ihr seht sie nicht oder wollt sie nicht sehen, obwohl ihre Erzeugnisse zu Eurem Alltag gehören. Dafür werdet Ihr mich hassen, das tut weh: Ihr seid Sklavenhalter!

„Fast ein Viertel aller Beschäftigten arbeitet bei uns im Niedriglohnsektor. Wohlstand haben andere in der Gesellschaft, die davon profitieren", sagt der Armutsforscher Christoph Butterweg – andere Worte, aber die gleiche Botschaft wie bei Brecht.

Wer erinnert sich an eines der größten Probleme aus der Anfangszeit der Corona-Krise? Ich spreche hier nicht von der manischen Angst mancher Mitmenschen, irgendwann nicht mehr über genug Klopapier zu verfügen oder die geschlossenen Friseursalons, die eine Reihe bedenklicher Selbstverstümmelungen zur Folge hatten. Ich spreche hier vom deutschen Spargel! Dessen Erntezeit fiel mit dem Lockdown zusammen und sogleich wurde er als systemrelevant erkannt! Wo lag das Problem? Da sich kaum Deutsche finden, die bereit sind, die Arbeit des Spargelstechens zu übernehmen, stand die ganze Ernte auf der Kippe, weil ein Einreiseverbot bestand und das Heer an osteuropäischen Wanderarbeitern nicht nach Deutschland kommen konnte. Großes Aufatmen dann, als dies doch möglich war. Aber nicht nur die Spargelernte wird von diesem riesigen Heer an billigen Arbeitskräften übernommen, bei den Erdbeeren sieht es auch nicht besser aus.

Nun könnte man natürlich argumentieren, diese Menschen verdienen in ihrer Heimat Rumänien oder Bulgarien viel weniger oder gar nichts. Sie haben die Möglichkeit, hier in Deutschland in kurzer Zeit mehr zu scheffeln als daheim im ganzen Jahr und erhalten so die Chance, ein bisschen Wohlstand zu erlangen. Es gibt Gegenden in Rumänien, da beträgt das monatliche Pro-Kopf-Einkommen etwa 100 €! Damit bezahlen andere im Spitzenlokal die Beilagenänderung! Und immerhin gibt es ja auch den Mindestlohn!

Diese Menschen werden mit diesem Versprechen nach Deutschland gelockt, dazu freier Flug, Unterkunft und Verpflegung. Oft sieht es dann vor Ort allerdings ganz anders aus – die Kosten für die genannten Dinge müssen abgearbeitet werden und nicht nach Stunden wird abgerechnet, sondern nach Stückzahlen, beispielsweise nach Körben bei den Erdbeeren. Die Folge: Selbst bei hohem Arbeitstempo ist der Stundenlohn nicht im Ansatz zu erreichen. Betroffene berichten (Quelle: Spiegel 18.07.2020), dass sie für einen Korb etwa fünfundvierzig Minuten brauchen und für diesen Korb drei Euro Pflückerlohn erhalten hätten. Teilweise gibt es auch keine schriftlichen Arbeitsverträge, geschlafen wird in einfachen Baracken.

Heißt natürlich – auch das tut jetzt weh – selbst der von Euch, der ganz bewusst mit seinem SUV zwei Kilometer weiter fährt, um ganz bewusst „Erdbeeren aus Deutschland" zu kaufen, unterstützt vielleicht Ausbeutung und Unterdrückung.

Hmm, blöd jetzt, gell? Man könnte ja einfach mal selbst zu einem Erdbeerfeld in der Nähe fahren, wo es möglich ist, selbst zu ernten? Die Erdbeeren werden dann auch etwas billiger und vor allem weiß man die Arbeit all jener zu schätzen, die sonst diese Plackerei für Euch auf sich nehmen. Aber ich kenne Eure wichtigsten Fragen: „... was zieh ich dazu an? Und was, wenn mich die Nachbarn sehen? Glauben die dann, ich kann mir keine Erdbeeren vom Feinschmecker leisten? Nein, die Blöße tu ich mir nicht an!"

Sorry, ich bin kurz zynisch geworden. Lasst mich ein Glas Himmelswein trinken, dann gehts weiter. Sonntag, für Dich steht ein Hefeweizen im Kühlschrank!

*Danke Christophorus!*

Nicht dafür ... so, weiter gehts, wo waren wir stehen geblieben?

*...bei den Wanderarbeitern!*

Genau, treuer Knecht Sonntag, wir waren bei den Wanderarbeitern: Nun sind diese Menschen auf den Spargel- und Erdbeerfeldern nach einer Weile der Plackerei wieder daheim, aber andere sind ständig bei Euch. Auch das wurde Euch während der Corona-Pandemie vor Augen geführt. Der Tönnies-Skandal hat ins Bewusstsein gerufen, was Ihr alle eigentlich wisst: Ausbeutung findet auch ganzjährig statt. In den großen Schlachtbetrieben, wo Schweine und Rinder für günstiges Billigfleisch zerlegt werden. Auch dort arbeiten Menschen, vor allem aus Osteuropa, für wenig Geld. Gut, nicht alle bei Tönnies wurden ausgebeutet. Sigmar Gabriel bekam immerhin zehntausend Euro pro Monat für seine Beraterdienste (und merkte an, das sei für den Normalbürger viel Geld, in dieser Branche aber eher wenig. Also auch Sigmar Gabriel ein Ausgebeuteter dieses Systems!). Kein Wunder, dass auch diese Menschen reihenweise an Corona erkrankten. Sie stehen eng beieinander im Schlachthof, sie wohnen zu mehreren Personen in kleinen Zimmern – alles, damit Ihr billiges Grillfleisch auf den Rost werfen könnt. Klar, irgendwie muss man die Kosten für den zwei Teuro teuren Nobel-Grill ja wieder reinholen!

Noch mehr Ausbeutung gefällig im reichen Deutschland? Kein Problem! Denken wir an die vielen Frauen, die nach Deutschland geholt werden, um hier als Prostituierte zu arbeiten. Denken wir an günstige Pflegekräfte, ohne die es gar nicht möglich wäre, die zunehmende Zahl von älteren, pflegebedürftigen Menschen in Eurem Land zu versorgen. Denken wir an billige Reinigungskräfte, die dafür sorgen, dass es bei den sauberen Deutschen auch immer so aussieht. Die Liste ließe sich weiter fortsetzen …

Wer trägt dazu bei? Natürlich jeder Einzelne, der diese Dienste in Anspruch nimmt. Und es wird sich wohl kaum jemand finden, der nicht wenigstens einen dieser Bereiche schon einmal genutzt hat und sei es nur beim Genuss von Spargel oder Erdbeeren. Aber natürlich hat auch die Politik den Boden bereitet für diese Art von moderner Sklavenhalterei. Es gibt Leihfirmen, dubiose Geflechte von Subunternehmern, Behörden, die überlastet sind oder die Augen zudrücken und gute Connections zwischen Industrie und Politik.

„Sozial ist, was Arbeit schafft!" Dieser Satz wurde schon von mehreren Parteien verwendet. Doch wenn man sich die genannten Arbeitsplätze anschaut, dann muss man zugeben – diese Form von Arbeit ist alles andere als sozial! Ich plädiere für einen anderen Satz: Sozial ist, was Armut abschafft! Könnte aber sein, dass dadurch ein bisschen was von Eurem Wohlstand verloren geht. Aber immerhin wärt Ihr dann keine Sklavenhalter mehr!

Dass das in Eurem Land eine Energie schaffen würde, die alles verändern kann, könnt ihr Euch nicht vorstellen; ich weiß es und möchte Euch ermuntern, es auszuprobieren: Euer Erstaunen wird keine Grenzen kennen.

Also, was könnt Ihr tun? Fangt einfach an, dieses dicke Brett zu bohren. Macht Euch in der Nachbarschaft wichtig, weil Ihr mit dem Fahrrad zum Erdbeerfeld radelt, erzählt, warum Ihr das tut und was es für individuelle und globale Vorteile hat.

Und unterschätzt nicht, wie groß die positiven Konsequenzen auf Euer eigenes kleines Dasein sind, wenn Ihr endlich aufhört, Euch als Opfer zu sehen. Ihr seid großartige Gestalter! Ihr könnt Berge versetzen! Fangt doch schon mal mit den Erdbeeren an.

# Kapitel 3

## Börse

Nur circa fünf Prozent aller Deutschen besitzen Aktien – trotzdem schaltet die ARD jeden Abend direkt vor der Tagesschau an die Börse, wo ausgewiesene Fach-Experten dann erklären, wie es denn dem armen DAX an diesem Tage ergangen ist. Menschheit? Hallo? Warum räumt man einer Sache, die nur fünf vom Hundert betrifft, solch eine prominente Sendezeit ein? Warum dann keine Sondersendung für die fünf Prozent der Deutschen, die schon einmal einen Weihnachtsbaum online bestellt haben? Oder die fünf Prozent, die noch nie Karies hatten? Oder für die fünf Prozent, die unter Hämorrhoiden leiden? Oder noch ihren gottgegeben gesunden Menschenverstand benutzen?

Welche aufgeblasene Bedeutung die Börsenkurse heutzutage haben, zeigt sich auch daran, dass in den Medien bei jeder Art von Krise – egal ob kriegerischer Konflikt, Seuche oder Schnupfen eines Ölscheichs – oft als Erstes gefragt wird: Und wie hat die Börse darauf reagiert? Dann melden sich ausgewiesene Experten wie Anja Kohl mit mehr oder weniger besorgten Gesichtern vom Parkett und geben düstere Prophezeiungen von sich oder versuchen beruhigend auf die verschreckten Wertpapieranleger einzuwirken.

Natürlich ist die Börse ein fragiles Gebilde und man kann durchaus sagen: „Nach dem Crash ist vor dem Crash."

Der erste große Börsencrash geht übrigens schon auf das 17. Jahrhundert zurück – da gab es schon einmal eine große Blase, deren Zerplatzen zu immensen Wertverlusten führte. Und was wurde damals eine Zeit lang so heiß gehandelt? Tulpen! Diese galten in den Niederlanden seinerzeit als Statussymbol. So soll es einmal zu einem handfesten Eklat gekommen sein, als ein Gast bei einer Essenseinladung die auf den Tisch drapierte Tulpenzwiebel als Beilage zum Mahl missverstand und verspeiste. Der Gastgeber wollte wohl nur mit seinem Wohlstand protzen und sah sich nun der Vernichtung seiner wertvollen Pflanze gegenüber. Der Wert der versehentlich verspeisten Tulpe wird auf umgerechnet 25 000 Euro geschätzt. Hoffentlich hat es wenigstens geschmeckt. Tatsächlich wurden die Tulpen damals in großen Mengen ähnlich heiß gehandelt wie heute bestimmte Aktien von vielversprechenden Unternehmen. Damals wie heute hatte der tatsächliche Wert der Sache irgendwann überhaupt keinen Bezug mehr zu seinem wirklichen Wert.

Das Platzen der Tulpenblase kam dann 1637, als sich tatsächlich kaum mehr ein Idiot fand, der bereit war, noch höhere Preise für Tulpen zu bezahlen als der Vollidiot vor ihm. Der folgende Mechanismus greift bis heute: Auf einmal wollen alle verkaufen, die Preise fallen ins Bodenlose und zahlreiche Pleiten folgen. Dem Standort als Blumenproduzent Nummer Eins hat die Tulpenblase nicht nachhaltig geschadet – noch heute kommt die Mehrzahl aller Gewächse aus den Niederlanden. Es soll dort sogar eine Tulpe mit dem Namen „Dow Jones" geben. Mal sehen, ob mal eine „Wirecard" heißen darf. Das ist dann eine Tulpe, von der die Anleger glauben, dass auf den Philippinen 1,9 Milliarden Stück davon in prächtiger Blüte stehen. Oh Gott, Ihr Menschen, wenn Ihr mich nicht gerade erzürnt, bringt Ihr mich oft auch zum Lachen!

Doch egal ob Tulpenzwiebeln, IT-Unternehmen oder Banken – immer wird, wenn es eng wird, gleich nach dem Staat gerufen, der nun als weißer Ritter zu Hilfe eilen soll. Das war schon vor fast vierhundert Jahren so in Holland und es wiederholt sich in regelmäßigen Abständen. Richtig gehört: derselbe Staat, der sich sonst immer bitte aus Eurem Markt – der ja alles selbst regelt – raushalten soll. Sonst reagiert Ihr nämlich in der Regel äußerst allergisch auf staatliche Eingriffe – vor allem, wenn es darum geht, die Finanzmärkte zu bändigen oder gar um steuerliche Aspekte wie eine Finanztransaktionssteuer.

Die Besteuerung von Aktien, Dividenden oder anderen Kapitalerträgen war schon immer ein großes Diskussionsthema. So ist noch immer unverständlich, warum beispielsweise die Gewinne aus Aktienverkäufen nur die sogenannte Abgeltungssteuer von fünfundzwanzig Prozent betragen – und nicht den normalen Steuersatz, der für jedes andere Einkommen anfällt. Sehr fatalistisch beschrieb der damalige Finanzminister Peer Steinbrück (angeblich Mitglied der SPD) diese Entscheidung: „Lieber 25 von X als 42 von nix." So kann man es auch sehen.

Aber immer, wenn es darum geht, etwas mehr Gerechtigkeit im Verhältnis von Kapital- und sonstigen Einkünften herzustellen, winken Lobbyisten oft ab und raunen, das Kapital sei ein scheues Reh und jederzeit bereit, die Flucht anzutreten. Und natürlich weiß auch die Politik um die Bedeutung des Aktienmarktes.

24

Wer erinnert sich nicht an die besorgten Gesichter der Politiker nach der Bankenkrise. Interessant übrigens, dass hier innerhalb kurzer Zeit eine internationale Zusammenarbeit vieler Staaten möglich war, um das kollabierende Finanzsystem zu retten. Im Gegensatz dazu dümpelt die Zusammenarbeit bei der Rettung Eures kollabierenden Planeten seit Jahrzehnten nur so dahin. Und ist im Zuge der Corona-Hilfen aufs Erste auch wieder abgesagt. Warum auch nicht? Eure Wissenschaftler belegen zwar, dass Euer Zug hier mit voller Wucht auf die Wand fahren wird, aber solange die Wand noch nicht da ist und man sie nicht sieht, kann man sich ja ruhig um wichtigere Dinge kümmern. Wie zum Beispiel um den Dax. Soviel zum Thema Prioritäten.

Von den vollmundigen Versprechungen der Politik, man müsse das System „… an die Kette legen" und die Finanzmärkte bändigen ist nicht viel geblieben.

Im Laufe der Zeit wurde das Prinzip des Wertpapierhandels auch immer mehr pervertiert. Natürlich macht sich die Börse kaum Gedanken über Moral – so tummeln sich dort selbstverständlich Firmen aus allen Bereichen: Waffen, Tabak, Pornografie – was, ist egal, Hauptsache es hat Potenzial.

Man kann solcherart unmoralische Anbieter sogar gemeinsam in einem Fonds finden – z. B. im Private-Equity-Fonds „Prosperia Mephisto 1". Hier sollen gezielt Geldgeber gefunden werden, die sich durch die Kombination der sieben Todsünden überdurchschnittliche Rendite erhoffen: Alkohol und Zigaretten für Völlerei, Luxus für Hochmut und Neid, Glücksspiel für Trägheit, die Rüstungsindustrie für Zorn, die Finanzindustrie für Geiz und Erwachsenenunterhaltung für Wollust.

Aber selbst vermeintlich seriöse Anbieter („… darf ich vorstellen, das ist Giuseppe, er ist ein seriöser Mafioso, keiner von den bösen!") schießen manchmal über das Ziel hinaus: So hatte die Deutsche Bank einst den Fonds „DB Kompass Life" im Angebot. Es handelte sich um aufgekaufte Lebensversicherungen. Je früher deren Besitzer starben, desto besser natürlich die Fondsentwicklung. Der Anleger wettete quasi auf ein möglichst schnelles Ableben von Menschen. Nach öffentlichen Protesten zog die Deutsche Bank den Fonds dann zurück.

Doch weiterhin war und ist vieles möglich: Wetten auf Staatspleiten, Missernten oder Rohstoffknappheiten sind gang und gäbe.

Manchmal packt selbst mich bei solcherlei Treiben die Wut und ich möchte es dem Herrn Jesus gleichtun, der einst voller Zorn die Geldwechsler aus dem Tempel von Jerusalem vertrieb.

Dabei gibt es längst Möglichkeiten für den Anleger, sein Geld sogar mit einigermaßen gutem Gewissen arbeiten zu lassen. Man kann investieren in nachhaltige Fonds oder Firmen, die sich für Klima- und Umweltschutz einsetzen oder zumindest gewisse soziale Standards einhalten. Es mag sein, dass hier die Gewinnmargen kleiner sind, aber wenigstens legt man sein Geld sinnvoll an.

Die schon erwähnte Finanztransaktionssteuer wäre eine weitere Möglichkeit, die Börsianer an den Kosten für die Allgemeinheit zu beteiligen und gleichsam die heute übliche Zockerei an den Börsen einzuhegen.

Ins Gespräch gebracht wurde sie schon lange – übrigens ist sie gar keine Erfindung von linken Kapitalismuskritikern, sondern wurde erstmals vom Ökonomen John Maynard Keynes ins Spiel gebracht. Er sah sie schon damals als Instrument, um kurzfristige Spekulationen zu vermindern und Unternehmen zu nachhaltiger langfristiger Gewinnmaximierung zu bringen.

„Die Einführung einer nicht unerheblichen Verkehrssteuer auf alle Transaktionen könnte sich als die brauchbarste Reform im Hinblick auf die Abschwächung der Vorherrschaft der Spekulation über Unternehmen in den Vereinigten Staaten, die zur Verfügung steht, erweisen."

Nun, dieser Vorschlag ist fast hundert Jahre alt. Und weil er so einfach klingt und auf den ersten Blick gut und fair zu sein scheint, muss man natürlich knapp hundert Jahre lang vorsichtig und misstrauisch drüber nachdenken, schon klar!

Gut Ding will halt Weile haben …

Im Augenblick versucht der aktuelle deutsche Finanzminister Olaf Scholz (angeblich ebenfalls Mitglied der SPD) diese Finanztransaktionssteuer durchzusetzen – vor allem, um die von der SPD geplante Grundrente zu finanzieren. Allerdings ist der Widerstand aus anderen Ländern so groß, dass das Projekt im Moment eher unrealistisch erscheint.

Es bleibt also dem Einzelnen überlassen, sich gut zu überlegen, ob er an diesem Spiel teilhaben möchte – und vor allem wo und bei wem er sein Geld anlegt. Gerade in Zeiten der niedrigen Zinsen bei Sparguthaben ist die Verlockung natürlich groß und die Zahl der windigen Vermögensberater Legion, die immer einen sicheren Anlagetipp in der Tasche haben.

Doch mit der Realität haben die Aktienkurse oft gar nichts mehr zu tun. Allerdings entfernt sich der Aktienhandel gerne auch von der Wirklichkeit und scheint eine Art Parallelwelt abzubilden. So entsprechen die Kurse von Unternehmen oft überhaupt nicht dem reellen Wert. Gelegentlich handelt es sich nur um eine Wette um mögliche Erfolge in der Zukunft. Beispielhaft wieder zu sehen in der Corona-Krise; Anleger kaufen Aktien verschiedener Unternehmen, die an einem Impfstoff oder Medikament arbeiten, in der Hoffnung, dass einem davon der große Durchbruch gelingt und dessen Kurse in die Höhe schnellen. Die der anderen werden dann einen großen Absturz erleben. So kann man sein Geld auch beim Pferderennen einsetzen und verlieren – und hat dann immerhin noch einen Nachmittag an der frischen Luft verbracht.

Und ansonsten bedenke man auch noch einmal: Nach dem Crash ist vor dem Crash. Aber was solls, zur Not springt ja Euer Staat ein …

Was Ihr jetzt machen müsst? Ihr müsst gar nichts! Ihr könnt. Ihr dürft. Ihr seid eingeladen dazu, denn all Euer Tun – egal, was es ist, es ist von Gottvater gesegnet – hat Konsequenzen, die Ihr oft nicht unmittelbar spürt, aber mittelbar; nicht gleich nach Eurem Tun, aber vielleicht in zehn Jahren. Kapiert?

Was Ihr tun könnt? Wenn Ihr es jetzt noch nicht wisst, dieses Kapitel einfach noch mal lesen.

Und im Übrigen: Ich will Euch wirklich nicht demütigen, aber Gottvater hat Euch einen Verstand gegeben, ein Gehirn, das in der Regel bei jedem von Euch gut funktioniert, mit dem Ihr Euch von allen Seiten informieren könnt und dann das tun könnt, was nach Eurem Gewissen und Eurem Bauchgefühl das richtige ist. Das muss nicht das sein, was der nette Berater empfiehlt, der wiederum dann mehr verdient, wenn er Euch einen bestimmten Fonds andreht; das muss auch nicht das sein, was der Querdenker, der plötzlich aus dem Nichts aufgetaucht ist und alles besser weiß als alles, was viele etablierte Menschen sich über Jahre zusammen getragen haben; das ist einfach das, was Euch einleuchtet. Diese Macht habt Ihr. Setzt sie einfach lustvoll ein!

Oh, da ist mein Adjektiv rausgerutscht, „lustvoll"! Ihr dürft lustvoll durch dieses Leben gehen, vergesst das nicht! Hört doch einfach auf damit, Euch immer selbst zu geißeln, genießt was Ihr habt und bewahrt es. Lust ist erlaubt! Auch auf Tulpen! Meine Frau Mutter war ganz scharf darauf! Ich hatte großes Glück, denn meine Jugendzeit fand ja schon nach dem

Tulpen-Crash statt, da waren Tulpen direkt günstig. Und der Blick meines Vaters, wenn Frau Mutter sagte: „Seht Ihr, Hausvater, unser Sohn, der bringt mir Tulpen vom Markte mit, das habt Ihr nie getan – UNBEZAHLBAR!"

# Kapitel 4
## Bildungswesen

Mein letztes Leben auf der Erde ist lange her. Ich hätte ein paarmal die Gelegenheit gehabt, wieder runterzukommen, aber ... das Universum bietet zahlreiche Möglichkeiten für die Seele, sich individuell zu erkennen und zu entwickeln, und Ihr kennt das: Warum wieder Urlaub auf dem Bauernhof machen, der zunehmend verfällt, wo der Bauer immer unfreundlicher wird, das Vieh schmutzig und ungepflegt ist und die Bettwäsche ungewaschen, wenn man weiß, wie es im feinen Hotel am Gardasee sein kann? Und trotzdem soll dieses vorliegende Buch dabei helfen, den Bauernhof wieder auf Vordermann zu bringen, denn er ist eigentlich wunderschön und groß und hat viele Möglichkeiten, die Ihr auch wieder entdecken und nutzen sollt.

In meinem letzten Dasein auf der Erde war Bildung noch ein Privileg – oft stand sie nur dem Adel oder uns, den Geistlichen, zur Verfügung. Böse Zungen behaupten, dass wir deshalb den Menschen auch so viel Quatsch erzählen konnten, weil es ja keiner selbst nachlesen konnte. Später konnte sich auch das gehobene Bürgertum Bildung leisten.

Auf Bildung war man stolz, hat sie bewahrt und entwickelt. Dumm zu sein war damals einfach blöd. Damals hat man sich für Dummheit geschämt, in Eurer Geldzeit wird fehlende Bildung zum „Entspannen vom Denken" umdeklariert – gecheckt, Digga? Und das, obwohl Bildung jedem in ausreichendem Maße zur Verfügung steht – speziell in einem Land wie Deutschland. Sollte man meinen. Leider ist dem nicht ganz so …

„Es gibt nur eins, was auf Dauer teurer ist als Bildung: Keine Bildung." Tja, schon der ehemalige US-Präsident John F. Kennedy hatte es erkannt: Bildung ist nicht umsonst oder für wenig Geld zu haben, aber wenn man darauf verzichtet, dann sind die Folgen noch gravierender – die finanziellen und die gesellschaftlichen. Bitter, dass selbst ein hochentwickeltes und reiches Land wie Deutschland trotz vieler Sonntagsreden und blumiger Erklärungen von Seiten der Politik die Bildung oft noch zu stiefmütterlich behandelt.

Die OECD weist jedes Jahr in ihren Untersuchungen nach, dass Deutschland im Vergleich zu anderen Industrieländern weniger Geld für den Bildungsbereich ausgibt. Außerdem hängt der Erfolg im Bildungswesen noch immer stark von der Herkunft ab und somit von den Möglichkeiten, die das Elternhaus den Kindern bietet: Nur fünfzehn Prozent der Kinder, deren Eltern kein Abitur haben, erreichen selbst jemals einen Hochschulabschluss. Es scheint leichter zu sein, in Hollywood vom Tellerwäscher zum Millionär zu werden als in Deutschland vom Kind aus einem eher bildungsfernen Haushalt zum Akademiker.

Die Probleme beginnen ja nicht erst in der Schule – schon in Kita oder Kindergarten geht es los, beispielsweise mit dem Problem des Personalmangels. Im Schnitt muss sich eine Erzieherin oder ein Erzieher um dreizehn Kinder kümmern. Wohlgemerkt, um Kleinkinder bis zu sechs Jahren! Der eine oder andere Leser hat sicher schon Erfahrungen im Umgang mit Kindern dieses Alters gemacht und die meisten, die das getan haben, werden zustimmen, dass schon ein einziges Kind einen Erwachsenen an den Rand des Nervenzusammenbruchs bringen kann – wie soll das dann mit dreizehn Kindern funktionieren? Noch dazu, wenn man dauernd auf Legoklötze tritt, angeschnauzt, angeschnäuzt und angehustet wird und Kindern im Rahmen der Niesetikette erklären muss, dass beim „Niesen in die Armbeuge" die eigene Armbeuge und nicht die des nächststehenden Erwachsenen gemeint ist!

Zwischendrin einem Kind helfen, richtig auf die Toilette zu gehen. Und danach die Toilette zu reinigen …Weiter geht es in den Grundschulen, dort, wo eigentlich die Basis für das weitere schulische Lernen gelegt werden soll. Allerdings gibt Deutschland im Schnitt weniger Geld für Grundschulen als für weiterführende Schulen aus. Mal so sagen: Ihr spart beim Hausbau am Fundament, um dann später mit teuren Stützkonstruktionen alles abzusichern.

Ganz schwierig wird es, wenn dann noch völlig unerwartete Situationen auftreten – die bringen das Gebäude Bildungswesen dann erst recht ins Wackeln. Womit wir mal wieder bei den Folgen der Corona-Krise wären. Wie kaum ein anderer Bereich hat diese Krise gnadenlos offengelegt, wie weit eine Schule beispielsweise im Bereich digitales Lernen schon vorangekommen ist – oder nicht. Manche Schulen waren vorbereitet und gut ausgestattet und konnten schnell und flexibel auf die aufgezwungene digitale Transformation reagieren. Andere fuhren erst mal Schullaptops hoch, um festzustellen, dass „Windows 98" ja gar nicht mehr supportet wird.

Auch bei den Lehrkräften gewaltige Unterschiede: Die einen führten trotz widriger Umstände qualifizierten Online-Unterricht durch, manch anderer quälte sich alle zwei Wochen aus dem Bett, um eine Mail mit einem Arbeitsblatt zu verschicken. Nun rächt sich auch, dass man in der Schule das Internet lange als „Neuland" betrachtet hat. Warum sich auch auf so etwas einlassen? Setzt sich dieses Internet überhaupt durch? Wir sind doch gut dabei mit Tafel und Overheadprojektor! Selbst da kennt jeder die Situation, in der zwei Schüler auf die Suche nach einem funktionierenden Gerät geschickt werden. Um es einem Lehrkörper vor die Wand zu fahren, der sich mit der Bedienung schwer überfordert zeigt.

Natürlich lebt jede Schule auch von den Lehrern, die sie am Laufen halten und jede Schule ist ein eigenes Gebilde. Und jedes Lehrerkollegium ist anders – da verhält es sich wie bei den Fußballvereinen. Das eine Kollegium ist halt eher der FC Bayern, ein anderes eher der stets abstiegsgefährdete HSV. Und auch innerhalb des Kollegiums gibt es oft große Unterschiede: Das geht schon beim Trainer sprich Rektor los – haben wir es mit dem vorausschauenden Visionär zu tun oder mit dem Paragraphenreiter?

Und wie ist die Mannschaft, das Kollegium, zusammengestellt? Gibt es viele junge, aber unerfahrene Nachwuchstorjäger, die mit Elan an die Sache herangehen, aber sich manchmal auch vergaloppieren – oder haben wir es eher mit abgezockten Profis zu tun, die schon alles auf dem Spielfeld (Klassenzimmer) erlebt haben, aber langsam froh sind, wenn sie sich von der aktiven Karriere verabschieden dürfen und darum im Training (Fortbildung) nicht mehr allzu viel Neues ausprobieren wollen und auch im Spiel (Unterricht) manchmal eher gelangweilt wirken?

Eine Mischung aus beiden Gruppen wäre wohl das Beste, dazu noch einige, die dazwischen liegen. Allerdings sieht die Einstellungspolitik der Länder oft so aus, dass manchmal jahrelang fast niemand eingestellt wird, und dann wieder kann jeder, der das Wort „Pädagogik" mit weniger als drei Fehlern aufschreiben kann, von der Straße weg vor eine Klasse verfrachtet werden: Stelle besetzt, Statistik passt und der zuständige Ministerialbeamte kann pünktlich in die Mittagspause. Je nach Welle hat man so Kollegien voller junger Lehrkräfte oder solcher, die kurz vor der Pensionierung stehen. Manchmal werden, wie in Baden-Württemberg geschehen, in der Not auch Pensionäre zum längeren Schuldienst überredet, nach dem Motto: Unterrichten, bis der Arzt kommt! Oder für Sportlehrer: Turne bis zur Urne!

Keine Firma würde so einstellen, aber wir reden hier von öffentlicher Verwaltung, wo es halt nach Stundentafeln und Planstellen geht und nicht nach Sinn und Verstand.

2020 hat die Kultusministerin von Baden-Württemberg, Dr. Susanne Eisenmann, beklagt, der aktuelle Lehrermangel sei auf Planungsfehler der Vergangenheit zurückzuführen. Wenn also im Jahr 2020 Grundschullehrer fehlen, dann hat man 2013 den Bedarf falsch berechnet.

Es gibt da eine ganz komplexe Möglichkeit, wie man Schülerzahlen ganz gut vorhersagen kann. Wenn man beispielsweise 2013 wissen will, wie viele Erstklässler ungefähr 2019/2020 eingeschult werden, dann muss man einfach nur feststellen, wie viele Kinder 2013 auf die Welt gekommen sind. Aber klar, das liegt außerhalb des Rechenraums eines Politikers. Hier geht es ja um sechs Jahre, eine Legislaturperiode dauert nur fünf.

Ein Problem bei der Bildung ist ja auch, dass sich viele Eltern nicht an die Grundschulempfehlung halten und ihr Kind auf die falsche Schule schicken. Die ist zum Beispiel in Baden-Württemberg nicht mehr verbindlich. Großes Erstaunen machte sich breit, nachdem das nachweislich nicht funktionierte. Stellen wir uns einfach mal vor, der Steuerbescheid vom Finanzamt wäre nur eine Empfehlung, aber der Steuerzahler müsste sich nicht daran halten!

Doch Unterrichten und Lernen sollte ja auch Spaß machen – und am besten funktioniert das ja in einer Umgebung, in der man sich wohlfühlt. Sich in den meisten deutschen Schulen wohlzufühlen ist aber gar nicht so einfach. Die vielfach triste Umgebung aus grauem Backstein und fehlenden Farben lässt vielleicht nur das Herz von Gothic-Anhängern höherschlagen.

Manche Schulen könnte man in den Ferien auch als Drehorte für Horrorfilme vermieten, sie schenken sich nichts mit den verfallenen Fabrikgebäuden, die sonst in diesen Streifen auftauchen – so wäre dann ja vielleicht auch mehr Geld für die Renovierung da. Jahrzehntelang hat man die Schulen verkommen lassen, viele Renovierungsarbeiten waren Stückwerk – heute bröckelt der Putz vielerorts von der Wand – was zur Folge hat, dass manchmal sogar Schüler und Eltern anpacken, um die Lernumgebung etwas ansehnlicher zu gestalten. Man stelle sich vor, ein normaler Arbeitnehmer müsste erst mal sein Büro selbst streichen, bevor er mit der Arbeit anfangen kann.

Warum lässt man nicht Politiker in einer ähnlichen Umgebung arbeiten? Wenn Bundestag und Landtage aussehen würden wie Eure Schulen – ich denke, es würde sehr schnell Abhilfe geschaffen! Vielleicht könnte man auch den Bundestagsabgeordneten in der Sommerpause ihre Diäten einfrieren, so wie man es mit den Gehältern der zahlreichen Vertretungslehrer jedes Jahr macht, um ein paar Euro zu sparen. Gut, man muss auch die Finanzbehörden Eures Staates verstehen – wer sich so von Großkonzernen wie Apple oder Amazon über den Tisch ziehen oder sich von Superreichen mithilfe dubioser Steuerschlupflöcher abkochen lässt, der denkt sich halt: „So, das Geld holen wir uns in den nächsten paar hundert Jahren über die Vertretungslehrer wieder rein!"

Aber bei diesem Thema verfährt auch jedes Bundesland anders – manche bezahlen die Vertretungslehrer auch in den Ferien. Und da sind wir schon beim nächsten Punkt: Für die Demokratie ist der Föderalismus sicher ein Segen, für das Bildungssystem oft aber ein Fluch. Mithin das Schlimmste, was Eltern und Kindern passieren kann, ist ein Umzug von einem Bundesland in das andere. Manchmal wäre es sicher leichter ins Ausland umzuziehen – so groß sind manchmal die Unterschiede. Verschiedene Fächer, verschiedene Inhalte, verschiedene Prüfungen, verschiedene Anforderungen wo man nur hinschaut. Die Unterschiede auch im Niveau sind manchmal so gewaltig, dass beispielsweise bayrische Hauptschüler problemlos an Gymnasien in NRW wechseln dürfen – als Lehrer.

Immer wieder schaut man in Deutschland voller Ehrfurcht auf erfolgreiche und gut funktionierende Bildungssysteme wie sie in Finnland oder Singapur existieren. Immer wieder reisen Politikerdelegationen dorthin, lassen sich vieles zeigen und erklären und kommen heim, wo es dann heißt: „Na, das kann man nicht so einfach auf Deutschland übertragen!" Dann muss man eben Konzepte finden, die auf das eigene Land passen. Manchmal bekommt man das Gefühl, Deutschland habe sich mit seiner Mittelmäßigkeit im Bildungssystem abgefunden. Man stelle sich mal vor, ein Bundestrainer würde über die Nationalmannschaft sagen: „Sorry, Leute, so gut wie Frankreich oder Italien werden wir nie mehr sein, akzeptiert es." Der wäre doch schneller weg, als er „Viererkette" sagen könnte. Und im Bildungsbereich nimmt man es hin. Aber einen Trost gibt es ja – man kann auch als unqualifizierte Kraft in diesem Land noch eine gute Stelle finden. Diesen Eindruck bekommt man zumindest, wenn man sich die letzte Bildungsministerin Anja Karliczek anschaut. Diese Frau ist so weit von ihrem Fachgebiet weg, dass das Wort „bildungsfern" eine ganz neue Bedeutung erhält. Natürlich kann man darüber streiten, ob jemand mit einer Ausbildung zur Hotelfachfrau und einem Fernstudium in BWL jetzt soo perfekt in den Bildungsbereich passt, aber man kann ja auch fachfremd unterrichten.

Doch noch fast ein Jahr nach ihrem Amtsantritt antwortete sie auf manche Fragen nur: „Da bin ich noch nicht genug eingearbeitet!" Vielleicht sollte man mal einem Abiturienten zu dieser Art von Antwort im mündlichen Abitur raten – mit Verweis auf die Bildungsministerin. Wie weit weg die Dame von der Realität ist, zeigte sich, als sie die Erhöhung des Bafög-Wohngeldzuschusses auf dreihundertfünfundzwanzig Euro als großen Erfolg feierte. Den Hinweis, dass man für dieses Geld heute vielerorts keine Bleibe finden würde, quittierte sie folgendermaßen: „Man muss ja nicht in den teuersten Städten studieren!" Also, liebe Studenten, wenn Ihr Euch Stuttgart oder München nicht leisten könnt, Pech gehabt – dann heißt es halt Wuppertal oder Zwickau. Ach so, da gibt es Eure Studiengänge gar nicht? Na ja, da muss man halt flexibel seid – oder Ihr macht einfach eine Ausbildung zur Hotelfachfrau. Reicht manchmal schon. Danach könnt Ihr ja noch ein Fernstudium in BWL dranhängen – das geht auch von daheim aus.

Nun, dieses Kapitel könnte ich noch fortsetzen, so viele Baustellen gäbe es noch im Bildungsbereich zu besprechen, aber ich denke, es ist klar geworden: Es braucht Geld und überzeugende Konzepte.

Oder – um es knapp zu sagen: Kein Geld, keine Ideen = Kinder dumm = Staat geht Bach runter. Jetzt sollten es alle kapiert haben. Bitte dringend drangehen! Ihr müsst nicht! Ich würde es halt an Eurer Stelle tun. Gottvater auch. Und, überlegt Euch, ob Eure Art, Kinder zu erziehen, in jeder Facette die richtige ist. Ich möchte den Erziehungsstil, wie er zu meiner Schulzeit herrschte, sicher nicht loben. Man hat seinerzeit einfach eine Tatze gekriegt, manchmal auch stellvertretend für die Untaten des Nebensitzers. Gerechtigkeit hatte damals keine Relevanz. Andererseits sitze ich oft genug kopfschüttelnd auf meiner Wolke und beobachte, wie Ihr Eure Kinder verzieht. Sie tragen keine Verantwortung mehr, Ihr verzeiht ihnen alles und wundert Euch dann, wenn sie Euch später ins Heim abschieben. Manchmal, nehmt mir das nicht übel, verstehe ich dann auch, weshalb manche Tiere auf der Erde ihren Nachwuchs fressen.

*Bruder Christophorus, das war jetzt nicht besonders höflich.*

Nein? Dann bitte ich das im Rahmen der Gesamtbarmherzigkeit unseres Schöpfers gleich mitzuentschuldigen. Hast du auch noch was Böses?

*Wenn du mich schon fragst, ich finde die Geschichte herrlich, wo der Lehrer sich nach neunzig Minuten kräftezehrendem Elterngespräch zu folgender Aussage hinreißen lässt: „Nein, Ihr Kind ist nicht hochbegabt, Sie beide sind im Vergleich nur ausgesprochen blöde!"*

# Kapitel 5
# China

Wenn der normale Bürger sich heute die Welt anschaut, so wird er auf vieles stoßen, das ihm Sorgen bereitet: Er sieht US-Präsidenten, bei denen man nie sicher sein kann, ob sie den roten Knopf mit dem Twitter-Button verwechseln; er vernimmt einen russischen Staatschef, der sich durch windige Tricks seine Macht bis ins Jahr 2036 (!) gesichert hat; er betrachtet die Populisten in Polen und Ungarn, die mitten in der EU die Demokratie beschneiden; er kennt einen türkischen Sultan, der militärische Abenteuer in Syrien, Libyen und Aserbaidschan durchführt – er sieht also vieles, was ihm Kopfzerbrechen bereiten könnte. Doch ein Land läuft noch immer etwas unter dem Radar: Die Rede ist von China.

Zu meiner letzten Lebenszeit war China noch viel mehr als für Euch heute ein fremdes Land, weit weg und für uns Europäer von seltsamen Menschen belebt. Ich erinnere mich, dass mein Vater am Mittagstisch einmal über China gesprochen hatte. Das mag um das Jahr 1660 gewesen sein – wenn Sie, verehrte Leserin und verehrter Leser, das ganz genau wissen möchten, kann ich kurz zu ihm rüber gehen und ihn fragen? – ich war damals sechs Jahre alt. Vater hatte nach seiner kurzen Andacht und dem Gespräch, das er immer um eine kleine Ansprache an die Familie zu ergänzen pflegte, erzählt, dass der chinesische Kaiser Chongzhen vor nunmehr etwa fünfzehn Jahren Selbstmord begangen habe. Und vorher seiner Familie den Auftrag gegeben habe, sich allesamt selbst zu töten. Ich habe als Kind oft darüber nachgedacht, ob ich so einem Befehl meines Vaters nachkommen oder lieber das Weite suchen würde. Das war damals das Ende der von Kaiser Hongwu begründeten, 276 Jahre andauernden Herrschaft der Ming-Dynastie.

Das einzige, was heutzutage im Zusammenhang mit China für Euer größtes Kopfzerbrechen sorgt, ist die Frage, ob Ihr im chinesischen Restaurant nun die Nummer 37 oder 68 nehmen sollt. Die Unterwürfigkeit und Freundlichkeit des Kellners vermitteln den Eindruck, von solchen Menschen könne sowieso keine Gefahr ausgehen: Der macht nichts, der will nur servieren. Aggression gegenüber China kommt in der Regel nur auf, wenn Ihr mal versucht, den Reis mit Stäbchen zu essen. Aber spätestens nach dem Dessert, wenn der Glückskeks geöffnet wurde, schließt der Abend mit einer beruhigenden Weisheit.

Außer etwas Folklore und Kulinarik wissen die meisten von Euch auch heute noch wenig über China. Und wie viele Menschen würden wohl bei einer Umfrage den Namen des chinesischen Staatschefs Xi Jinping korrekt wiedergeben können? Alle kennen Trump, Putin oder Erdogan, aber nicht den Mann, der das Land quasi als Alleinherrscher regiert, das sich anschickt, die größte Supermacht des 21. Jahrhunderts zu werden – und vielleicht sogar die einzige! Schon 2017 nannte ihn die ZEIT den „mächtigsten Mann der Welt". Er ist unter anderem Generalsekretär der Kommunistischen Partei, Staatspräsident und Chef der Zentralen Militärkommission. Hinter vorgehaltener Hand wird er in China angeblich „Vorsitzender von allem" genannt.

„Übermäßige Konzentration der Macht tendiert zur Willkürherrschaft von Einzelnen auf Kosten der kollektiven Führung." Diese Aussage stammt übrigens von einem seiner prominentesten Vorgänger, Deng Xiaoping. Dieser Ansatz hat sich offensichtlich inzwischen erledigt.

Xi hat nämlich im Gegensatz zu den oben genannten Staaten und ihren Herrschenden einen großen Vorteil: Er ist weder von außen noch von innen ernsthaft in Gefahr zu bringen. Selbst ein amerikanischer Präsident muss mit Widerstand der Opposition, der Presse und der demokratischen Institutionen rechnen. Selbst Putin oder Erdogan müssen die Reaktionen anderer Staaten auf ihr Handeln mit einkalkulieren. Das ist bei China anders. Es kann sowohl innen- als auch außenpolitisch fast alles tun und lassen, was es will – es ist kaum Widerstand zu erwarten. In China selbst gibt es keine nennenswerte Opposition.

Was passiert, wenn man sich Peking entgegenstellt, das könnt Ihr in der letzten Zeit sehr anschaulich in Hongkong betrachten. Eigentlich wurde Hongkong bei der Übergabe 1984, als es von Großbritannien zu China kam, zugesagt: „Ein Land, zwei Systeme" – sprich, Meinungs- und Pressefreiheit und eine eigene Justiz sollten weiterhin garantiert werden. Spätestens mit dem neuen Sicherheitsgesetz ist dieses Versprechen gebrochen. Nahezu jede Bemerkung kann als Kritik an der chinesischen Führung verstanden und geahndet werden. Schon viele Menschen, die lange für die demokratischen Werte Hongkongs gekämpft haben, versuchen das Land resigniert zu verlassen. China verstößt zuerst gegen internationales Recht und einen selbst unterzeichneten Vertrag und bezeichnet dann Kritik von außen als Einmischung in „innerchinesische Angelegenheiten".

Gleiches gilt für den Umgang mit den Uiguren, die in Umerziehungslager gesteckt werden und gegen die brutal vorgegangen wird.

Und in Zentralchina selbst ist ohnehin kein Widerstand zu erwarten. Zu perfekt hat der Staat das digitale Überwachungssystem bereits ausgebaut, Millionen von Kameras im öffentlichen Raum stellen sicher, dass jedes normabweichende Verhalten registriert wird. Ich glaube, dass dies nur in Württemberg zu Begeisterung führt, so könnte man wenigstens sicherstellen und überprüfen, dass die Kehrwoche auch von Zugezogenen vorbildlich und termingerecht durchgeführt wird!

Zurück zu China: Medien werden zensiert, Aktivisten und ihre Anwälte eingesperrt und überall, wo sich „westliche Werte" breitmachen könnten, wie beispielsweise an Universitäten oder Akademien, findet gnadenlose Verfolgung statt. China-Experten sehen das Land in einem ähnlichen Status wie 1989, als die Proteste auf dem Platz des himmlischen Friedens brutal niedergeschlagen wurden.

Nun könntet Ihr die Augen verschließen vor dem, was dort in China geschieht, so wie Ihr es auch bei anderen Ländern tut. Ihr könntet die Schultern zucken und denken: „Was geht uns das an?". Doch die heutige chinesische Führung hat beschlossen, ihre Allmacht nicht nur daheim zu festigen, sondern sie auch weltweit zu beweisen.

Das sind zum einen wirtschaftliche Projekte, was anschaulich der Bau der neuen Seidenstraße aufzeigt, aber auch militärische Aktionen. Und China weiß, dass es sich vor fast nichts und niemandem fürchten muss. Vor einigen Jahren baute China Inseln im Südchinesischen Meer zu Festungen aus, auch wenn das Haager Schiedsgericht zuvor festgestellt hatte, dass China keinen Anspruch auf diese Inseln habe. Besser kann man die Ohnmacht der Weltgemeinschaft nicht beschreiben.

China nutzt geschickt das Vakuum, das entstanden ist, weil der Westen immer mehr auseinanderdriftet und Russland lange nicht mehr das Machtpotenzial einer Sowjetunion hat.

Immerhin hat man innerhalb der EU die Rolle Chinas zumindest teilweise neu definiert. Die Volksrepublik ist nicht mehr nur Handelspartner, sondern wird inzwischen auch als „systemischer Rivale" angesehen: Demokratische Rechtsstaatlichkeit steht gegen autoritäre Herrschaft und Großmachtstreben. Nur mangelt es noch an konkreten Umsetzungen dieser Erkenntnis, denn wie immer, wenn es über Erklärungen hinausgeht, wird es schwierig in der EU. Diese erinnert dann an eine Gruppe, die grundsätzlich ins Kino gehen möchte, aber weil jeder einen anderen Filmgeschmack hat, wird so lange diskutiert, bis alle Filme vorbei sind. So viel Zeit solltet Ihr Euch im Umgang mit China nicht lassen. Schon heute weitet das Land seine Einflusssphäre immer weiter aus. Viele Staaten in Afrika werden durch Investitionen aus China eng an das Land gebunden und auch in Europa – selbst in Deutschland – haben chinesische Investoren große Anteile an europäischen Firmen. Vielleicht wird sich das Blatt schon bald wenden. Dann wird in Deutschland Billigspielzeug für den chinesischen Markt hergestellt und mancher deutsche Gastronom wird nach China auswandern und dort ein Restaurant eröffnen. Die einzige kleine Genugtuung, die Euch dann bleibt, wird sein, wenn der Chinese verzweifelt versucht, mit Messer und Gabel zu essen. Aber wahrscheinlich wird er auch das gut hinkriegen. Überwacht von Videokameras und einer Staats-App, versteht sich.

Was Ihr tun könnt? China und seine Kultur respektieren, in die Mokassins des Chinesen schlüpfen, beobachten, wie er die Welt sieht, aber ihm auch ganz ehrlich und deutlich sagen, wenn er gegen Menschenrechte verstößt. Ihr seid alles Seelen auf einem Lebensausflug auf der Erde und Ihr solltet alle die gleichen Möglichkeiten und gleichen Rechte haben. Was Ihr halt am liebsten habt, sind funktionierende Handelsbeziehungen.

Sind es die Folgen wert? Es ist immer Euer Denken, das zu Eurem Tun wird, das zu Konsequenten führt. Wenn Ihr bestimmte Konsequenzen nicht mehr wollt, ändert Euer Denken und alles geht in die richtige Richtung. Das ist die Kernbotschaft dieses Buches, ich werde es Euch noch öfters sagen müssen. Und auf zum nächsten Kapitel.

# Kapitel 6
# Demokratie

„Demokratie ist die schlechteste aller Staatsformen, ausgenommen alle anderen." (Winston Churchill)

Treffender als der ehemalige englische Premierminister kann man es sicher nicht ausdrücken. Die Demokratie hat ihre Stärken und Schwächen. Eine ihrer größten Stärken ist ja, dass jeder wählen darf, aber manchmal ist das vielleicht auch ihre größte Schwäche – zumindest, wenn man bedenkt, dass auch Menschen, die bei TV-Formaten wie „Bauer sucht Frau" oder „Dschungelcamp" mitmachen, bei Wahlen eine Stimme abgeben dürfen. Trotzdem – etwas Besseres hat sich noch nicht gefunden und daher lohnt es sich, Eure Demokratie gegen alle Angriffe zu verteidigen. Vor allem, wenn man bedenkt, dass viele Menschen im Laufe der letzten Jahrhunderte ihre Freiheit und ihr Leben geopfert haben, um Königen, Diktatoren oder anderen Herrschern ihre Macht abzutrotzen und sie dem Volk zu übertragen.

Zu meiner letzten Lebenszeit hat der König eine wichtige Rolle gespielt. Ich bin ja, wie Ihr wisst, kurz nach dem Krieg geboren. Ich meine natürlich den 30-jährigen. Leopold I. war unser König, deutscher Kaiser, ein Habsburger. Schön war er nicht, zugegeben, er hatte eine dicke Unterlippe und ein langes Kinn, Germany's Next Topmodel wäre er nicht geworden, aber ein kluger Politiker war er schon, er hätte auch in einer Demokratie sicher eine Rolle spielen können.

Für viele von Euch ist die Demokratie heute eine Selbstverständlichkeit, doch wenn man bedenkt, dass es selbst in Deutschland erst seit 75 Jahren eine funktionierende Demokratie gibt, dann wird deutlich, dass diese Staatsform an vielen Orten der Welt noch durchaus als „neu" zu betrachten ist und zahlreiche Länder und Menschen noch nie in ihren Genuss kamen.

Nach dem Zusammenbruch des Sozialismus jubelten viele bereits, dass dadurch nun der Siegeszug der Demokratie endgültig beginnen würde, da diese ja untrennbar mit dem siegreichen Kapitalismus verbunden sei. Dreißig Jahre später ist Ernüchterung eingekehrt. Zum einen haben die Chinesen gezeigt, dass man zwar auf der einen Seite einen gnadenlos kapitalistischen Kurs einschlagen kann, aber dass dabei Demokratie nicht unbedingt Teil davon sein muss. Zum anderen gerät die Demokratie in vielen Staaten unter Beschuss – darunter auch solche, die sie sich damals in der Wendezeit mühsam erkämpft hatten: Als Beispiele seien hier Polen und Ungarn genannt, in denen rechte Parteien und deren Vertreter sich daran machen, immer mehr demokratische Strukturen abzubauen. Fast schon erheiternd mutet es da an, wenn Victor Orban von dem System der „illiberalen Demokratie" spricht: „Wenn ein Staat nicht liberal ist, kann er immer noch eine Demokratie sein." Nun, man könnte auch argumentieren, dass ein ausgestopftes Tier immer noch ein Tier ist. Aber so wie das ausgestopfte Tier ohne Leben ist, so ist eine Demokratie ohne Liberalität nur eine Hülle.

Liberalität ist immer der Schutz der Freiheitsrechte des Einzelnen (solange sie wiederum nicht die Rechte eines anderen beschneiden), mithin also auch die Rechte von Minderheiten wie Homosexuellen und Menschen mit anderer Hautfarbe. Übrigens, Menschheit, das will ich Euch von meiner Wolke runter mal ganz klar gesagt haben: Jeder Einzelne von Euch hat eine andere Hautfarbe. Kapiert? Wie man sich damit überhaupt beschäftigen kann!

Politiker, die die Freiheitsrechte aushöhlen, machen auch vor anderen Kernelementen der Demokratie nicht halt – wie man auch in Ungarn gesehen hat: Kontrolle der Medien durch den Staat, Einschränkung der Meinungs- und Versammlungsfreiheit, Beschneidung der Kunstfreiheit. Die illiberale Demokratie ist also nicht nur ein ausgestopftes Tier, sondern eines, bei dem schon überall die Füllung aus allen Löchern herausquillt. Bedenklich dabei vor allem, dass die EU diesem Treiben lange eher teilnahmslos zusah – bis sie schließlich ein Strafverfahren gegen Ungarn einleitete. Und bei der Vergabe der Corona-Hilfen ihre Möglichkeiten, die Auszahlung auch mit Einhaltung von in Europa üblichen, demokratischen Standards zu verknüpfen, ohne Not nicht ergriffen hat.

Was auch manchen deutschen Politiker nicht davon abhielt, Orban weiterhin in Schutz zu nehmen und zu hofieren. Man denke nur an Horst Seehofer: „Ich bin nicht bereit, Orban als Demokraten infrage zu stellen." Nun ja, diese seltsame Zuneigung zu Machthabern mit autokratischen Zügen hat ja irgendwie auch Tradition in der deutschen Politik. Man denke nur an Franz-Josef Strauß, der sogar eine intensive Männerfreundschaft mit den togoischen Diktator Gnassingbé pflegte oder Gerhard Schröder, den ein gleichermaßen enges Band mit Wladimir Putin verbindet, den er als „lupenreinen Demokraten" einschätzt.

Aber sicher doch! Und Jack the Ripper ist ein Menschenfreund, eine Kalaschnikow ein ideales Kinderspielzeug und Dragimirs Kampfhund will nur spielen.

Auch außerhalb Europas sind demokratische Systeme in die Hände von Populisten gefallen – der Blick gehe dazu nach Brasilien oder in die USA, wo die demokratischen Instanzen, die Parlamente und die Justiz alle Hände voll zu tun haben, um sich gegen die Herrschenden zur Wehr zu setzen. Und wenn man sieht, was der orangehaarige frühere Test-Dummie von Drei Wetter Taft und sein Bruder im Geiste, Bolsonaro, angestellt haben, dann muss einem angst und bange werden.

Aber bleiben wir in Deutschland, wo Ihr zwar inzwischen auch eine rechtspopulistische Partei im Bundestag sitzen habt, die aber noch weit von der Machtergreifung entfernt ist (und das wird wohl auch so bleiben, nachdem andere Parteien aus dem Thüringen-Debakel gelernt haben, dass jede Art der Zusammenarbeit mit der AfD nach hinten losgeht). Trotzdem gibt es auch in Deutschland Probleme mit der parlamentarischen Demokratie.

Immer quälender mutet oft der Prozess der Regierungsbildung im Bundestag oder auch in manchen Bundesländern an. Und immer mehr Menschen fühlen sich nicht mehr richtig vertreten und tragen ihren Protest auf die Straße: Das kann eine rechte Bewegung wie „Pegida" sein oder junge Menschen, die für mehr Klimaschutz demonstrieren wie bei „Fridays for Future".

Oft vermittelt sich dem Wähler auch der Eindruck, dass manche Entscheidungen nicht mehr im Sinne des Gemeinwohls gefällt werden, sondern weil bestimmte Interessengruppen ihren Einfluss besonders gut geltend machen können (siehe auch => „Lobbyismus"). Natürlich ist dieser Eindruck nicht ganz falsch und manchmal hat man gar das Gefühl, nicht mehr die Parlamente, sondern multinationale Konzerne und Banken hätten das Heft des Handelns in die Hand genommen und dem Staat bleibt nur noch die Rolle des Steigbügelhalters und dem Volk die Rolle dessen, der für das Versagen der genannten Institutionen aufkommen muss – Stichwort Bankenkrise. Dazu kommen die Mechanismen der Globalisierung.

Mancher findet auch die Entscheidungsfindung der Demokratie zu kompliziert und langwierig. Sicher staunen wir immer wieder, wenn wir hören, wie schnell gerade in China dieses oder jenes hochgezogen wird, egal ob Krankenhaus, Staudamm oder eine ganze Stadt. Kennt Ihr den? Nachdem die Chinesen zum Ausbruch der Corona-Pandemie in nur wenigen Wochen riesige, provisorische Krankenhäuser errichtet haben, rief der Regierende Bürgermeister von Berlin in China an und fragte die Chinesen, ob sie nicht bereit und in der Lage wären, seinen Flughafen, den BER, fertig zu bauen. Die Chinesen haben ein Erkundungsteam nach Berlin geschickt und dann die Sache abgeblasen: „…wegen einem Nachmittag schicken wir nicht 300 Arbeiter nach Berlin!"

Ohne die ganzen „lästigen" Genehmigungsverfahren und Einspruchsmöglichkeiten Eures demokratischen Rechtsstaates lässt sich natürlich schneller schalten und walten, aber um welchen Preis? Natürlich ist es oft nervig und hier und da ließe sich die eine oder andere Hürde entfernen, aber bedenken wir, dass solche Einspruchsmöglichkeiten oder mehrere Instanzen wie bei einer Gesetzgebung (Bundestag, Bundesrat, Klagemöglichkeiten, Petitionen …) eben auch einen guten Schutz des Bürgers vor einem übergriffigen Staat darstellen. Die Bewohner eines chinesischen Dorfes, welches für einen Staudamm auf Anordnung über Nacht geräumt werden muss, wären sicher froh über diese Möglichkeiten.

Es gibt also vieles, was man an der Demokratie kritisieren kann.

Aber ist die Demokratie deshalb am Ende? Sie steht vor großen Herausforderungen, aber das stand sie schon immer. Doch es gibt auch tröstliche Nachrichten.

Blickt man auf das Krisenmanagement verschiedener Staaten während der Corona-Zeit zurück, haben die meisten demokratischen Staaten doch eine ganz gute Figur abgegeben, während Länder mit diktatorischen oder autokratischen Herrschern kaum etwas anderes tun konnten, als die Krise zu leugnen oder zu verharmlosen (USA, Brasilien, Türkei, Weißrussland, und zahlreiche andere), weil sie außer dem Interesse am eigenen Machterhalt wenig vorzuweisen haben und sich Krisen nicht durch Parolen und Beschuldigungen anderer lösen lassen.

Man sollte auch die Vorzüge der Demokratie noch mal ins Auge fassen: Sie erlaubt es, Regierende zu sanktionieren durch die Justiz oder durch Abwahl, ohne gleich das ganze System zu verändern. Ihre demokratisch legitimierte Herrschaft ist immer eine Herrschaft auf Zeit und es gibt Kontrollmechanismen, die Transparenz schaffen und Machtmissbrauch verhindern oder zumindest erschweren.

Und das wichtigste: Die Bürger haben die Möglichkeit, in Wahlen und Abstimmungen Entscheidungen mit zu beeinflussen – was sie natürlich auch in Bürgerinitiativen oder Protestaktionen tun können. Das ist schön, aber kann auch anstrengend sein.

Was könnt Ihr tun? Erfindet einfach was Besseres! Und solange es eben nichts Besseres gibt, versucht, das Erreichte zu stabilisieren und Fehler zu eliminieren. Womit wir wieder bei Winston Churchill wären. Oder wie es der Demokratieforscher Manfred G. Schmidt formulierte: „Die zweitbeste Demokratie ist immer noch besser als die beste Nicht-Demokratie".

Was heißt das konkret für Euch? Fleißig dranbleiben, nicht aufgeben, Demokratie nutzen, verteidigen, auch im kleinen Kreis! Denkt daran: Wahre Demokratie (ohne Filz, ohne Lobbyismus, mit Transparenz für alle) wäre ein gerechtes System für alle; Gerechtigkeit schafft sozialen Frieden und Glück. Ihr könnt Berge versetzen, also auch die Demokratie bewahren und weiterentwickeln; ran an den Speck!

# Kapitel 7
## Entwicklungshilfe

Entwicklungshilfe gab es in meiner guten alten Zeit natürlich nicht. Ich ent-wickelte höchstens in meiner Kindheit einmal Wollknäuel für meine alte Tante Charlotte. Natürlich nur, weil ich sie vorher im Spiel mit der Katze verwurstelt hatte. Die Wolle, nicht die Tante.

Warum eigentlich sollten heute reichere Länder Entwicklungshilfe beziehungsweise wie es seit einiger Zeit heißt „Entwicklungszusammenarbeit" betreiben? Natürlich könnte man dies mit dem christlichen Wert der Nächstenliebe beantworten, doch man kann auch andere Gründe hinzuziehen. Aus historischer Sicht tragen viele der wohlhabenderen Staaten zumindest eine Mitverantwortung am Zustand ärmerer Länder.

Ich erinnere nicht nur an die Zeit der Sklaverei, als Menschen aus ihrer Heimat geraubt wurden, sondern auch an die Eroberung von Ländern, an die Ausrottung und Ausbeutung und deren Kolonialisierung – diese Zeit hat bis heute Spuren hinterlassen. Die europäischen Großmächte zogen viele Grenzen mit dem Lineal, quer durch uralte Stammesgebiete. Als Folge lebten Stämme plötzlich in einem Land zusammen, die ethnisch und kulturell völlig unterschiedlich waren. Nun, der eine oder andere wird anmerken, dass Schwaben und Badener ein ähnliches Schicksal fristen, aber diese beiden Volksgruppen durften wenigstens über ihre Zwangsgemeinschaft abstimmen – und kommen weitestgehend ohne gegenseitige Gewalt aus – wenn man einmal von Fangruppen bei Spielen des Karlsruher SC und des VfB Stuttgart absieht.

Somit tragen viele Staaten noch schwer am Erbe der Kolonialzeit. Und man könnte auch fragen – ist diese überhaupt zu Ende? Die Ausbeutung vieler Staaten geht ja weiter, heute oft durch große Konzerne – die wiederum von ihren Heimatstaaten durch Subventionen unterstützt werden und die wir gern verdrängen. Wer denkt schon beim Genuss seiner leckeren Schokolade oder des belebenden Kaffees an den Bauern in Afrika?

Aber das ist nur die eine Seite der Medaille – wir nutzen diese Länder, weil wir an ihren Rohstoffen interessiert sind, aber auch als Exportziel für unsere Produkte.

Es ist grotesk, dass auf der einen Seite viel Geld für Entwicklungszusammenarbeit aufgewendet wird, diesen Staaten auf der anderen Seite aber ihre Lebensgrundlage entzogen wird und sie dann umso mehr auf Hilfe angewiesen sind. Dies geschieht, indem der afrikanische Markt mit europäischen Produkten überschwemmt wird, z. B. exportiert die EU subventioniertes italienisches Tomatenmark nach Ghana. Das ist dann billiger als die ghanaische Tomate. Also verliert der ghanaische Tomatenpflücker seinen Job, verarmt und ist wieder auf Hilfe angewiesen. Oder er geht gleich nach Europa. Was macht er da? Das, was er kann! Er arbeitet in Italien als Tomatenpflücker – und sorgt dafür, dass weiterhin subventioniertes Tomatenmark in seine Heimat geschickt werden kann. Traurige Vorstellung, wie der Flüchtling aus Ghana da im Schlauchboot im Mittelmeer einem Handelsschiff begegnet, das in Richtung Afrika vorbeifährt und Tomatendosen geladen hat.

Und die Tomatendose hat größere Chancen heil am Ziel anzukommen.

Oder schauen wir auf das Huhn – der Europäer liebt vor allem zarte Hühnerbrustfilets. So sehen viele Zuchthühner heute nicht mehr dem ähnlich, was der Herr einst geschaffen hat. Vielmehr kommen sie daher wie eine riesige Hühnerbrust mit dünnen Beinchen. Viele sagen: wie Arnold Schwarzenegger zu seinen besttrainierten Zeiten. Wenn es möglich wäre, würden die Züchter ihnen wohl auch noch zugunsten einer noch größeren Brust die Beinchen wegzüchten. Da das nicht geht, hat man sich eine andere Verwendungsmöglichkeit ausgedacht. So landen die Füßchen schließlich zusammen mit anderen Schlachtabfällen, die dem Westeuropäer nicht zuzumuten wären, als Tiefkühlkost in Afrika, so auch in Ghana. Durch Massenproduktion und Subventionen sind sie weitaus billiger als das, was die wenigen verbliebenen einheimischen Geflügelzüchter dort auf den Markt bringen können.

Das Tragische an all dem ist ja – eigentlich hat Afrika alles, was es braucht. Afrika ist reich an Bodenschätzen. Vor allem an Materialien, die Ihr für E-Autos oder Smartphones und Tablets braucht. Deshalb kann man den Afrikaner schon verstehen, wenn der mal zu Euch kommen will und schauen, was aus den ganzen Ressourcen geworden ist, die er mal aus irgendwelchen Minen für Euch rausgeschafft hat. Wäre aber auch nicht nötig, denn irgendwann schickt Ihr das Zeug ja als Elektroschrott wieder zurück nach Afrika und schafft so dort noch mehr schlecht bezahlte und gesundheitsgefährdende Arbeitsplätze. Also quasi eine Win-Lose-Situation.

Dazu kommen weitere Probleme, die durch Armut noch verstärkt werden – so im medizinischen Bereich. Jede Seuche, jede Krankheit trifft die ärmeren Länder mit noch mehr Wucht. Das trifft nicht nur auf Corona zu, sondern seit Jahrzehnten auch auf AIDS, an dem noch immer Millionen Afrikaner leiden und das unter Jugendlichen sogar die Todesursache Nummer eins geworden ist. Das liegt natürlich zum einen auch an dem Angebot von dubiosen Heilmethoden der örtlichen Medizinmänner, an mangelnder Aufklärung, aber auch an der katholischen Kirche, die in Afrika noch sehr viele Anhänger hat – und ihnen auch dort den Gebrauch von Kondomen untersagt. Ich frage mich wirklich, ob viele Eurer katholischen Geistlichen, die genau darauf pochen, mal die Bibel gelesen und ihren Geist ein bisschen verstanden haben.

Es ist also das Mindeste, dass sich die reichen Länder ihrer Verantwortung für die Folgen von Sklaverei, Kolonialisierung und Ausbeutung bewusst sind. Somit ist das „warum" geklärt, doch das „wie" ist nicht so einfach.

Manche kritisieren – auch zu Recht –, dass sicher einiges an Geld, welches als Hilfe in die betroffenen Länder fließt, in den Taschen von korrupten Beamten, Günstlingen oder den örtlichen Machthabern selbst verschwindet. Mancher leitet daraus auch die Forderung ab, die Afrikaner sollten erst mal ihre eigenen Hausaufgaben machen und ihre Diktatoren und Autokraten aus dem Amt jagen. Wer wissen will, wie so etwas geht, der sollte allerdings nicht bei den Deutschen nachfragen – die Deutschen haben es ja 1945 auch nicht allein hinbekommen. Und was anderes als Entwicklungshilfe waren die Gelder des Marshall-Plans? Wohlgemerkt: für ein Land, welches sich selbst durch Größenwahn, Fanatismus und Rassismus in seine prekäre Situation gebracht hatte.

Doch wie funktioniert gute Entwicklungshilfe oder -zusammenarbeit? Lange Zeit pumpte man im Rahmen der Entwicklungshilfe einfach Gelder in die betroffenen Länder, die aber oft auf dem Weg zu den wirklich Bedürftigen versickerten oder dort nur eine kurzzeitige, aber keine nachhaltige Wirkung erzielten. Auch die Art und Weise der Hilfe zeigte sich oft als Fortsetzung des kolonialen Denkens, indem Lebensmittel einfach aus dem Flugzeug abgeworfen wurden: Wem wirft man etwas zu? Dem Bettler auf der Straße, der eine Stufe unter einem steht.

Immerhin von der Begrifflichkeit hat sich etwas geändert – wie bereits erwähnt, spricht man offiziell nicht mehr von „Entwicklungshilfe", sondern von „Entwicklungszusammenarbeit", aber hat sich wirklich auch inhaltlich etwas geändert? Raider heißt ja auch Twix, schmeckt aber genauso wie vorher. Die einen sagen gut, die anderen – lassen wir das.

Tatsächlich gibt es zumindest Ansätze, sich mit den Partnern vor Ort auf Augenhöhe zu begeben, doch andere Probleme bleiben. In manchen Metropolen Afrikas finden sich oft zahlreiche Hilfsorganisationen, die alle eigene Projekte durchführen und manchmal scheint es so, als ginge es ihnen weniger um echte Hilfe als darum, unter all den anderen Gruppen die führende zu sein. Interessant auch, dass einheimische Helfer – die unverzichtbar sind – oft weitaus weniger verdienen als jene, die aus dem Ausland eingeflogen werden.

In den afrikanischen Staaten selbst formiert sich inzwischen auch Widerstand gegen das Überlegenheitsgebaren mancher Helfer. Oft fliegen ja sogar bekannte Stars nach Afrika, lassen sich mit wehrlosen Kindern auf dem Arm fotografieren, sagen ein paar wohlfeile Sätze in die Kamera und reisen „tief berührt" wieder ab in die Heimat, wo sie ihre Erfahrungen dann noch in einer Fernsehdoku, einem Podcast oder einem Radiobeitrag verwerten. Diese Nutzung der einheimischen Bevölkerung als Statisten in der Erzählung vom guten Weißen stößt immer mehr auf Gegenwehr.

Einheimische Aktivisten fanden unter dem Hashtag #NoWhiteSaviors (Keine weißen Retter) schnell über 150 000 Follower. Es ging hier nicht um die Ablehnung von Hilfsangeboten, sondern um den Versuch, nicht nur als Objekt dieser Hilfe oder der eigenen Selbstdarstellung der Helfer genutzt zu werden. Weg von dieser Oberflächlichkeit, fordern die Aktivisten und haben auch T-Shirts produziert mit der Aufschrift:

„Wenn Du Dich nicht schlecht fühlst, dann hast Du uns nicht richtig zugehört."

Immerhin gibt es auch auf politischer Ebene neue Ansätze statt eines ewigen „Immer-weiter-so". So beschloss die Bundesregierung, die Entwicklungshilfe stärker an die Fortschritte der jeweiligen Länder in Sachen Menschenrechte, Korruptionsbekämpfung und Gleichheit von Mann und Frau zu koppeln.

Auch die UN setzt vermehrt auf direkte Zusammenarbeit mit lokalen Projekten, um die Gefahr zu umgehen, dass Gelder gar nicht da ankommen, wo sie gebraucht werden.

Aber egal, wie man die Sache nun angeht – erst einmal braucht man ja Geld für die Projekte. Eigentlich sollten die reichen Staaten 0,7 % ihrer Wirtschaftsleistung für Entwicklungszusammenarbeit aufwenden. Das gelingt in Deutschland allerdings nie. Die Engländer haben das einmal geschafft; allerdings, indem sie 200 Millionen in Shopping Malls und Luxusapartments investiert hatten und auch das unter „Entwicklungszusammenarbeit" deklarierten. Gut, vielleicht dachte man, dass die Menschen, die in Dörfern ohne richtige Strom- und Wasserversorgung leben, ja einfach dort einziehen könnten. Wahrscheinlich waren sie aber eher für die reiche und oft korrupte Elite des Landes gedacht.

Doch selbst unter diesen schwierigen Bedingungen – es gibt auch einfache Zahlen, die zeigen, dass Hilfe ankommt und sich Dinge verbessern können:

- Noch vor 200 Jahren lebten fast neun von zehn Menschen in absoluter Armut, heute ist es nur noch einer von zehn.

- Der Welthunger-Index der Welthungerhilfe belegt, dass der Hunger in Afrika in den letzten beiden Jahrzehnten um circa 30 % gesunken ist.

- Die Kindersterblichkeit in Entwicklungsländern ist von 20 % auf unter 5 % gesunken.

Damit kann man auch dem oft genannten Vorwurf entgegentreten, es ändere sich ja sowieso nichts. Und was auch selten gesehen wird – eine der Kräfte, die den Menschen in den ärmeren Ländern am meisten helfen, sind jene, die sie verlassen haben. Jedes Jahr überweisen Migranten über 300 Milliarden Dollar in ihre Heimatländer in Afrika, Asien oder Lateinamerika und unterstützen somit ihre Angehörigen daheim und kurbeln die dortige Wirtschaft an. Was dazu führt, dass nicht noch mehr Menschen nach Europa kommen wollen. Die, die hier also oft als Schmarotzer bezeichnet werden, sorgen dafür, dass die Migrationswelle nicht noch größer wird.

Wobei das trotzdem in Zukunft geschehen könnte – denn nach der Flucht vor Kriegen, Hunger und Ausbeutung wird bald die Flucht vor den Klimakatastrophen kommen. Wenn die Erderwärmung nicht begrenzt wird, dann wird Afrika ein zu großen Teilen unbewohnbarer Kontinent werden. Auch hier gilt also – wenn Ihr wirklich wollt, dass möglichst wenige Menschen ihre Heimat verlassen müssen und dortbleiben können und wollen, dann müsst Ihr etwas dafür tun. Denn genau wie die Kolonialisierung ist auch der Klimawandel eine Last, die die wohlhabenden Nationen den ärmeren Ländern aufbürden.

Die Verantwortung der „ersten" für die „dritte Welt" wird also bleiben.
 Dranbleiben! Ausbauen! Nicht aufgeben! Ihr könnt Berge versetzen – und somit auch diese schreiende Ungerechtigkeit mehr und mehr abbauen!
 Wenn Ihr zufrieden seid, wie es ist, dann lasst alles, wie es ist. Eure Welt, Euer Leben! Es gibt kein „muss" und keine Hölle. Es gibt nur die Konsequenz Eures Tuns. Schaut es Euch genau an. Wenn Ihr diese Konsequenz nicht mehr wollt, ändert Euer Tun. So einfach ist das!

Hoch lebe Euer freier Wille! Amen.

# Kapitel 8
## Fake News

Jeder kennt den Spruch, oft ausgestoßen von Menschen, die sich mindestens jenseits der vierzig befinden: „Früher war alles besser!" Er wird vor allem dann benutzt, wenn Ihr Euch mal wieder von der Gegenwart und ihren Segnungen überfordert fühlt. Nun, alles war früher sicher nicht besser, aber zumindest einfacher und überschaubarer, weil die Welt für den Einzelnen oft ein klarer, abgegrenzter Bereich war. Nachrichten von außen kamen selten oder brauchten so lange, dass sie schon nicht mehr als Neuigkeiten bezeichnet werden sollten. Manche Landstriche boten sogar Stoff für Bonmots wie z. B. Bismarcks Spruch: „Wenn ich wüsste, dass morgen die Welt untergeht, dann würde ich nach Mecklenburg-Vorpommern gehen, denn dort passiert alles erst hundert Jahre später." Das ist mittlerweile total überholt. Heute sind es siebzig Jahre. Spaß beiseite: Mitbekommen, was auf der ganzen Welt gerade passiert, das kann man mittlerweile überall. Nachrichten sind in Hülle und Fülle jederzeit verfügbar – wir erfahren hier selbst, wenn der legendäre Sack Reis in China umfällt. Diese Nachricht wird Ihnen präsentiert von Uncle Ben's. Den Ihr aus Gründen der Political Correctness bald als mehrfarbigen, mehrsprachigen, im Rollstuhl sitzenden gendergerechten Alien darstellen werdet. Ich schweife ab …

Zurück zum Thema: Die schiere Masse an Nachrichten überfordert nicht nur den Normalbürger, sondern auch die traditionellen Medien wie Zeitung, Online und TV. Während sich der Rezipient fragt: Was ist wichtig? Was hat für mein Leben Bedeutung? Fragen sich die schlecht bezahlten Schreiber und Redakteure: Was dürfen die anderen nicht vor mir bringen? Was haben die gebracht und ich habs nicht gewusst? Schnell abschreiben geht vor mühsam recherchieren.

Damit kommt die Mutter aller Fragen ins Spiel: Was ist wahr? Willkommen in der Welt der „Fake News". Wenn man diesen Begriff einfach übersetzt, kommt man zu „falsche Nachrichten" – und das ist natürlich nichts Neues. So etwas gab und gibt es, seit Menschen zusammenleben – in schwäbischen Dörfern noch heute unter dem Begriff „Klatsch und Tratsch" bekannt. Viele sagen auch, „Fake News" sei einfach nur ein Synonym für „Wahlversprechen". Die modernen Fake News gehen aber einen Schritt weiter.

Wenn man versucht, diesen Begriff jenseits von Donald Trump zu definieren, findet man durchaus einige Kernelemente. Der Begriff „Fake News" bezeichnet die Unwahrheiten, die im Gewand echter Nachrichten daherkommen. Dabei werden sie gezielt in die Welt gesetzt und ihr Erfinder hat zumeist politische Ziele. Ihre Verbreitung findet hauptsächlich über die sozialen Medien statt.

Dieses Vorgehen gab es natürlich auch schon vor Facebook und Co. Man denke nur an die gezielten Desinformationskampagnen der fossilen Industrie zum Thema Klimawandel (siehe auch => „Klimawandel"). Aber gerade die sozialen Netzwerke machen es natürlich viel leichter, solche Falschmeldungen in die Welt zu setzen.

Immer mehr Menschen kehren den traditionellen Medien den Rücken zu und beziehen ihre Informationen nur noch aus dem Internet – und dort von teils dubiosen Seiten oder aus sozialen Netzwerken, in denen Falschmeldungen oft und schnell geteilt werden. Die Corona-Krise war ein wunderbares Beispiel dafür. Was wurde da nicht alles in die Welt gesetzt und – weitaus schlimmer – geglaubt und weiterverbreitet (siehe auch => „Verschwörungstheorien")!

Auch vermeintliche Augenzeugenberichte werden gerne zitiert, z. B. vom Schwager des Bruders einer Freundin, der jemanden kennt, der in Italien in einem Krankenhaus arbeitet und davon berichtet, es sei alles gar nicht so schlimm. Solche Meldungen werden gerne noch mit einem „Wacht auf!" versehen, um die vermeintlichen Schlafschafe zur Erkenntnis zu führen. Ganz wichtig dabei auch oft GROSSSCHREIBUNG !!!! und viele !!!AUSRUFEZEICHEN !!! Was so schreit, muss wahr sein! Gerne unterfüttert man die Meldung dann auch mit den vermeintlich wissenschaftlichen Erkenntnissen eines Mediziners. Dass es den vielleicht gar nicht gibt oder hier ein Orthopäde über eine Lungenkrankheit referiert ist erst auf den zweiten oder dritten Blick zu erkennen.

Da bleibt nur eines, was auch gegen Viren hilft: Abstand halten. Und Hände waschen, anstatt es seinem Gehirn zuzumuten.

Sicher, bei manchen Fake News erkennt man oft gar nicht, warum sie jemand in die Welt setzt. Vielleicht macht es manchen Menschen einfach Spaß, falsche Dinge zu behaupten? Es gibt ja auch Leute auf Eurer Erde, die gerne Lack und Leder tragen, sich auspeitschen lassen oder FDP wählen.

Trotzdem verfolgen Fake News oftmals auch ein konkretes Ziel und daher sollte man sich schon auch immer mal die Frage stellen: Cui bono? Wem nützt es? Es nützt den Mächtigen, die ein Interesse haben, bestimmte politische Ziele zu erreichen. Das kann auch die politische Destabilisierung eines anderen Staates sein. So arbeiten beispielsweise in einer sogenannten „Troll-Fabrik" in St. Petersburg circa 600 Mitarbeiter daran, durch Falschmeldungen Meinungen im Sinne des Kremls im Internet zu manipulieren. Diese Manipulatoren, die auch „Bots" einsetzen, streuen gezielt falsche Nachrichten in sozialen Netzwerken und Foren und begeben sich in Kommentarspalten von westlichen Websites bekannter Zeitungen, um dort Meinungsmache zu betreiben. Weiterhin ist ja immer noch nicht ganz klar, in welchem Maße Russland im Jahr 2016 die Wahl Donald Trumps zum US-Präsidenten befeuert hat. Nicht mehr lange, dann wird Wladimir Putin bei mir oben sitzen und ich werde ihn sehr bald zu einem Gespräch laden. Wartet gerne darauf, ich berichte dann darüber.

Und da sind wir schon beim ungekrönten König der „Fake News"-Verbreitung! Immer mal wieder zählten ja Journalisten die nachgewiesenen Lügen, die der bereits oben erwähnte Trump verbreitet hat. Interessanterweise nutzte Donald Trump selbst den Begriff „Fake News" sehr gerne, um wiederum die sogenannten Mainstreammedien abzukanzeln, weil sie angeblich dauernd Lügen über ihn in die Welt setzen würden. In Deutschland kennen wir das unter dem Schlagwort „Lügenpresse", sehr gerne von Pegida und AfD benutzt. Natürlich gab es schon früher in der Politik verschiedene Anschauungen zu einem Thema, aber meistens hatte man ein gemeinsames Fundament an Fakten, von dem ausgehend man dann miteinander stritt. Dieses Fundament bröckelt nun zusehends, wenn jede Seite einfach die Wahrheit für sich reklamiert und selbst eindeutig nachweisbare Tatsachen leugnet. Die eigenen „Fake News" sind natürlich keine, sondern – auch so ein schöner neuer Begriff – alternative Fakten.

Unvergessen die Behauptung, bei Trumps Amtseinsetzung seien mehr Menschen anwesend gewesen als bei der von Obama. Bei der Demonstration am 01.08.2020 in Berlin, bei der die Corona-Pandemie als „beendet" erklärt wurde (… warum erklärt Ihr nicht einfach mal die Ungerechtigkeit, die Ausbeutung oder die Diskriminierung für beendet?), waren nach Informationen der Veranstalter 1,3 Millionen Menschen auf der Demonstration. Weitere 500 000 sollten durch einen künstlichen Stau auf der Autobahn zurückgehalten worden sein. Abgesehen davon, dass es diesen Stau auf der A9 nicht gegeben hat, er in keinem Polizeibericht erscheint und von keinem Drohnen-Foto bestätigt wird: Wenn wir mal davon ausgehen, dass ein Fahrzeug sechs Meter lang ist und vier Meter Abstand zum nächsten Fahrzeug hält und mit vier Personen besetzt ist, dann würden sich diese 500 000 Menschen in 125 000 Fahrzeugen befunden haben, die einen Stau von 1 250 Kilometer Länge ausgemacht hätten. Das sind so Momente, wo ich mich frage, ob Euch der liebe Gott Euer Gehirn doch weitgehend grundlos geschenkt hat.

Genauso gut könnte man behaupten, der VfB Stuttgart sei seit 2007 in Serie Deutscher Meister. Gefährlich wird das, wenn sich tatsächlich viele Menschen finden, die diese Fake News glauben und weiterverbreiten, weil sie es in ihrem Echoraum aufgeschnappt haben und es sich so wunderbar in ihr Weltbild einfügt.

Und wie sieht es mit der Verantwortung derer aus, die sozusagen als Boten dieser neuen Nachrichtenform dienen? Lange hielten sich Twitter, Facebook und Konsorten vornehm zurück und wuschen als Plattformbetreiber ihre Hände in Unschuld. Das ist in etwa so, als würde der Rektor einer Schule nichts gegen Drogenhandel auf seinem Pausenhof zu tun haben, weil er ja nur den Pausenhof zur Verfügung stelle und keinen Einfluss darauf habe, was dort passiert. Von den Dealern, die seine Schüler süchtig machen, allerdings angemessen an ihren Umsätzen beteiligt wird.

Inzwischen gehen die Betreiber (auch auf Druck aus Justiz und Politik) vermehrt gegen Fake News vor, was ihnen aber wieder den Vorwurf der Zensur einbringt. Immerhin versahen Twitter und Facebook diverse Tiraden des amerikanischen Präsidenten Trump mit Hinweisen, dass man seine Aussagen auf ihren Wahrheitsgehalt überprüfen sollte. Da aber selbst die Mitarbeiter der sozialen Mediendienste vor der Masse an Nachrichten kapitulieren müssen und selbst bei gutem Willen nur einen Bruchteil davon erkennen können, liegt es am Einzelnen, sich gegen diese Art von Beeinflussung zu wappnen.

Wie kann man nun verhindern, solchen erfundenen Geschichten auf den Leim zu gehen? Nun, zuerst einmal sollte man schauen, von wem die Nachricht kommt. Stammt sie von einer seriösen Nachrichtenseite oder lässt sich nur schwer nachvollziehen, wo sie herstammt? Natürlich haben auch die traditionellen Medien in den letzten Jahren ihre Schwächen offenbart; so hatte der legendäre „Spiegel" ja seine eigene „Fake News"-Erfahrung mit seinem Autoren Claas Relotius gemacht und nicht nur die BILD-Zeitung, sondern auch Blätter, die sich eigentlich dem Qualitätsjournalismus verschrieben haben, bewegen sich immer wieder und öfter im Bereich der „Fake News" denn in dem der seriösen Berichterstattung.

Aber grundsätzlich kann ein Faktencheck nicht schaden und ein Abgleich mit den etablierten Medien, ob diese Nachricht dort auch so oder ähnlich auftaucht.

Auch eine besonders reißerische Aufmachung oder ein eher nachlässiger Umgang mit der deutschen Rechtschreibung können Hinweise auf „Fake News" sein, genau wie eine unklare Unterscheidung, ob man es hier nun mit einer Nachricht oder einem Kommentar zu tun hat – was bei den „normalen" Medien immerhin klar gekennzeichnet sein sollte. Am Ende muss jeder für sich entscheiden, was er für bare Münze hält. Da bleibt dann doch nur der Hinweis auf die Kant'sche Aufforderung: „Habe den Mut, dich deines eigenen Verstandes zu bedienen!"

Und, auch das wäre eine Möglichkeit: Vielleicht mal eine „sensationelle" Nachricht nicht gleich weiterleiten? Sondern erst mal sacken lassen? Und drüber nachdenken? Warten, ob sich nicht bald weitere Nachrichten ergeben, die das Thema von einer anderen Seite ausleuchten? So wie ganz früher, als die Oma noch gesagt hat: „... das sagt man nicht!" Und: „... man zeigt nicht mit dem Finger auf andere!" Kennt Ihr noch die Gleichnisse vom Splitter im Auge des Anderen, während man den Balken im eigenen nicht sieht? Oder von dem im Glashaus Sitzenden mit seinem Stein in der Hand? Überhaupt: Johannes - Kapitel acht - Vers sieben: „Wer unter euch ohne Sünde ist, der werfe den ersten Stein!" Es gab schon ein paar Weisheiten, deren Ihr Euch gerne wieder bedienen dürft. Auch wenn ich mich wiederhole: Ihr müsst nicht, macht von Herzen, was Ihr wollt, es ist Eure Welt und Euer Leben. Wenn Ihr etwas anderes haben wollt, müsst Ihr Euer Tun ändern.

*Christophorus, das hast Du jetzt schon mehrfach gesagt!*

... habe ich? Vielleicht werde ich alt, Sonntag, treuer Knecht. Brauchst Du eine Pause?

*Nein! Ist alles so spannend, Fake News ist einfach eine ganz aktuelle, heiße Sache!*

Woher aktuell, Fake News gab es auch bei uns schon, damals hieß es oft: „Sie ist eine Hexe!" Entlarvt wurde so eine Falschmeldung seinerzeit beispielsweise durch die „Wasserprobe": Ging die gefesselte Hexe im Fluss unter und ertrank, war die Meldung ein Fake.
Hat ihr jetzt zwar damals auch nichts gebracht, aber okay, nächstes Kapitel.

# Kapitel 9
## Familien

Wenn Politiker gefragt werden, wie sie sich einen herrlichen Abend vorstellen, antworten sie stereotyp: „… mit einem schönen Buch und einem guten Glas Rotwein!". Dafür sollte man Ihnen den Schein-statt-Sein-Klischee-Preis überreichen. Ich habe von oben, von meiner Wolke, schon oft wahrnehmen müssen, wie eine so lautende Erklärung gerade beim Bier im Wettbüro abgesetzt wurde. Und noch in ganz anderen, viel prekäreren Situationen, über die ich den Mantel der christlichen Nächstenliebe legen möchte. So viel darf ich trotz meiner himmlischen Verschwiegenheitspflicht verraten: Mindestens jede zweite dieser Aussagen ist gelogen.

Und schon kommen wir zu einer anderen Aussage, die Politiker auf die Frage absondern, was ihnen ganz besonders wichtig sei. Was ist das? Genau – die Familie! Seltsam nur, dass zwischen Worten und Taten hier leider wieder sehr große Unterschiede liegen. Wobei man der Politik nun nicht vorwerfen kann, dass sie nichts für Familien tue. Es gibt zahllose familienpolitische Maßnahmen, sodass sogar das zuständige deutsche Ministerium vor einigen Jahren erst einmal überprüfen musste, wie viele es denn genau sind und, nebenbei gefragt, welche. Aber oft werden auch Maßnahmen dazu gezählt, die vielleicht nur bei einem kleinen Teil ankommen. 200 Milliarden Euro insgesamt pro Jahr sollen es in Deutschland sein – das hört sich gewaltig an, aber wenn man genauer hinsieht, dann verhält es sich so wie mit dem Scheinriesen bei Jim Knopf: Er wirkt nur aus der Ferne groß, je näher man kommt, desto kleiner wird er.

Da gibt es circa 40 Milliarden Euro, die jährlich in die Witwen- und Waisenrente fließen. Das bringt einer jungen Familie nun eher wenig. Und die beitragsfreie Mitversicherung von Ehepartnern, die nicht arbeiten, aber auch keine Kinder haben, hat auch weniger mit Familienförderung zu tun. Genauso profitieren vom Ehegattensplitting auch Ehepaare ohne Kinder – am meisten vor allem die, bei denen der eine Partner einen sehr guten Job hat und der andere weniger verdient. Der hoch dotierte Manager, dessen Frau sich aus Langeweile ein paar Stündchen etwas dazuverdient oder gar aus ihrem Hobby, dem Makramee, eine Geschäftsidee mit dafür vom Stararchitekten auf die grüne Wiese gestellte Verkaufsboutique gemacht hat, ist also der größte Profiteur dieser Regelung, die sich der Staat immerhin auch 20 Milliarden Euro kosten lässt. So könnte man noch eine Weile weitermachen.

Aber schauen wir doch mal hin, wo das Geld, das hier etwas wahllos unters Volk gebracht wird, genau herkommt: 40 % kommen aus den Sozialbeiträgen und 30 % aus den Verbrauchssteuern. Und wer zahlt das auch alles mit? Natürlich die Familien! Interessant am Rande: Baby-Windeln sind mit 19 %, in der Nach-Corona-Zeit vorübergehend mit 16 % Umsatzsteuer belegt, genau wie Klopapier. Gut. Ein Rennpferd allerdings nur mit sieben respektive fünf Prozent. Das folgt natürlich der ganz klaren Überlegung, dass ein Rennpferd eher zu den Dingen des täglichen Bedarfs gehört als Windeln und Klopapier. Liebe Leserinnen und liebe Leser, bitte nehmt das einfach so hin, denkt nicht drüber nach! Das macht Euch nur depressiv, und dann müssen wir hier oben wieder Millionen von „Oh-Herr-warum-lässt-du-solche-Ungerechtigkeiten-zu!"-Gebete abarbeiten.

Zusammenfassend kann man sagen: Viele Leistungen gehen an den Familien vorbei und einen Großteil der Gelder, die dafür nötig sind, bringen sie auch noch selbst auf. Man stelle sich Robin Hood vor, der die Armen bestiehlt, um es ihnen dann wieder zu geben. So verhält sich dieser Staat.

Wenn der wenigstens ein klares Ziel bei seiner Familienpolitik verfolgen würde, wäre man ja schon einen Schritt weiter. Immer wieder gibt es neue Maßnahmen, aber keine einheitliche Strategie: Da sollen durch vermehrte Krippenplätze Frauen der Wiedereinstieg, Neueinstieg oder Verbleib im Berufsleben ermöglicht werden, dann kommt aber die CSU daher (wohlgemerkt: die „Christlich Soziale Union") und schreit aus dem Gesellschaftszimmer der 60er-Jahre nach einem Betreuungsgeld, der Herdprämie. Und bekommt ihren Willen dann natürlich auch. Nebenbei wird dann auch gleich noch eine Diskussion angezettelt, wer denn jetzt nun die besseren Eltern sind: Die, die sich daheim ums Kind kümmern oder die, die schnell wieder arbeiten gehen.

Ich beobachte oft von oben, dass so manches Kind in der Krippe oder Kita mehr Förderung erfährt als daheim. Das aber nur am Rande. Und dann gibt es natürlich noch Gruppen, die besonders im Stich gelassen werden, die Rede ist von den Alleinerziehenden. Das ist sozusagen der „Schwarze Peter" im Familien-Quartett. Führt dann dazu, dass mehr als ein Drittel aller Kinder von Alleinerziehenden von Hartz IV leben. Und allgemein: Jedes siebte Kind in Eurem reichen Land befindet sich im Hartz-IV-System. Was diesen Kindern und ihren Familien fehlt? Gar nicht so viel, wir reden bloß von Dingen wie: eine ausreichend große Wohnung, neue Kleidung, Restaurantbesuche, Urlaub, Taschengeld, Kino, Auto, Computer mit Internet, ein kleiner Puffer für Notfälle. Leben ist mehr als Essen und Trinken und eine Höhle, die vor Wind und Wetter schützt. Sollte es zumindest sein.

In Krisenzeiten verschärft sich die Problematik dann noch einmal – Corona hat's gezeigt. Sozial schwache Familien hatten weitaus mehr damit zu kämpfen, dass ihre Kinder den Anschluss nicht verlieren. Die besser Betuchten seufzten zwar sicher auch immer mal auf, aber dann wurde halt doch der zusätzliche Laptop oder die Kamera für den Videounterricht zugelegt. Oder man engagiert sich gleich eine qualifizierte Kraft, die dem Nachwuchs hilft, dass keine Wissenslücken entstehen – der Privatlehrer feiert seine Rückkehr …

Aber es wäre unfair, immer nur den Staat anzuprangern – auch in anderen Lebensbereichen werden Familien immer wieder benachteiligt. Wer kennt nicht die riesigen Unterschiede bei den Preisen für Reisen inner- und außerhalb der Ferien? Es mutet schon verrückt an: Singles oder kinderlose Paare, die ohnehin finanziell zumeist bessergestellt sind, können in den Randzeiten günstig Urlaub machen! Und ruhig dazu! Wohingegen die Familien die teuren Angebote in der Hauptsaison in Anspruch nehmen müssen. Denn wer mit der Familie in Urlaub fährt, der ist ja auch von anderen nervenden Familien samt ihren lärmenden Kindern auf überfüllten Campingplätzen oder Appartementanlagen umgeben. Flucht bieten der überfüllte Strand oder die gestopfte Strandbar. Wer hier einmal die Preise vergleicht, der gerät schnell in Schnappatmung und erleidet im schlimmsten Fall gleich eine Herzattacke. Wer sie sich erspart hat, bekommt sie spätestens dann, wenn der Geschäftskollege zum Ende der Sommerferien den Stift ablegt und dem nach dem Sommerurlaub gestressten Familienvater bei der Übergabe der Zusatzarbeit noch ganz kurz erklärt, wie günstig er jetzt den einsamen Strand auf Sardinien genießen kann. So oder so wäre der einzige Vorteil der Herzattacke für den Familienvater, dass er sich künftig den teuren Urlaub spart.

Sicher hat der eine oder andere, der eine Familie mit Kindern hat und sich über dieses Problem ereifert hat, schon einmal den Spruch zu hören bekommen: „Du hättest ja keine Kinder kriegen müssen!" Stimmt natürlich, aber man muss ja auch anerkennen, dass jede Gesellschaft auf Kinder angewiesen ist. Diese Kinder zahlen ja einmal auch die Rente für jene, die jetzt so vollmundig auf die Option des Kinderverzichts hinweisen.

Die Unterstützung für Familien ist also eine Aufgabe, die alle angeht, weil ja auch alle davon profitieren.

Also, Freunde, wie könntet Ihr das verbessern? Der mühsame Weg ist natürlich der, in Bürger-Initiativen, Vereinen, oder in den Parteien selbst Änderungen anzustoßen, immer wieder auf die Schieflage hinzuweisen, Vorschläge zu machen und sie mit den richtigen Menschen durchzusetzen. Das ist ein wichtiges Thema, ich beobachte von meiner Wolke viele Eltern, die die mühselige, aber Segen bringende Arbeit, Kinder zu erziehen mit so viel Geduld, Liebe und Zuneigung erledigen, dass selbst mir hart gesottenem Theologen die Tränen kommen. Diese Menschen müssen von Euch allen unterstützt werden, es kann nicht sein, dass man Familien teilweise so hängen lässt. In andere Länder will man da gar nicht schauen! Und selbst im Kleinen bieten sich Euch viele Möglichkeiten. Vielleicht könnte man ja auch als Single oder kinderlose Familie einfach mal die Kinder von Freunden für einen Tag oder ein paar Stunden übernehmen? Diese bekommen eine Verschnaufpause vom Familien-Chaos und man selbst hat mal wieder wirklich was geleistet. Und wenn ich mir manche Kinder da unten anschaue und mir vorstelle, Ihr könntet sie an diesem Tag vom Singledasein überzeugen und sie so an ihrer Fortpflanzung hindern, hätte das auch noch meinen himmlischen Segen. Nicht bei allen, nicht bei vielen. Aber bei manchen.

Oh Gott, für diesen letzten Satz wird es wieder ein Nachgespräch bei und mit meinem Schöpfer geben. Ich sage nur: Stuhlkreis.

# Kapitel 10
## Flüchtlinge

Politisch korrekt dürfte dieses Kapitel gar nicht unter „F" wie „Flüchtlinge" stehen. Wir müssten es auf „G" wie „Geflüchtete" schieben. Denn auf Eurer Erde darf man viele Dinge nicht mehr so nennen, wie sie sind, man muss sie umfirmieren. Was den Effekt hat, dass Ihr verunsichert werdet und dass die Brüder am Stammtisch noch viel lauter auf den Tisch hauen und sich somit Radikalität ausbreitet und die Gesellschaft auseinanderdriftet. Mir wäre lieber, Ihr würdet die Dinge beim Namen nennen und sie tolerant in Euer Leben einordnen. Deshalb findet dieses Kapitel auch unter „F" wie „Flüchtlinge" statt. Denn „Geflüchtete" sind Flüchtlinge. Und ein Flüchtling zu sein ist nichts Schlechtes, es ist der Mut, aus einer Situation zu fliehen, die man nicht selbst erzeugt hat.

Es könnte alles so einfach sein, ist es aber nicht (manchmal höre ich tatsächlich die Fantas da oben, meistens aber klassische Musik und natürlich: Harfe, Harfe, Harfe). So einfach könnte das sein: Der Mensch kommt auf die Welt, er entwickelt sich, wird selbstständig und entscheidet sich dann aus freien Stücken, ob er an dem Ort bleiben möchte, wo er ist, oder woanders leben will. Diese Möglichkeit haben zwar viele, aber weitaus nicht alle Menschen auf dieser Welt – sicher, der eine oder andere wechselt seinen Wohnort wegen des Studiums, des Jobs oder wegen eines Partners. Mal, um ihm nahe zu sein und manchmal auch, um möglichst weit weg von ihm zu kommen.

Doch es gibt Menschen, die aus weitaus existenzielleren Gründen und überhaupt nicht freiwillig ihren gewohnten Lebensmittelpunkt verlassen müssen. Diese Gründe können vielerlei Gestalt haben: Krieg, Hunger, Klimawandel, Verfolgung.

Die ersten Flüchtlinge übrigens waren Adam und Eva – wurden sie doch aus dem Paradies vertrieben. Hatten sie sich aber selbst zuzuschreiben. Aber seitdem sind Flucht und Vertreibung Teil der Menschheitsgeschichte. Schon immer mussten einzelne Menschen oder Gruppen ihre Heimat verlassen.

Und wie ist die Lage heute? Laut UN-Flüchtlingshilfswerk befinden sich circa 80 Millionen Menschen momentan auf der Flucht – ein Rekordwert! Deutschland war lange Zeit in einer sehr komfortablen Situation und musste sich mit dem Thema nicht besonders intensiv befassen. Seit der

Verabschiedung des Dubliner Übereinkommens war jener EU-Staat für die Prüfung des Asylantrags zuständig, den der Flüchtling zuerst betrat. Da konnte es sich Euer Land bequem machen und zusehen, wie vor allem Italien und Griechenland sich dieses Problems anzunehmen hatten. Man kann sich natürlich heute immer noch fragen, welche Drogen die Vertreter der Mittelmeer-Anrainerstaaten in der EU genommen hatten, um solch ein Abkommen überhaupt zu unterzeichnen! Vor allem für Deutschland war dies der Beginn einer angenehmen Zeit: Mit dem Flugzeug konnte ja niemand nach Deutschland einreisen und von Afrika über die Nordsee in Travemünde anzulegen war auch ein eher gewagter Plan. Das ging solange gut, wie sich die Flüchtlingszahlen einigermaßen in Grenzen hielten (man beachte das Wortspiel!). Doch durch die Konflikte des Arabischen Frühlings, durch die weiter unsichere Lage in Afghanistan, durch die fehlende Zukunftsperspektive in vielen Staaten Afrikas schwoll die Zahl der Flüchtlinge immer mehr an.

Mit dem Herbst 2015 gab es dann einen dramatischen Wendepunkt. Anfang September waren Tausende von Flüchtlingen aus Syrien in Ungarn gestrandet. Die deutsche Bundeskanzlerin fasst den Beschluss, diese Menschen nach Deutschland zu lassen. Danach kommen mehr, teilweise bis zu 13 000 am Tag, bis Jahresende in Summe eine Million Geflüchtete.

Auch Jahre später schwankt die Sichtweise auf diese Merkel'sche Entscheidung: für die einen ein unvermeidlicher humanitärer Akt, des neuen geläuterten Deutschlands nach dem Zweiten Weltkrieg durchaus würdig, für die anderen ein klarer Fall von Staatsversagen. Die Wahrheit liegt wohl irgendwo dazwischen: Wer mit auch nur einem Hauch von Mitgefühl konnte die Bilder dieser traumatisierten und drangsalierten Menschen problemlos ertragen? Aber was auch stimmt: dass dieses Land und seine Regierenden – und die EU überhaupt – besser auf diese Situation hätten vorbereitet sein können. Der Krieg in Syrien ging ja schon eine Weile, aber es war halt nur wieder ein Krieg, der vermeintlich weit weg stattfand, wie so viele davor. Das hatte ja mit Euch und Deutschland und Europa nichts zu tun, gell?

Aber was folgte nicht alles aus diesen Tagen im September 2015! Der Aufstieg von Pegida, die Erfolge der AfD, der Machtkampf zwischen Seehofer und Merkel, quasi eine Spaltung des Landes in Befürworter und Gegner der Flüchtlingspolitik. Irgendwann fühlte sich sogar Angela Merkel bemüßigt, ein Stück weit von ihrem legendären Satz „Wir schaffen das!" abzurücken.

Und wo ist Europa heute – Jahre danach? Resigniert muss man konstatieren: kaum einen Schritt weiter. Ein einheitliches Verfahren zur Verteilung von Flüchtlingen ist noch lange nicht gefunden, weiterhin verweigern sich einige Länder komplett. Die europäische Seenotrettung existiert quasi nicht mehr und private Flüchtlingsrettungsschiffe müssen darum kämpfen, einen europäischen Hafen zu finden, der sie anlanden lässt. Im Mittelmeer sterben weiterhin Menschen, in Europa werden wieder Zäune hochgezogen. In Flüchtlingslagern vegetieren Menschen dahin und die deutsche Regierung feiert sich selbst, wenn sie mal 500 Kinder aus diesen Lagern aufnimmt. Die Werte, für die die EU eigentlich stehen sollte, sind durch Schlamm und Stacheldraht ersetzt worden.

Kaum ein Politiker hat sich einmal selbst vor Ort begeben. Eine rührige Ausnahme bildete der ehemalige Arbeitsminister Norbert Blüm, der 2016 das Lager Idomeni besuchte und später über die europäische Flüchtlingspolitik sagte: „Wenn 500 Millionen Europäer keine fünf Millionen oder mehr verzweifelte Flüchtlinge aufnehmen können, dann schließen wir am besten den Laden ‚Europa' wegen moralischer Insolvenz. Wir, die Bewohner der Wohlstandsinsel Europa, sind die Hehler und Stehler des Reichtums der sogenannten Dritten Welt. Auf deren Kosten und Knochen haben wir uns bereichert."

Für solche Sätze sind die Kritiker natürlich blind. In deren Augen sind die Menschen oft selbst schuld an ihrem Elend: „Die sollen halt arbeiten!", „Die sollen ihr Land wiederaufbauen!", usw. Natürlich kommt dann auch immer das Argument: „Aber wir können doch nicht alle aufnehmen!" Man möchte hier fast beruhigend auf die Schreihälse einwirken: Sie kommen ja auch nicht ALLE zu Euch. Zwei Drittel der weltweiten Flüchtlinge überschreiten nicht einmal die Grenze ihres eigenen Landes, sie sind Binnenflüchtlinge, die versuchen, in sicherere Gegenden im eigenen Land zu gelangen. Und 86 % aller Flüchtlinge weltweit sind in Entwicklungsländern unterwegs. Das sollte jetzt mal selbst den AfD-Wähler mit Schnappatmung etwas beruhigen: Es ist keineswegs so, dass Millionen in Afrika bereitstehen, um Europa zu fluten. Libanon mit 4,5 Millionen Einwohnern hat übrigens 1,5 Millionen syrische Flüchtlinge aufgenommen – auf Deutschland umgerechnet wären das etwa 28 Millionen. Da wäre nicht mal in Mecklenburg-Vorpommern genug Platz.

Es gibt immer triftige Gründe, warum Menschen ihre Heimat verlassen. Sie sitzen ja nicht daheim und denken: „Ach, komm, lass uns nach

Deutschland gehen, da gibt es so schöne Landschaften und Schützenfeste und den ZDF-Fernsehgarten!" Die meisten Menschen würden ja daheim bleiben, aber es ist halt kein so schönes Gefühl, wenn man jederzeit damit rechnen muss, dass einem eine Fassbombe auf den Kopf fällt oder man nicht weiß, wie man am nächsten Tag die Familie sattkriegen soll (interessant ja in diesem Zusammenhang, dass Hunger und Elend übrigens keine akzeptierten Fluchtgründe sind, für die man Asyl erhalten kann. Ist das Leben bedroht, weil man z. B. politisch verfolgt wird, ist man ein guter Flüchtling mit berechtigtem Asyl-Interesse, ist es bedroht, weil man nicht genug zu essen hat, dann ist man ein schlechter Flüchtling).

Immer wieder wird ja gefordert, Ihr solltet die Fluchtursachen bekämpfen. Natürlich kann das kein Land allein tun. In Norbert Blüms Zitat klang es ja schon an: Die reichen Staaten haben gerade Afrika lange als Selbstbedienungsladen genutzt, für manche Länder wie den Kongo wurde der eigene Reichtum an Rohstoffen sogar zum Fluch. EU-Fangflotten fischen die Meere vor der Elfenbeinküste leer, billige Produkte aus Europa zerstören die heimische Wirtschaft. Zudem spielen noch immer Rüstungsgüter aus Deutschland eine wichtige Rolle in Konflikten (Beispiel: Jemen-Krieg). Und als neueste Fluchtursache kommt nun der Klimawandel hinzu, der zwar von der westlichen Welt in Gang gesetzt wurde, den aber als Erstes die Staaten ausbaden müssen, die am wenigsten dafür können.

Hieran sieht man: Es sind nicht nur *die* Flüchtlinge, sondern auch *Eure* Flüchtlinge. Und vielleicht würde es ja auch helfen, sich einmal in der eigenen Familiengeschichte umzusehen, um etwas mehr Mitgefühl zu entwickeln. Viele Deutsche haben vergessen, dass es noch gar nicht so lange her ist, dass Flucht und Vertreibung auch für ihr Land ein zentrales Thema waren. Da waren die Deutschen, die vor dem Vormarsch der Roten Armee fliehen mussten oder von ihr aus ihren Häusern und von ihren Ländereien vertrieben wurden. Da waren auch jene Deutschen, die schon nach der Machtergreifung Hitlers flohen, weil sie durch das nationalsozialistische Regime ihre Freiheit und ihr Leben bedroht sahen. Und natürlich gab es auch jene, die kurz vor oder nach dem Kriegsende fliehen mussten, weil sie fürchten mussten, für ihre Taten zur Rechenschaft gezogen zu werden. Also auch die Deutschen – ein Volk von Flüchtlingen. Und natürlich sollte man auch an die vielen Flüchtlinge aus der DDR denken, die in den Westen kamen. Viele sicher auch nicht (nur), weil sie dort politisch verfolgt wurden, sondern einfach, weil sie ein freieres und auch wirtschaftlich besseres Leben suchten. Schade, dass es gerade dort im Osten sehr viele Wähler gibt, die das anscheinend vergessen haben!

Interessant ist ja auch, dass es neben der AfD Vertreter der Unionsparteien waren, die sich offen oder hinter vorgehaltener Hand über die Flüchtlingspolitik ihrer eigenen Kanzlerin echauffierten. Nie vergessen, das sind die Parteien mit dem „C" vorne dran. Und falls der eine oder andere davon gar nicht mehr weiß, für was das steht, der sei daran erinnert, dass die Heilige Familie selbst sich nach der Geburt Jesu auf der Flucht vor den Schergen des Herodes befand und schließlich in Ägypten unterkam. Heute hätten sie zumindest in Deutschland kaum eine Chance: Sie müssten ja auf jeden Fall aus einem sicheren Drittland nach Deutschland einreisen, da wäre der Asylantrag schnell abgelehnt. Vielleicht würden sie in einem Zelt in einem griechischen Lager sitzen und nur der kleine Jesus hätte eine Chance, als Flüchtlingskind nach Deutschland zu kommen.

Aber ich will hier auch auf die Probleme hinweisen und nicht behaupten, dass alles ganz einfach wäre bei der Aufnahme von Flüchtlingen. Natürlich ist es nie einfach, wenn Menschen aus völlig unterschiedlichen Kulturen zusammenleben sollen. Klar wäre es wohl einfacher, wenn Ihr nicht Syrer und Afghanen aufnehmen müsstet, sondern Schweden und Engländer. (Nun gut, bei den Engländern bin ich mir nicht so sicher – da kommen ja vielleicht einige bald zu Euch, die als Asylgrund „Brexit" angeben werden.) Und klar dürft Ihr von denen, die kommen, verlangen, dass sie sich möglichst gut integrieren. Aber diese Angebote müssen auch gemacht werden – da sind beide Seiten in der Pflicht. Bei den Gastarbeitern der 60er- und 70er-Jahre dachte man, sie würden irgendwann ja wieder in ihre Heimat gehen und daher sei auch keine Integration nötig. Die Folge ist heute, dass selbst Familien, die in der dritten Generation hier leben, sich oft noch fremd fühlen und in ihren eigenen Parallelgesellschaften unter sich bleiben. Diesen Fehler sollte man nicht wiederholen. Denn wer kann schon sagen, wie lange der Krieg in Syrien noch gehen oder wann es einen echten Frieden in Afghanistan geben wird? Und selbst die Abwesenheit von Krieg ist ja noch keine Gewähr, dass Menschen in Sicherheit leben können.

Da die Kritiker ja aber nicht verstummen, hier noch ein paar der beliebtesten Argumente – und was man ihnen entgegnen kann: Oft wird ja auch gefordert, dass jene, die für die Aufnahme von Flüchtlingen sind, diese auch selbst aufnehmen sollten. Nun, das ist ja eine recht absurde

Idee. Das Asylrecht ist im Grundgesetz verankert, somit ist die Aufnahme von Flüchtlingen eine staatliche Aufgabe. Es käme ja auch niemand auf die Idee, von jemandem, der gerne mit seinem Auto über eine ordentliche Straße fahren will, aufzufordern, er soll die Schlaglöcher doch selbst auffüllen! Auch oft gehört: „Denen geht es doch gut hier! Die bekommen alles in den Hintern geschoben!" Die meisten Flüchtlinge leben in Massenunterkünften – für die meisten Deutschen ist es ja schon eine Herausforderung, ein paar Weihnachtstage mit der eigenen Familie zusammen auf engem Raum zu verbringen. Und an Geldleistungen erhalten die Flüchtlinge 140 Euro im Monat, der Rest sind Sachleistungen. Wenn die Flüchtlinge nicht als Schmarotzer bezeichnet werden, dann findet sich als anderes Argument interessanterweise oft: „Die nehmen uns die Arbeitsplätze weg!". Man könnte nun antworten: Dann wirst du es auch verdient haben. Aber sachlicher gesehen: Die ersten drei Monate dürfen Asylbewerber sowieso nicht arbeiten. Danach dürfen sie einen Job annehmen, aber wenn ein EU-Bürger gleichermaßen qualifiziert ist, dann muss der diese Arbeit bekommen. Nun könnte man diesem wiederum zurufen: „Und wenn du DAS nicht schaffst, dann hast du es auch nicht verdient!"

Es hat keinen Sinn, vor dem Flüchtlingsproblem die Augen zu verschließen, denn es wird Euch weiter begleiten. Tipp: Begegnet ihm mit Herz und Verstand. Die Alternative wäre Grenzsoldaten, die auch mal auf Menschen schießen. Und das kann eigentlich niemand wirklich wollen – nicht einmal Beatrix von Storch. In ihrem Buch „Angst für Deutschland" schreibt die Autorin Melanie Amann: „… von Storch hat für kritische Journalisten, politische Gegner oder Tortenwerfer nur ein spöttisches Lächeln übrig. Sie findet sie so amüsant wie die wild durcheinander krabbelnden Kellerasseln unter einem umgedrehten Stein. Wird es doch einmal eng für sie, wie im Streit um den Schießbefehl, dann ist sie eben mit der Maus abgerutscht".

… mit der Maus abrutschen? Das hat für Dieter Bohlen eine völlig andere Bedeutung als für Beatrix von Storch. Für beide gilt aber die himmlische Nachricht: Kann ja mal vorkommen!

Oh Herr, schmeiß Hirn ra! Schmeiß guten Willen gleich hinterher und nicht zu knapp und bitte auf beide Seiten! Einwohner und Flüchtlinge! Es könnte alles so harmonisch sein, what a wonderful world this could be.

# Kapitel 11
## Frauenrechte

Sagen wir es gleich zu Anfang und ohne Beschönigung: Die Geschichte der Frau ist eine Geschichte der individuellen und kollektiven Unterdrückung durch die Männer. Oft auch eine Geschichte der physischen und psychischen Gewalt gegenüber Frauen. Gerade in früheren Zeiten wurde oft auch die Heilige Schrift als Begründung herangezogen, beginnend mit der Rolle Evas im Garten Eden.

Kleinkrämer behaupten, Adam – der Mann – sei ja auch von Gott zuerst erschaffen worden. Andererseits könnte man ja behaupten, da habe er noch etwas geübt, um dann bei der Frau die perfekte Version des Menschen zu gestalten. Wiederum: Wer die Chuzpe hat, die Frau auf Eurer Erde als perfekt zu beschreiben, möchte den weniger perfekten Mann vielleicht lieber gar nicht erst kennenlernen.

Natürlich wurde Eva oft die Schuld an der Vertreibung aus dem Paradies gegeben – doch hier sollte man fragen, ob nicht der, der der Versuchung nachgibt, genauso schwach ist wie derjenige, der sie ausspricht.

Kommen wir aber weg von der Bibel zur Forschung. Mit Blick auf die frühzeitlichen menschlichen Gemeinschaften war die Frau ein durchaus wichtiger und gleichberechtigter Bestandteil. Lange Zeit hatte man zwar die Vorstellung, der starke Mann jage das Mammut und die schwache Frau sammle Beeren und sitze ansonsten in der Höhle und achte darauf, dass die Steinzeitkinder sich nicht mit Steinen die Köpfe einschlugen. (Videospiele gab es ja noch nicht, und irgendwie musste man sich gerade bei schlechtem Wetter beschäftigen.) Doch neuere Forschungen stellen dies infrage. Inzwischen ist auch denkbar, dass Frauen bei der Jagd zugegen waren und Männer Schmuck herstellten oder ähnliche Tätigkeiten ausübten.

Womit begann also die Herrschaft des Mannes? Inzwischen wird oft die beginnende Sesshaftigkeit des Menschen als Wendepunkt bestimmt. Ist eigentlich also noch gar nicht so lange her – schlappe zehntausend Jahre; für Euch auf der Erde selbstverständlich eine endlose Zeitspanne, hier oben nur ein Wimpernschlag im ewigen „Jetzt". Und natürlich hatte die Frau naturgemäß die Aufgabe, die Kinder zur Welt zu bringen und zumindest in der ersten Zeit auch zu versorgen. Durch die Sesshaftigkeit kam es zu mehr Schwangerschaften, was dazu führte, dass die Frau sich auch eher um die

Nahrungszubereitung und andere „wohnortnahe" Tätigkeiten kümmerte. Das hatte allerdings auch den Nachteil, dass die Frauen immer abhängiger von den Männern wurden, denn sie waren ja darauf angewiesen, dass der Mann sie versorgte und auch beschützte. Denn unter solchen Umständen war es auch wichtig geworden, das eigene Territorium zu verteidigen. Und flugs kam der Mann zu einer Beschäftigung, die ihn bis heute mit großer Begeisterung zu erfüllen scheint, sich nämlich mit anderen Männern, respektive: Gruppen von Männern, kriegerische Auseinandersetzungen zu liefern. Selbst in Ländern, die heute in Zeiten des Friedens leben, werden oft Ersatzhandlungen durchgeführt, um diese Neigung zu befriedigen. Man denke nur daran, was manchmal geschieht, wenn unterschiedliche Fangruppen bei Fußballspielen aufeinandertreffen. Hier bekommt man manchmal den Eindruck, die menschliche Entwicklung sei in den letzten zehntausend Jahren eher schleppend vorangekommen.

Aber so entstanden aus Gemeinschaften Siedlungen, schließlich Städte und dann Staaten – natürlich kontrolliert von den Männern! Oft wurde sogar die Führung einfach an den nächsten männlichen Nachkommen weitergegeben. Ab und zu durften auch die Frauen ran – aber meistens nur, weil gerade kein männlicher Erbe zu Verfügung stand und aus dem Interesse heraus, die eigene Dynastie zu bewahren. Oft dienten Frauen gar als Handelsware – sie wurden verschachert, verheiratet, eingetauscht: gegen Ländereien, Kamele oder um Allianzen zu begründen. Leider muss ich hier zugeben, dass auch die großen Religionen Christentum, Islam und Judentum dem Patriarchat genügend Rechtfertigung für seine angeblich überlegene Stellung lieferten. In vielen Schriften findet sich die Frau nur als Objekt erwähnt. In manchen Ländern kann ein Vergewaltiger heute noch der Strafe entgehen, wenn er die Frau heiratet. Das ist schon eine sehr groteske Vorstellung! Wer würde einem Bankräuber seine Strafe erlassen, wenn er sich dazu bereit erklärt, von nun an Vorstand der Bank zu werden? Womöglich würde er diesen Job auch nicht schlechter machen als manch heutiger Vorstand, den Ihr nur unter der Gefahr einer kostspieligen Verleumdungsklage als „Bankräuber" bezeichnen dürftet. Aber das ist ein anderes Thema.

Die Ideen der Aufklärung weckten auch bei vielen Frauen den Wunsch nach mehr Rechten und mehr Freiheit. So fragte 1730 die britische Schriftstellerin Mary Astell in ihren "Reflexionen über die Heirat": "Wenn alle Menschen frei geboren werden, wieso werden dann alle Frauen als

Sklaven geboren?" Und während der Französischen Revolution verfasste die Autorin Olympe de Gouges eine "Erklärung der Rechte der Frau und Bürgerin", da diese in der neuen Verfassung nicht berücksichtigt wurden. Nun, sie starb schließlich unter der Guillotine. Die Zeit für die Frauen war noch nicht reif – man sprach ja auch von „Freiheit, Gleichheit, *Brüderlichkeit*", von Schwesterlichkeit oder Menschlichkeit war keine Rede. Aber immerhin, ein Anfang war gemacht. (Und Madame de Gouges wurde später unter dem Namen Alice Schwarzer wiedergeboren; Frauen müssen keine Namensgleichheit suchen wie Männer, wenn es ums Reinkarnieren geht. Göttin bevorzugt da oben ein bisschen die Frauen, aber wir männlichen Seelen sind dabei, völlige Gleichberechtigung herzustellen.)

Die Stellung der Frau änderte sich zumindest in manchen Teilen der Welt schließlich durch die Industrialisierung und die Entstehung des Bürgertums. Frauen bekamen weniger Kinder, die Hygiene wurde verbessert und sie hatten nun die Möglichkeit, sich um andere Dinge zu kümmern und ihre Rechte einzufordern.

Doch gerade im politischen Bereich sollte dies noch eine ganze Weile dauern. Bei der Wahl für die deutsche Nationalversammlung in der Frankfurter Paulskirche 1848 waren keine Frauen dabei. „Wohl spricht man viel von Freiheit für alle", schrieb damals die Frauenrechtlerin Louise Dittmer, „aber man ist gewöhnt unter dem Wort ‚alle' nur die Männer zu verstehen."

Ab und an fanden sich aber auch prominente männliche Fürsprecher wie Heinrich Heine, der feststellte, Frauen seien „durch eine ungerechte Gesetzgebung, durch die Usurpation der Männer, von allen politischen Ämtern und Würden ausgeschlossen." Im Gegensatz dazu sah Arthur Schopenhauer noch 1851 die Frauen als eine „Art Mittelstufe zwischen dem Kinde und dem Manne, als welcher der eigentliche Mensch ist."

Mit dem 20. Jahrhundert kam langsam mehr Schwung in die Sache – so erhielt Marie Curie 1903 den Nobelpreis und die Suffragetten kämpften für das Frauenwahlrecht. Doch Frauen hatten lange und aufreibende Kämpfe durchzustehen, bis ihnen gleiche Rechte gewährt wurden wie den Männern. Als Beispiel sei hier erwähnt, dass das Frauenwahlrecht in der Schweiz erst 1971 (!) eingeführt wurde. Sicher, die Eidgenossen gelten manchmal als etwas langsam, aber hier hätte man dennoch schon früher zu Potte kommen können. Zum Vergleich – in der Türkei darf die Frau schon seit 1934 wählen. Aber auch heute noch hinkt man in manchen Ländern der Entwicklung hinterher – so durften Frauen in Saudi-Arabien erst 2015 erstmals an Kommunalwahlen teilnehmen. Und im Vatikan dürfen Frauen überhaupt nicht wählen. Okay, da gibt es auch nicht viel zu wählen. Eigentlich nur den Papst – und den wählen halt die Kardinäle.

Selbst in Eurem fortschrittlichen Deutschland dauerte manches noch endlos lange. Seit 1976 müssen Frauen den Familiennamen ihres Mannes nicht mehr zwingend annehmen. Seit 1977 sind sie nicht mehr verpflichtet, den Haushalt zu führen. Bis zu diesem Jahr konnte auch der Mann im Namen der Frau für sie ihren Job kündigen! Man stelle sich vor, Ihr befändet Euch noch in diesen Zeiten und Professor Sauer hätte 2015 Angela Merkels Job als Kanzlerin gekündigt mit den Worten: „Sie meint, wir schaffen das? Leider nein, ich brauch sie jetzt zu Hause, bei uns sieht's aus in Küche und Keller, das glaubt kein Mensch!"

Und erst 1997 legte der Bundestag fest, dass die Vergewaltigung in der Ehe ein Verbrechen ist. Gegen dieses Gesetz stimmten übrigens bekannte Frauenversteher wie Volker Kauder, Horst Seehofer und Friedrich Merz. Doch gerade im Bereich der Politik sind es oft die Frauen, die speziell in Krisenzeiten ruhiger und überlegter handeln. Wenn man sich den Beginn der Corona-Krise ins Gedächtnis ruft, so merkt man, dass die Regierungserklärungen der männlichen Staatenlenker an das Volk oft weitaus martialischer klangen als die ihrer weiblichen Kolleginnen. Da war dann oft vom Virus als Feind die Rede, den man bekämpfen müsse. Tja, da kam halt doch wieder das archaische Erbe durch, von dem ich am Anfang gesprochen habe – kaum ist eine Bedrohung da, schon muss man kriegerisch werden, wenn auch nur in der Ausdrucksweise.

Natürlich gibt es auch hier Ausnahmen: Politikerinnen, die ihren männlichen Kollegen in Sachen Ego und Kälte in Nichts nachstehen. Als Beispiel sei nur die knallharte Politik der ehemaligen englischen Premierministerin Margaret Thatcher genannt. Bei ihren Gegnern ging die Abneigung sogar so weit, dass diese den Tod der „Eisernen Lady" im Jahr 2013 mit der Liedzeile „Ding-Dong! The Witch Is Dead" feierten. Das Lied schaffte es damals übrigens auch an die Spitze der britischen Charts.

Böse Zungen behaupten, dass die vollkommene Gleichheit der Frau erst erreicht sei, wenn gleichermaßen unfähige Frauen wie Männer das Recht hätten, an der Spitze von Staaten, Unternehmen oder Organisationen zu stehen.

Das zeigt: Die völlige Gleichheit der Frau ist selbst in den westlichen Gesellschaften noch nicht erreicht, sei es in der Politik, der Wirtschaft oder der Familie. Und in anderen Teilen der Welt sieht es noch weitaus schlechter aus; doch vielerorts sind kleine Schritte zu beobachten, die in die richtige Richtung führen. So müssen in Indien Männer damit rechnen, zur Rechenschaft gezogen zu werden, wenn sie eine Frau vergewaltigen. In mehr und mehr protestantischen Kirchen können Frauen Priesterinnen werden. Selbst einzelne Rabbinerinnen und weibliche Imame gibt es heute. Und auch Bereiche wie das Showgeschäft, in dem Männer jahrzehntelange ihre Macht ausspielten, werden spätestens seit der sogenannten MeToo-Bewegung und der Weinstein-Affäre von männlichen Übergriffen befreit. Was sogar dazu führt, dass einige besonders bemitleidenswerte Vertreter des männlichen Geschlechts voller Selbstmitleid fragen, was denn als Mann überhaupt noch erlaubt sei. Man möchte sagen: Überlege Dir erst einmal, was Du selbst als angemessen empfinden würdest, wenn es Dir geschähe – und dann jammere weiter.

Fazit: Frauen (und Männer!) sollten sich weiterhin dafür einsetzen, dass beide Geschlechter – und ja, auch die Gender-Mischgeschlechter – gleichberechtigt existieren, es ist auch Gottes Wille. Zumindest hat sie mir das so mitgeteilt – oder „er" oder „es" oder sie alle, so ganz sicher bin ich mir da ja auch nicht.

# Kapitel 12
## Gewaltenteilung

Hier im Himmel/Kamaloka/Alles-was-ist/Jenseits gibt es natürlich keine Gewaltenteilung – das liegt aber nur daran, dass der Herr ja allwissend und weise in seinem Wirken ist. Und wir alle zusammen der Herr sind. Deshalb haben wir das nicht nötig. Unter den Menschen haben sich allerdings mehrfach schon Personen für so allwissend und weise gehalten, dass sie meinten, sie bräuchten niemanden, der sie kontrollieren müsse oder solle. Nun ja, zahlreiche Beispiele in der Geschichte der Menschheit haben gezeigt, wohin das führt, wenn einzelne Menschen – oder eine kleine Gruppe – über zu viel Macht verfügt. Gerade auch in Deutschland hat man das ja leider erfahren müssen. Auch wenn es heutzutage wieder einige gibt, die der Meinung sind, soooo schlecht sei das gar nicht gewesen. Diesen Leuten sollte man das bekannte Zitat des amerikanischen Philosophen George Santayana empfehlen:

„Wer die Geschichte nicht kennt, der ist verdammt, sie zu wiederholen."

Die Gewaltenteilung an sich ist eigentlich ein alter Hut – die Idee gab es sogar schon lange vor meiner Zeit auf der Erde, in der Praxis hatte sie sich allerdings selten durchgesetzt. Es war nämlich der griechische Denker Aristoteles, der als Urvater dieses Gedankens gilt. Zwischenbemerkung: Man sollte in Europa ab und zu einmal darüber nachdenken, welches reiche Erbe, gerade in den Bereichen der Politik, Kultur und Kunst, Europa und die Welt den Griechen verdankt. Das griechische Volk hatte schon einen hohen Entwicklungsstand, als Eure deutschen Vorfahren ihre Getränke noch aus den Hirnschalen erschlagener Gegner zu sich nahmen. Vielleicht sollte man den Lehrmeister manchmal in Demut ertränken, bevor er wieder Reden schwingt!

Nach Aristoteles nahm die Idee der Gewaltenteilung vor allem in der Aufklärung wieder Fahrt auf – John Locke und Montesquieu waren hier die Wegbereiter.

Die perfekte Gewaltenteilung gibt es sicher bis heute nicht – jede Demokratie hat ihre eigenen Varianten und Schwerpunkte, aber immer war und ist sie als Hindernis gedacht für jene, die zu viel Macht anhäufen wollen. Bezeichnend ist ja auch, dass in Deutschland der gescheiterte Kunstmaler Adolf H. damals auch schnell alle Elemente der Gewaltenteilung beseitigt hat. Immerhin haben die Väter des Grundgesetzes daraus gelernt und in ihrer Verfassung darauf geachtet, dass sich die Fehler der Weimarer Republik nicht mehr wiederholen sollen.

Sicher, heute mag uns manches langsam und quälend vorkommen. Wie lang ist der Weg, den ein Gesetz bestreiten muss, bis es Anwendung finden kann. Es muss in verschiedenen Lesungen Bundestag und Bundesrat passieren, vom Bundespräsidenten unterzeichnet werden und kann schließlich sogar juristisch bekämpft werden – und nicht selten ist es ein Kompromiss und erinnert nur noch selten an den ursprünglichen Entwurf. Manchmal wird ein Tiger angekündigt und ein mehrfach gedemütigter und kastrierter Stubenkater biegt am Ende um die Ecke.

Aber ist das so falsch? Kann eine Sache nicht sogar an Qualität gewinnen, wenn sie von verschiedenen Seiten kontrolliert und korrigiert wird? Gut, manches, was auf dem Papier des Grundgesetzes wohlformuliert ist, sieht in der Praxis dann oft ganz anders aus. Normalerweise soll ja die Exekutive (Regierung) von der Legislative (Bundestag) kontrolliert werden. Doch das wird zunehmend schwieriger, vor allem in Zeiten einer Großen Koalition. Diese stellt dann schon eine überwiegende Mehrheit der Abgeordneten und diese haben ja meistens wenig Interesse daran, die eigene Regierung allzu kritisch zu beäugen. Die Kontrollfunktion führt in der Praxis nicht der gesamte Bundestag durch, sondern meistens „nur" die Oppositionsfraktionen. Im deutschen Parlament im Jahre 2020 besaß die Regierungsfraktion eine komfortable Mehrheit von 398 zu 309 Sitzen. So lässt sich bequem regieren. Wobei so mancher sagt: Wenn die SPD dabei ist, lässt sich nie bequem regieren! Und falls dann doch mal der eine oder andere ausscheren sollte, so wird er oft mit Blick auf die sogenannte Fraktionsdisziplin auf Kurs gebracht, obgleich der einzelne Abgeordnete nach dem Grundgesetz eigentlich frei ist in seinen Entscheidungen. Ist er ja auch – wenn er keinen großen Wert darauf legt, bei der nächsten Wahl einen aussichtsreichen Platz auf der Landesliste zu erhalten. Haltung muss man sich halt leisten können!

Nun, immerhin gibt es ja noch den Bundesrat, in dem die Bundesländervertreter ihren Platz haben und der bei den meisten Gesetzen mitreden und -entscheiden kann. Und hier haben wir es inzwischen mit einer bunten Mischung zu tun. Früher war auch hier nur die Frage, ob nun die Union oder die SPD die Regierung anführt und wer als Juniorpartner daherkommt. Heute gibt es alle möglichen Varianten – sogar Schwarz und Grün können inzwischen miteinander und gerade beim Baden-Württemberger Winfried Kretschmann ist man sich manchmal gar nicht mehr so sicher, zu welcher Partei der denn nun gehört – und er sich vielleicht manchmal auch nicht.

Und dann gibt es ja auch noch das Bundesverfassungsgericht als Kontrollorgan. Da gab es schon des Öfteren böse Überraschungen für die Regierung und von der Seite der Politik wurde dann auch schon mal gemosert, dass das Bundesverfassungsgericht sich hier zu viel politischen Gestaltungsspielraum einräume. Siehe auch das legendäre Kruzifix-Urteil, das verbot, dass in jedem Klassenzimmer in bayrischen Schulen auch weiterhin ein Kreuz zu hängen habe. (Zumeist rechts von der Tafel, oberhalb des Waschbeckens.) Nun, ich als Kirchenmann fand das keine so schlechte Sache, aber man muss ja zugestehen, dass in diesem Land nun einmal eigentlich auch eine Trennung von Kirche und Staat herrscht. Nun ja, Bayern schaffte es dann doch, die Kreuze im Klassenzimmer zu lassen und erst vor einigen Jahren verfügte der bayrische Ministerpräsident Markus Söder eine Kreuzpflicht auch in Gebäuden der öffentlichen Verwaltung. Natürlich ließ er sich aus diesem Anlass selbst mit dem Kruzifix in der Hand ablichten, erinnerte auf diesem Bild aber eher an einen Vampirjäger aus einem Dracula-Film der 70er-Jahre. Zudem dürfte die CSU ihre christlichen Werte, die sie ja im „C" des Parteinamens offensiv vor sich herträgt, für mich gerne mehr durch praktische denn durch Symbolpolitik zum Ausdruck bringen.

Neben Exekutive, Legislative und Judikative oder Jurisdiktion sprich man heute ja auch von den Medien als vierte Gewalt (siehe auch => „Medien") und mancher sieht schon mächtige Interessengruppen als fünfte Gewalt (siehe auch => „Lobbyismus") – wobei diesen logischerweise weniger an einer Kontrollfunktion der anderen Gewalten gelegen ist, als an Einflussnahme in Sinne des eigenen Vorteils.

Die Ausführungen zu diesem Thema möchte ich mit einem Zitat von Aldous Huxley beschließen, der wunderbar zusammenfasst, warum eine demokratische Gesellschaft die Gewaltenteilung braucht:

„Macht ist ihrem Wesen nach expansiv und lässt sich durch nichts sonst beschränken als durch andere Mächte von gleicher oder wenigstens ähnlicher Größe."

Die Gewaltenteilung als Prinzip hat sich bewährt; es würde sich lohnen, an ihr kontrolliert und Kontrolle übend festzuhalten. Lasst die einen draußen „Wir sind das Volk!" schreien, solange Ihr, das Volk, darauf achtet, dass es schön bei der Gewaltenteilung bleibt.

Ja, das Leben auf der Erde ist nicht einfach, die Ordnung hier zu bewahren und aufzubauen ist anstrengend – aber Ihr habt Euch dieses Leben hier ausgesucht, macht was draus! Warum nicht das Beste? Die Gewaltenteilung ist die Basis dafür, pflegt und hegt sie und lasst sie nicht verkommen! Und Euch schon gar nicht wegnehmen! Von nichts und niemandem!

# Kapitel 13
# Handel

Der Mensch hat schon immer Handel getrieben. Irgendwann hatte einer unserer Vorfahren etwas, das einem anderen gefiel oder das er gut gebrauchen konnte. Oder sich einreden ließ, dass er es gut gebrauchen könne. Das meiste, was Ihr auch gekauft, besorgt oder ergaunert habt, weil Ihr glaubtet, es gut gebrauchen zu können, liegt in den Kellern oder auf den Speichern Eurer Behausungen!

Aus irgendeinem Grund löste der Mensch diese Besitzfrage irgendwann nicht mehr nur dadurch, dass er seinem Gegenüber mit einem großen Knüppel den Schädel zertrümmerte. Vielleicht war der andere ja einfach größer und stärker oder er war ein guter Bekannter oder Verwandter, dem man jetzt auch nicht unbedingt gleich das Lebenslicht auspusten wollte. So kam die Idee, ihm etwas anderes im Tausch anzubieten – der andere ging darauf ein und so wurde der (Tausch-) Handel geboren. An sich eine großartige Sache, denn jeder hat andere Talente und Möglichkeiten, etwas zu erschaffen, zu erjagen oder anzupflanzen, und so konnte man sich wunderbar ergänzen.

Bereits seit dem Altertum existieren Handelsbeziehungen über weite Entfernungen hinweg und mit der Einführung des Geldes im 7. Jahrhundert vor Christus endete der Tauschhandel und es eröffneten sich ganz andere Möglichkeiten des Handels. Doch wie es halt so ist bei den Menschen – schon bald versuchte jeder, beim Handel einen Vorteil für sich herauszuholen und den Handelspartner zu übertölpeln. Besonders gut funktionierte das, wenn man dem Gegenüber eine Sache anbieten konnte, die vielleicht hübsch aussah, aber keinen großen Wert hatte. Besonders übel wurde auch den Ureinwohnern des amerikanischen Kontinents mitgespielt. Schon bei der Ankunft Kolumbus führte dieser einen wahren Kuhhandel mit den Eingeborenen durch, indem er ihnen Glöckchen, bunte Mützen und wertlose Glasperlen überreichte und von ihnen unter anderem Goldschmuck erhielt. Man denke auch an die weißen Siedler, die die Indianer später oft mithilfe von alkoholischen Getränken zu Handelsgeschäften überredeten und ihnen wertvolle Güter und Landrechte abschwatzten. Heute wäre solch ein Geschäft womöglich im Nachhinein für ungültig erklärt worden, aber damals galt: Wo kein Richter, da kein Kläger.

Allerdings muss man konstatieren, dass es heute nicht viel besser geworden ist. Durch die Globalisierung ist es prinzipiell möglich geworden, mit jedem Ort der Welt Handel zu treiben. Die Spielregeln des Welthandels werden von den Industrieländern festgelegt. Zwar verfügen sogenannte Entwicklungsländer oft über große Rohstoffvorkommen, aber die Möglichkeiten, diese abzubauen und zu verwerten haben oft nur große Konzerne, die diesen Staaten die Förder- oder Schürfrechte abkaufen und selbst dann die größten Gewinner sind. Dieser Reichtum an Rohstoffen kann mitunter sogar zu einem Fluch werden, wie sich z. B. im Kongo zeigt. Ein Land, dermaßen reich an Bodenschätzen, dass es viele angezogen hat, die sich dort bereichern wollen – zumeist auf Kosten der einheimischen Bevölkerung. Die Folge sind jahrelange Konflikte und Kämpfe.

Heute ist Handel natürlich viel mehr als die Befriedigung der elementaren Bedürfnisse. Kaufen und Verkaufen ist Lebensgefühl und Event geworden – dies wird Euch zumindest durch die Werbung ständig vermittelt. Durch den sogenannten Welthandel und die Globalisierung wird Euch das Gefühl gegeben, Ihr könntet alles jederzeit bekommen, egal wo auf der Welt und unter welchen Bedingungen es hergestellt wird. Erdbeeren aus Südafrika? Rindfleisch aus Argentinien? Kleidung aus Tunesien? Alles kein Problem, zumindest nicht für Euch im reichen Westen als Abnehmer dieser Produkte.

Aber was sind die Schattenseiten? Auf der einen Seite funktioniert die ständige und günstige Verfügbarkeit all dieser Waren so, dass Menschen sie für wenig Geld und teilweise unter erbärmlichen Bedingungen produzieren (siehe auch => „Ausbeutung"). Auf der anderen Seite werden auch riesige Mengen an Energie und Ressourcen verbraucht, um diese Dinge hin und her zu bewegen. Im Supermarkt liegen Äpfel aus Neuseeland, die billiger sind als ihre Gegenstücke aus heimischem Anbau. Krabben aus der Nordsee werden in die Ukraine gebracht, um dort gepult zu werden, weil es günstiger ist. Am Ende werden sie dann wieder in die hiesigen Läden geliefert. Daher sollte man sicher immer mal genau hinschauen, wo das Produkt denn herkommt, das man erwerben will. Wenn es eine regionale Alternative gibt, dann tut es ja auch die. Natürlich gibt es auch Dinge, die bei Euch nicht hergestellt werden können, auf die Ihr aber nicht verzichten wollt – Kaffee oder Bananen. Wenn Ihr Euch etwas geduldet, dann wird das durch den Klimawandel auch im Neckartal möglich werden. Bis dahin besteht aber immerhin die Möglichkeit, fair gehandelte Produkte zu erwerben – die sind natürlich etwas teurer und da schreckt der deutsche Konsument gern davor zurück, denn was kümmert es ihn, ob der Kaffeebauer in Afrika oder Südamerika von seiner Arbeit leben kann oder nicht.

Der Welthandel und die Globalisierung lassen sich sicher nicht zurückdrängen, aber wäre es eine Idee, ihn gerechter zu gestalten? Heute sind die Profiteure ganz klar die Industrieländer – sie stellen circa 15 % der Weltbevölkerung, exportieren aber fast 70 % der weltweiten Waren. So geht auch die Schere des Wohlstands immer weiter auseinander. Die meisten Regeln benachteiligen die Entwicklungs- und Schwellenländer. So darf Kenia den Rohstoff „Kakao" nach Europa liefern, aber keine fertige Schokolade. Dürften sie das, dann wäre das natürlich schlechter für die hiesigen Produzenten, aber fairer für Kenia.

Aber auch die Industrieländer leiden in manchen Situationen unter dem Welthandel. Vielerorts werden aus Kostengründen bestimmte Produkte gar nicht mehr hergestellt. Warum auch, wenn es doch im Ausland weitaus günstiger geht? Welche Probleme entstehen können, wenn einzelne Länder sich aus Kostengründen davon verabschieden, wichtige Produkte selbst herzustellen, hat sich aber auch in der Corona-Krise gezeigt. Anfangs fehlten selbst in Krankenhäusern genügend medizinische Produkte wie Schutzkleidung und Masken. Auch werden viele grundlegende Arzneimittel nur noch im Ausland hergestellt und so kommt es schnell zu Lieferengpässen, wenn aus irgendwelchen Gründen die Bänder in China oder anderswo stillstehen.

Ihr solltet Euch also bewusst sein, dass die Globalisierung und die weltweiten Handelsströme selbst für Euch im wohlhabenden Teil der Welt nicht nur Vorteile bereit halten, ganz abgesehen von den sozialen und ökologischen Verwerfungen in anderen Gegenden dieser Welt. Hier ist natürlich auch die Politik gefragt, Rahmenbedingungen zu schaffen, die das Ungleichgewicht zwischen den Industrieländern und dem Rest der Welt verringern.

Und was bleibt dem Konsumenten an Möglichkeiten?

Eine Mischung aus regionalem, nachhaltigem und fairem Konsum könnte dafür sorgen, dass Ihr dazu beitragen könnt, die schlimmsten Missstände etwas zu bändigen, ohne auf Euren Kaffee am Morgen verzichten zu müssen. Und ich sage es noch mal und noch mal: Ihr müsst das nicht tun, ich rate Euch nur dazu. Noch kümmert Ihr Euch wenig um Gerechtigkeit auf dieser Welt. Und wie geht es Euch? Ehrlich? Was ist es, das Euch jagt? Ihr seid umgeben von Neid, Hass und Missgunst, Ihr habt wenig Genuss an allem, was Ihr habt, weil Eure Angst, es morgen vielleicht zu verlieren, viel größer ist als die Freude, es heute zu haben. Ihr rennt im Hamsterrad und schaut neidisch auf den Nachbarn, der ein noch größeres Hamsterrad hat.

Gedankenspiel: Hängt das eine womöglich mit dem anderen zusammen? Erzeugt Ihr mit dem Wunsch nach Gerechtigkeit eine gerechtere Welt mit ganz anderen positiven Energien, die Euer Leben bereichern? Weil hundert Euro nicht mehr nutzlos auf dem Sparbuch liegen, sondern woanders Leben retten? Weil Euer Genuss von Essen und Dingen nicht andere krank macht und tötet, sondern sie aufbaut und groß macht?

Ihr habt doch schon soviel probiert, sogar Knoblaucheis – greift doch einfach mal zu und wartet ab, was passiert!

*Christophorus?*

Ja, mein treuer Knecht?

*Knoblaucheis, echt jetzt?*

Hab ich halt mal so dahingesagt.

*Schmeckt bestimmt scheiße.*

Glaube ich auch. Auf, nächstes Kapitel!

*... ja doch ...*

# Kapitel 14
# Hunger

Im Oktober 2020 wurde dem Welternährungsprogramm der Vereinten Nationen (WEP) der Friedensnobelpreis verliehen. Trotz deren Einsatz bleibt die Situation paradox: Fast 700 Millionen Menschen auf dieser Erde leiden unter Hunger, während andere regelmäßig einen guten Teil ihrer Lebensmittel in den Müll werfen. Dazu kommen noch einmal zwei Milliarden Menschen, die unter Mangelernährung leiden. Sofern wir uns bitte darauf einigen könnten, dass Eure übergewichtigen Kinder, deren Hauptnahrungsquelle Fast-Food-Erzeugnisse sind, jetzt nicht als „mangelernährt" mit in diese Statistik fallen.

Hunger selbst kennen die wenigsten in Deutschland mehr. Wer erinnert sich nicht an den wohlmeinenden Spruch einer Mutter, Tante oder Oma, wenn man den leckeren Spinatauflauf mal wieder nicht aufessen wollte: „Jetzt iss! Die Kinder in Afrika würden sich freuen!" Viele von Euch haben sich in ihrer Kindheit afrikanische Kinder immer als Existenzen vorgestellt, die komischerweise Spinatbrei mögen. Der liebe Gott hat Euch so viel wunderbare Gemüsesorten und essbare Pflanzen geschenkt und Ihr nehmt ausgerechnet Spinat und verarbeitet ihn auch noch zu Brei? Das habe ich nie verstanden. Dabei griff die Nachkriegsgeneration eben auch auf ihre eigenen Erfahrungen von echtem Hunger zurück, den die Generationen nach ihr in dieser Form nicht mehr zu spüren bekamen. Und sollte der Sohn oder Enkel mal äußern, er habe Hunger, so wurde dies mit einem Kopfschütteln und dem weiteren typischen Satz quittiert: „Du weißt doch gar nicht, was Hunger ist! Du hast höchstens Appetit!"

Das Thema Hunger spielt im Leben des Durchschnittsdeutschen nur eine Rolle, wenn dies durch die Medien transportiert oder ab und an durch bestimmte Spendenaktionen ins Gedächtnis gerufen wird. Ich rede von der Zeit vor Silvester mit dem bekannten Slogan „Brot statt Böller". Das solltet Ihr lassen, so ein Baguette unten anzuzünden, es knallt einfach nicht richtig. Spaß beiseite, das Thema Hunger ist keines für Euch im wohlhabenden Westen, aber in vielen Ländern in Afrika, Asien oder auch Lateinamerika steht es für die Menschen ganz weit vorn auf der Agenda.

Die UN hatte eigentlich mit ihrem Ziel „Zero Hunger" den Plan verfolgt, den weltweiten Hunger bis zum Jahr 2030 zu besiegen, und grundsätzlich hat sich auch einiges getan. Seit dem Jahr 2000 ist die Zahl der hungernden Menschen zurückgegangen, allerdings steigt sie in den letzten Jahren wieder an. Jede Spendenaktion, jedes Benefizkonzert wird die Not punktuell oder zeitlich begrenzt lindern, aber wenn Ihr wirklich und wahrhaftig den Hunger der Welt beenden wollt, dann müsst Ihr seine Ursachen bekämpfen – und viel davon hat mal wieder mit Eurem Lebenswandel zu tun. Also, dann mal der Reihe nach:

1.) Nur noch wenige große Konzerne der westlichen Welt kontrollieren den Lebensmittelmarkt. Unternehmen wie Nestlé, Bayer-Monsanto oder BASF bestimmen vom Acker bis zur Ladentheke, was, wie, wo angebaut wird. Die Folgen: Pestizideinsatz, Landraub, Umweltschäden.

2.) Agrarrohstoffe sind zum Spekulationsobjekt geworden. Steigen dadurch die Preise, werden auch die Nahrungsmittel teurer – und für manche Menschen unerschwinglich.

3.) Große Flächen werden gar nicht mehr benutzt, um Nahrung anzubauen. Zumindest nicht, um Nahrung für Menschen anzubauen. So werden 56 Prozent der Maisproduktion als Tierfutter verwendet, große Gebiete für die Sojaproduktion. Hier dürfen sich jetzt die Vegetarier und Veganer mal ganz kurz richtig gut fühlen: Für deren Lebensmittel werden davon nur circa zwei Prozent gebraucht, fast 80 Prozent hingegen dienen als Tierfutter. Und Ihr freut Euch dann, wenn Ihr ein leckeres Steak oder Schnitzel auf dem Teller liegen habt, kommt aber kaum auf den Gedanken, dass andere gerade deshalb gar nichts mehr zu futtern haben.

4.) Der Klimawandel verschärft das Hungerproblem. Regen- und Trockenzeiten verschieben sich, Böden werden unfruchtbar. Und für die Folgen, die der Klimawandel mit sich bringt, wer ist dafür verantwortlich? Richtig, die Länder, die als Erste in der Mitte des 19. Jahrhunderts begannen, fossile Brennstoffe zu verfeuern. Tja, da gehört Ihr leider halt auch dazu.

5.) Und sogar Eure Mobilität trägt dazu bei, dass anderswo Menschen Hunger leiden. Biodiesel oder Biosprit hört sich richtig grün und umweltfreundlich an, geht aber wieder auf Kosten der Anbauflächen in fernen Ländern. Man könnte zynisch sagen: Ihr tankt fröhlich das Essen der Armen.

6.) Ihr bekommt Tee, Kaffee und vieles mehr aus allen Ecken der Welt geliefert. Unter welchen Bedingungen und zu welchem Lohn dies geschieht, interessiert Euch oft wenig. Tatsache ist, dass viele Menschen, die auf diesen Plantagen arbeiten, kaum genug Geld zum Leben und somit auch kaum genug Geld für (gute) Nahrung haben. Würdet Ihr mehr faire Produkte kaufen, dann wäre es auch für diese Menschen einfacher.

7.) Kriege und Konflikte – Menschen sind auf der Flucht, können ihre Felder nicht mehr bestellen, Straßen und Bewässerungsanlagen werden zerstört. Gut, für irgendwelche Kriege auf der Welt könnt Ihr nichts. Nur für die Waffen, mit denen sie geführt werden, zumindest zum Teil. Wobei Ihr ja ganz bewusst gar nicht in Krisengebiete exportiert. Höchstens an Länder, die sie dann in Krisengebiete exportieren. Aber dafür könnt Ihr ja nichts.

8.) Der Welthandel wird durch die großen Konzerne und Staaten dominiert. Ärmere Länder sind oft gezwungen, sich auf für sie ungünstige Handelsabkommen einzulassen.

Das sind viele Ursachen, aber seid Euch sicher – die Mutter, die verzweifelt ist, weil sie ihre Kinder nicht sattbekommt, sie hat keine Zeit, sich Gedanken zu machen, warum sie hungert und wer dafür verantwortlich ist. Darum ist es auch Eure Aufgabe, das für sie zu tun. Und so schwierig ist es gar nicht, Abhilfe zu schaffen. Allein mit den Lebensmitteln, die Ihr wegwerft, wäre es möglich, zwei Milliarden Menschen zu ernähren! Zumindest rein rechnerisch wäre es also kein Problem, den Hunger aus der Welt zu verbannen.

Kurz: Alle könnten essen, wenn Ihr hier weniger Fleisch esst und weniger Auto fahrt. Ist das so schwer? Ich hatte damit nie Probleme! Zu meiner Zeit gab es sowieso selten Fleisch und Autos waren noch gar nicht erfunden.

*Bruder Christophorus?*

Ja, mein treuer Knecht?

*Ich finde, das ist ein sehr bitteres, anklagendes Kapitel. Bisher hattest du immer den Duktus: Ihr müsst gar nichts machen, Ihr dürft; schaut Euch doch mal an, ob Ihr dies oder das so oder so besser machen könnt, aber das ist schon eine riesige, ziemlich unfreundliche, brutale Anklage.*

Du hast recht, mein treuer Knecht. Ich sage Dir eines: Ihr seid alles Seelen, die zusammen die Gottheit ergeben. Eigentlich liebt Ihr Euch alle so, wie Gott Euch liebt und mit dem Hunger in der Welt schafft Ihr die allergrößte Ungerechtigkeit, die es bei Euch auf Erden gibt. Das ist eines der größten Probleme, verantwortlich für die meiste atmosphärische Unstimmigkeit in Eurer Welt. Wenn Ihr den Hunger beseitigt habt, habt Ihr fast alles andere auch im Griff. Deshalb muss dieses Kapitel brutal sein, hast Du das begriffen?

*Wenn Du meinst?*

Ich meine. Der Hunger Eurer Mitmenschen ist neben der Brutalität der Massentierhaltung das Schlimmste, was Ihr Euch selbst antun könnt. Auch wenn ich damit tatsächlich meine Haltung verlasse: Hier müsst Ihr mehr tun, verstanden?

*Verstanden. Weiter ...*

# Kapitel 15
## Insekten

Oft bezeichnen sich die Menschen als „Krone der Schöpfung" – schon der griechische Philosoph Aristoteles gebrauchte diesen Begriff in einem seiner Werke, in dem er die einzelnen Bereiche der Schöpfung miteinander verglich. Das waren schlaue Köpfe, die antiken Philosophen, wenngleich sich auch skurrile Zeitgenossen unter ihnen fanden – denken wir nur an Diogenes, der angeblich in einer Tonne lebte. Mancher Student lebt heute in Eurer „Geld-Zeit" beengter. Doch selbst diese gebildeten Menschen würden heute wohl Abstand von der Bezeichnung „Krone der Schöpfung" nehmen, ist es doch der Mensch, der die Wunder der Schöpfung wie kein anderes Wesen gefährdet. Und gerade jene Lebewesen, die Ihr oft kaum wahrnehmt, spielen eine wichtige Rolle – und ohne sie wäre auch das Leben auf der Erde bald hinfällig.

Ich gebe zu, auch ich bin oft über diese Erde gewandelt und habe nicht geschaut, was da alles kreucht und fleucht, dabei ist das Reich der Insekten weitaus vielfältiger und bunter als die Welt des Menschen – von daher beschleicht mich ab und zu sogar der Verdacht, der Herr habe sich hier besonders viel Mühe gegeben und selbst große Freude daran gehabt, diese Wesen zu erschaffen. Wie sonst sollte es sich wohl erklären lassen, dass er allein 350 000 verschiedene Käferarten in die Welt gesetzt hat? Und welch wunderbare Arten sind darunter! Wer kennt schon den Brassicogethes aeneus, den Rapsglanzkäfer? Ein wunderliches Insekt, nur zwei Millimeter groß, doch je nach Individuum mit ganz unterschiedlichen Farben ausgestattet: Grün, Blau, Schwarz oder gar Violett. Oder schaut auf die fleißigen Ameisen! Müßiggang kennen sie nicht, kein abendliches Ausruhen auf dem Sofa, wie die meisten von euch nach einem anstrengenden Arbeitstag, kein sinnloses Starren auf Bildschirme. Auch hier gibt es 9 500 erstaunliche Arten – und auf der ganzen Welt sollen es sogar 10 000 Billionen Exemplare sein! Natürlich habe ich nicht nachgezählt, aber so behaupten es zumindest die menschlichen Forscher. Wir nehmen sie kaum wahr, aber zusammengezählt hätten sie das gleiche Gewicht wie alle Menschen der Welt gemeinsam! Sogar 4 000 verschiedene Schnakenarten bevölkern diese Welt. Gut, hier mag mancher – und da nehme ich mich nicht aus – den Schöpfungswillen des Herrn kritisch sehen und sagen: „Da hätten auch 4 000 weniger gereicht!".

Aber selbst diese Wesen, die trotz ihrer geringen Größe große Macht über uns ausüben können (wer hat noch nicht eine schlaflose Nacht dank einer einzigen summenden Stechmücke verbracht?), haben einen wichtigen Platz im großen Gemälde der Schöpfung: Sie dienen als wichtige Nahrung für manche Vogelarten! Einige Stechmücken bestäuben Pflanzen. Und ihre Larven halten Gewässer sauber, indem sie Mikropartikel fressen. Und sie piksen Euch! Und Euch piksen soll auch dieses Buch, wenn Ihr mich also als himmlische Schnake bezeichnet, werde ich damit leben müssen!

Wir müssen bedenken, dass der Herr und die von ihm angestoßene Evolution hinter jedem Lebewesen einen Sinn erkannte – und wenn auch nur eine Sache in ein Ungleichgewicht gerät, dann kann das fatale Folgen haben. Und hier kommen wir nun in der Gegenwart an. In kurzer Zeit hat der Mensch es geschafft, die Zahl dieser kleinen Geschöpfe massiv zu verringern. Selbst der größte Ignorant muss es bemerken! Welch großes Ärgernis war es noch vor nicht allzu langer Zeit, wenn im Sommer die Windschutzscheibe eines Autos voller Insekten verklebt war – will man diesen Zustand heute erreichen, dann müsste man sie schon selbst fangen und dort befestigen.

Doch woher kommt dieser eklatante Schwund? Mal wieder sind es die Menschen, die hier die Verantwortung tragen. Es werden Gifte auf die Felder geschüttet. Diese Felder wiederum verdrängen Hecken und Wiesen, Weiden und feuchte Senken. Und wenn es nicht Felder sind, die dort entstehen, so verschwinden sie, weil sich an ihrer Stelle Asphaltwüsten ausbreiten. Jeden Tag verschwinden allein in Deutschland 66 Hektar Natur – auch, weil jedes Dorf, das an einer Autobahnausfahrt liegt, meint, es müsse sein eigenes Gewerbegebiet mit Rasthof, Schnellrestaurant und Spielhalle haben. Darum sieht auch jedes Gewerbegebiet an einer Autobahnausfahrt gleich aus.

Doch was könnt Ihr tun, um diese wunderbaren, vielfältigen Wesen zu bewahren? Beginnt daheim, in Eurem Garten! Muss denn der heimische Rasen immer kurz gemäht werden, können denn nicht wenigstens an einigen Stellen die Blumen und Pflanzen so blühen, wie es die Natur wünscht? Dort könnt Ihr auch Insektenhotels und Wasserstellen platzieren, die Insekten werden es euch danken! Darüber hinaus könnt Ihr auch beim Einkauf aufmerksam bleiben; darauf achten, Obst und Gemüse aus regionalem Anbau zu kaufen. In Eurem Land herrscht mittlerweile Bauernsterben, anderswo auf der Welt werden Gifte gespritzt, die hierzulande gar nicht mehr eingesetzt werden. Hier kann euer Kaufverhalten helfen, die Welt zu ändern. Und natürlich nehmt Eure Politiker beim Wort, die in ihren Sonntagsreden gerne den Schutz der Natur predigen und anderntags den Lobbyisten der Agrar- und Chemiebranche das Wort reden. Fragt mich nicht, warum ich bei diesen Worten das Bild einer ehemaligen rheinland-pfälzischen Weinkönigin vor Augen habe, die bei Euch da unten lange Jahre das Amt der Landwirtschaftsministerin innehatte. Aber immer wieder werdet Ihr dann auch getröstet – nicht jede Amtszeit dauert ewig, auch nicht die von Julia Klöckner. Seht auch dies als Prüfung, die Euch der Herr auferlegt hat. Wobei er Euch meiner Ansicht nach mit Andreas Scheuer schon ausreichend geprüft hat – aber wer kennt schon die Wege des Herrn? Und, da ich Euch eingangs schon mitgeteilt habe, dass sich Gott nicht einmischt, sondern Euch nur beobachtet, müsst Ihr auch damit leben: Andreas Scheuer ist die Konsequenz Eures Denkens, Tuns und Lassens. Wenn Ihr diese Konsequenz nicht ertragen könnt, dann tut was, mischt Euch ein, geht wählen; es ist Eure Zeit auf Eurer Erde, in der Ihr Berge versetzen könnt; mehr Geschenk geht nicht, aber auch nicht mehr Verantwortung.

Und dabei habe ich nichts gegen Andreas Scheuer, er ist wie alle Seelen ein wichtiger Bestandteil des göttlichen Alles-was-ist, Gott liebt ihn genauso wie Dich und mich. Was nichts daran ändert, dass er als Verkehrsminister noch lange als Totalausfall gelten wird.

*Christophorus?*

Ja, mein treuer Knecht?

*Jetzt bist du aber polemisch geworden!*

Richtig.

*Ah, ... okay ... weiter?*

Weiter.

*Was kommt?*

Journalismus!

*Au weia ...*

# Kapitel 16
## Journalismus

Eine aufgeklärte – im wahrsten Sinne des Wortes – Gesellschaft ist ohne freien Journalismus undenkbar. Daher wird die Presse ja bei Euch oft auch als vierte Gewalt bezeichnet. Und so sehr es ein Drang des Menschen zu sein scheint, über seine Umwelt zu berichten und über seine Umwelt Informationen zu erhalten, so geht dies einher mit dem stetigen Versuch der Mächtigen und Einflussreichen, sich dem Zugriff der Presse (und damit des Volkes) zu entziehen.

Mancher wird überrascht sein, zu erfahren, dass es Journalismus seit mehr als 2 000 Jahren gibt. Im Römischen Reich existierte bereits das Informationsblatt *Acta Diurna*. Daneben erschien mit *Commentarius Rerum Novarum* die erste Wochenzeitung, die von etwa 300 professionellen Schreibern erstellt wurde und eine Mischung aus offiziellen Informationen, Nachrichten und Unterhaltung beinhaltete – also quasi eine Mischung aus Spiegel und goldenem Blatt. Wer weiß, vielleicht gab es damals auch schon Psychotests „Welcher Sklavenhalter-Typ sind Sie?" oder Rubriken wie „Die Fashion-Trends für die neue Arena-Saison". Und vielleicht wurde ja auch schon über die Prominenten der Zeit berichtet: „Brutus und Cäsar – zerbricht ihre Freundschaft?"

Im Mittelalter war es dann vor allem das Flugblatt, welches die Menschen mit Neuigkeiten versorgte. Natürlich war die Verbreitung der Nachrichten oft ein großes Problem – in der Metropole funktionierte das noch ganz gut, aber auf dem Dorf bekam man manchmal erst etwas von der Geburt des Thronfolgers mit, wenn dieser schon als greiser König verstorben war. Im Gegensatz zu heute, wo zahlreiche Presseorgane gerade im Falle von angekündigtem Adelsnachwuchs am liebsten direkt aus dem Mutterleib berichten würden (und manche vielleicht sogar aus dem royalen Ehebett …).

Der Buchdruck beschleunigte dann die Verbreitung des gedruckten Wortes. Bis zur ersten Zeitung im modernen Sinne brauchte es aber noch eine Weile. 1631 war es der Franzose Théophraste Renaudot mit „Le Gazette", einer Zeitung, die bereits Darstellungsformen wie Kommentar oder Bericht etablierte.

Mein Vater studierte damals oft die in Leipzig aufgelegte „Einkommende Zeitung"; das war die erste Tageszeitung, die sechsmal pro Woche gedruckt wurde. Wenn man ihn beim Lesen störte, gab es eine Tatze oder eine schlimmere Prügelstrafe. Das ist in Eurer Zeit natürlich undenkbar, aber der Blick mancher Väter, wenn sie bei der Lektüre ihres örtlichen Echos vom Nachwuchs gestört werden, spricht dieselbe Sprache wie der meines Vaters.

Zum Massenmedium wurde die Zeitung dann allerdings erst im 19. und 20. Jahrhundert und Radio und Fernsehen stellten sich ihr zur Seite. Die Medien wurden zu einem wichtigen Kontrollinstrument und immer wieder deckten Journalisten Skandale auf, die manchmal sogar bis in höchste Kreise für Konsequenzen sorgten, beispielsweise auch die „Watergate-Affäre". Das zeigt, dass selbst in demokratischen Staaten die Presse eine wichtige Funktion hat, in autoritären Regimen noch mehr. Soweit sie nicht staatlich kontrolliert sind, müssen Journalisten dort ständig mit Einschüchterung, Gewalt oder willkürlicher Schließung der Redaktionen rechnen.

„Reporter ohne Grenzen" veröffentlicht jedes Jahr einen Atlas zur Pressefreiheit – und die ist nicht nur in Ländern wie China oder Nordkorea quasi nicht vorhanden, auch in unserer Nachbarschaft sieht es oft gar nicht so gut aus. So stufte „Reporter ohne Grenzen" das EU-Mitglied Ungarn nur noch auf Platz 89 von 180 Staaten – dem Bonsai-Diktator Orban sei Dank. Nicht viel besser sieht es in Polen aus.

Oder man betrachte den Umgang Donald Trumps mit den Presseorganen: Sie liefern „Fake News" und sind die „Lamestream-Medien", sofern sie nicht wie sein Haussender „Fox News" als Sprachrohr des orangefarbenen Schnitzkürbisses aus dem Weißen Haus dienen.

Deutschland steht im Ranking von „Reporter ohne Grenzen" immerhin auf Platz elf – aber auch wenn die Presse hier frei ist, sieht auch sie sich mit großen Problemen konfrontiert. So scheint Ihr zwar über eine Vielzahl von Zeitungen zu verfügen, doch bei genauerem Hinsehen relativiert sich dies. Immer mehr Blätter befinden sich in den Händen immer weniger Gesellschafter. So existieren zwar 327 Tageszeitungen in Deutschland, doch von diesen befinden sich über 60 % in den Händen von nur zehn Verlagsgesellschaften – was man oft daran erkennt, dass der Mantelteil verschiedener Zeitung völlig identisch ist. Es gibt dann oft noch eine überschaubare Lokalredaktion, die einige Seiten des Geschehens vor Ort beisteuert. Das heißt, die viel gelobte Vielfalt der Presselandschaft erschöpft sich oft in unterschiedlichen Berichten über verschiedene Kleintierzüchterjahrestreffen und lokale Sportberichterstattung. Dazu sinkt die Zahl der Käufer und Abonnenten kontinuierlich. Und je weniger Käufer und Abonnenten, desto größer die Abhängigkeit von den (großen) Anzeigenkunden. Und dann stellt sich die Frage: Wird es wirklich immer so sein, dass die Redaktion kritisch über einen großen Anzeigenkunden berichten wird, der als Folge dem Blatt seine finanzielle Unterstützung entziehen könnte? Und wie lassen sich kritische Berichte mit dem Werbeteil vereinbaren? Wenn beispielsweise ein Magazin, welches über die verheerende Ökobilanz von Kreuzfahrtschiffen berichtet, im gleichen Heft eine Werbebeilage eben jener Branche liefert, dann wirkt das in etwa so glaubwürdig wie Diättipps von Reiner Calmund.

Mit dem Internet hat sich die Situation für die „alten" Medien noch einmal verschärft – immer weniger Menschen sind bereit, Geld für Zeitungen auszugeben, wenn die Informationen doch im Internet jederzeit bereitstehen. Als Folge werden vermehrt freie Mitarbeiter beschäftigt – die Lohnsklaven des modernen Zeitungswesens, abgespeist oft mit ein paar Cent pro Zeile. Da tummeln sich dann erfahrene Journalisten neben Praktikanten, die noch nicht einmal ihren Schulabschluss gemacht haben. Dann muss man sich auch nicht wundern, wenn mancher Zeitungsbericht qualitativ an einen Schulaufsatz „Mein schönstes Ferienerlebnis" erinnert. Es geht natürlich noch einfacher und noch billiger. Man lässt gleich sogenannte „Leserreporter" von der Leine – jeder hat ein Handy mit Kamera, alles kann festgehalten werden – der Unfall mit Toten und Verletzten, der Promi im Vollrausch oder der Brand im Nachbarhaus. Je weiter sich die Technik der Smartphones entwickelt, desto mehr sinkt die Schamgrenze der Benutzer. Dann noch ein paar Zeilen dazu getippt, fertig ist der Bericht! Keine Angst, sprachlich werden dort keine großen Leistungen erwartet. Im Gegenteil – sonst würde der durchschnittliche Leser nur verwirrt sein.

Und auch im Bereich der Radio- und Fernsehsender hat es massive Veränderungen gegeben – existierten bis Anfang der 80er-Jahre ausschließlich öffentlich-rechtliche Radio- und Fernsehsender, so eroberten dann auch die sogenannten „Privaten" die Bühne. Helmut Kohl versprach die „geistig-moralische Wende" und erlaubte in diesem Zuge dann gleich die Gründung privater Sender. Ob Sendungen wie „Tutti Frutti" als Teil dieser geistig-moralischen Wende gesehen werden dürfen, sei einmal dahingestellt. Tatsache ist jedoch, dass die privaten Programme oft die pure

Unterhaltung in den Vordergrund stellten, denn die lieferte ja die nötige Quote und diese wiederum die Werbekunden. Davon wurden aber auch die öffentlich-rechtlichen Sender erfasst, denn immer mehr wurde die Gebührenfinanzierung infrage gestellt und immer mehr mussten auch diese Sender versuchen, sich durch Werbung zu finanzieren. Inzwischen wird ja fast jedes Sportevent von irgendeinem Sponsor gefördert – oft auch von Bierproduzenten oder den Herstellern hochzuckriger Getränke in roten Dosen. Das ist in etwa so passend, als ob der örtliche Metzger vegane Wochen präsentieren würde.

Ebenfalls problematisch ist die Tatsache, dass immer mehr Menschen an der Glaubwürdigkeit der Presse zweifeln. Stichwort „Lügenpresse". Gerade auf dem Höhepunkt der Flüchtlingskrise gedieh in manchen Köpfen die Vorstellung, die Kanzlerin selbst gebe den Redakteuren Vorgaben, was sie zu schreiben hätten. Als Folge beziehen viele Menschen ihre Informationen lieber von dubiosen Webseiten als von den sogenannten Qualitätsmedien. Auch in der Corona-Krise zeigte sich dies – mancher ließ sich lieber auf Facebook von dubiosen Verschwörungstheoretikern informieren als von „Süddeutscher Zeitung", ARD oder Deutschlandfunk. Da ist es dann auch keine große Hilfe für die Reputation der „seriösen" Medien, wenn ihnen, wie z. B. dem Spiegel, ein Fauxpas wie die Relotius-Affäre unterläuft: Wasser auf die Mühlen all jener Lügenpresse-Rufer und eine Enttäuschung für alle jene, die versuchen, im dichten Geflecht des Meinungsdschungels wenigstens hier und da noch eine verlässliche und glaubwürdige Quelle zu finden, auf die sie sich verlassen können. Gerade der Fall Relotius hat doch ein Grundübel der Berichterstattung zu Tage gefördert: Manches wird nicht mehr sauber geprüft, jeder will schneller sein als die Konkurrenz und der vermeintliche Skandal oder die reißerische Story lockt mehr Interessenten an als die sauber recherchierte Hintergrundgeschichte. Und wenn sich dann der eine oder andere Bericht als unwahr herausstellt, dann leidet ja nicht nur die Presse darunter, sondern auch die Betroffenen. Denn wie lautet der schöne Satz „Irgendwas bleibt immer hängen!". Wer dazu Näheres wissen möchte, der kann sich beim ehemaligen Bundespräsidenten Christian Wulff erkundigen

*Oder bei mir, lieber Bruder Christophorus.*

Schreib weiter, was ich Dir diktiere, treuer Knecht, es geht hier nicht um Dich, es geht um das große Ganze; Du bekommst am Ende des Buches noch Gelegenheit, über Dich zu reden, in Ordnung?

*Einverstanden!*

Gut, weiter im Text; sind die traditionellen Medien also vom Aussterben bedroht? Sind sie die schwerfälligen Dinosaurier, die vom Meteor Internet ausgelöscht werden? Oder liegt darin nicht auch eine Chance? Sicher, die Form wird sich ändern und vielleicht wird es in fünfzig Jahren keine gedruckte Zeitung mehr geben, sondern nur noch Online-Ausgaben. (Mancher fragt sich nun vielleicht: Mit was soll ich dann die Stechmücken erschlagen – mit dem Tablet wird es auf Dauer etwas teuer.) Aber was das Inhaltliche angeht – wäre es nicht eine Möglichkeit, bewusst nicht aufzuspringen auf den Zug des immer schneller, immer bunter, immer lauter? Ein gutes Restaurant wird auch versagen, wenn es den Anspruch hat, das Essen genauso billig und schnell zu liefern wie Burger King oder McDonald's. Es kann nur durch Qualität punkten – die anderen werden immer schneller sein und sie werden immer billiger sein.

Es gilt wie in vielen anderen Bereichen: Billig, schnell und gut zusammen geht nicht.

Wenn etwas billig und schnell ist, dann kann es nicht gut sein.

Wenn etwas billig und gut ist, dann kann es nicht schnell gehen.

Wenn etwas gut und schnell ist, dann kann es nicht billig sein.

Wahrscheinlich wird es auch nicht gelingen, alle Leser, Hörer oder Zuseher zurückzugewinnen, aber vielleicht wenigstens die, die auf der Suche nach echten Informationen sind und nicht nur eine oberflächliche Berichterstattung wollen. Dazu muss die Presse sich aber auch freimachen von Einflüssen aus Politik und Wirtschaft – und der Konsument muss bereit sein, für guten Journalismus (mehr) zu zahlen. Gebraucht wird die „vierte Gewalt" mehr denn je!

# Kapitel 17
## Justiz

„Die Gerechtigkeit wohnt in einer Etage, zu der die Justiz keinen Zutritt hat." Der Schweizer Dichter Friedrich Dürrenmatt hatte eine eher negative Sicht auf den Zusammenhang zwischen Gerechtigkeit und Justiz. Nun, ganz so deprimiert sollten wir hier nicht sein.

Um es vorneweg zu sagen – man kann durchaus glücklich sein mit dem deutschen Justizsystem.

Lange vor meiner Zeit übrigens wurden sogar Schweine als Mörder gehängt, weil sie „der bösen Neigung, Säuglinge auf der Straße zu essen, nachgegeben hatten". Und zu meiner letzten Lebzeit lag die Gerichtsbarkeit noch in den Händen derer, die auch über die sonstige Macht verfügten. Sie schlichteten Streitfälle zwischen den Untertanen, waren aber selbst unangreifbar. Wie seltsam und wunderbar müsste es einem meiner damaligen Zeitgenossen anmuten, dass es heute möglich ist, sogar den Staat selbst zu verklagen – und eine solche Klage auch zu gewinnen! Was für uns eine Selbstverständlichkeit ist, ist für viele Menschen dieser Welt jedoch noch in weiter Ferne. Selbst in manchen Staaten, die sich nach außen gerne demokratisch geben, Russland, Türkei und Bayern – das war ein Spaß, Freunde! – spürt man immer wieder, dass die Justiz oft nur ein Handlanger der Staatsführung ist. Man denke nur an die Prozesse gegen den ehemaligen Oligarchen Chodorkowski oder die Aktivistinnen von Pussy Riot in Russland, an den Regimekritiker Alexej Nawalny oder die zahlreichen Verurteilungen kritischer Journalisten durch die türkische Gerichtsbarkeit. In einem solchen Staat vor Gericht zu stehen ist vergleichbar mit einer Runde russischem Roulette – nun, vielleicht passt der Vergleich nicht ganz. Beim russischen Roulette stehen die Chancen, ungeschoren davonzukommen, eindeutig besser.

Und selbst die EU ist keine Insel der Seligen mehr, seit in Ungarn oder Polen die Justiz immer weiter „reformiert" wird, um der Staatsführung ein willfähriges Werkzeug zu werden. Oder schauen wir in die USA, wo Donald Trump versucht hat, durch die Ernennung von erzkonservativen Richtern die Rechtsprechung auf Jahrzehnte hin in eine bestimme Richtung zu verschieben. Diese massiven Eingriffe der Politik in die Rechtsprechung sind besonders schlimm, da ja vor allem die Justiz (neben anderen

Organen wie der freien Presse) dazu da sein sollte, den moralischen Kurs eines Landes zu korrigieren, wenn die Mächtigen von ihm abweichen.

Angesichts dieser Zustände der Justiz, selbst in manchen Ländern der westlichen Welt, könnte man nun doch sehr zufrieden sein mit Eurem deutschen Gerichtswesen. Aber auch hier wachsen die Probleme und mancher Bürger hat schon länger das Gefühl, dass Justitias Augenbinde inzwischen ein wenig heruntergerutscht ist und hier derjenige bessere Möglichkeiten hat, recht zu bekommen, der es sich leisten kann.

Aber es mangelt auch immer mehr an der Infrastruktur. Verfahren müssen eingestellt oder mit einem Vergleich abgeschlossen werden, weil gar kein oder nur ein völlig überlastetes Personal vorhanden ist. Da neigt der Richter dann vielleicht doch auch dazu, schnell mal zum Ende zu kommen. Hauptsache, eine Akte ist vom Tisch, denn in der Zwischenzeit sind ja schon zwei neue dazu gekommen. Natürlich muss man auch den Normalbürger in die Verantwortung nehmen. Seit fast jeder von Euch Rechthabern eine Rechtsschutzversicherung hat, steigt auch die Zahl der Prozesse immer weiter an. Wo man früher vielleicht noch auf normalem Wege mit dem Nachbarn eine Lösung fand, weil der Baum zu weit aufs eigene Grundstück ragte oder der Hahn morgens eine halbe Stunde zu früh krähte, da wird heute flugs der Weg ins Gericht gegangen. So stritten ein Ehepaar und eine Bäuerin über Jahre darum, wie laut denn die Kuhglocken des bäuerlichen Rindviehs läuten durften – der Fall ging bis ans Oberlandesgericht. Die Glocken dürfen übrigens weiter läuten. In diesem Fall gilt also der Spruch: „Viel Lärm um nichts!"

Dazu kommt, dass in den nächsten Jahren eine riesige Pensionierungswelle die Gerichte erfassen wird. Schon heute sind beispielsweise in Nordrhein-Westfalen 250 Richterstellen unbesetzt. Und fähige Nachwuchsjuristen werden oft schnell von gut situierten Kanzleien oder Wirtschaftsunternehmen abgeworben. Das heißt konkret, dass die besten dann nicht (mehr) auf der Seite des Staates als Richter oder Staatsanwälte stehen, sondern auf der anderen Seite. Das ist dann so, als ob ein Kreisligaverein antritt, um Bayern München herauszufordern. Aber so ist die Lage, vielerorts wird man in Zukunft froh sein, offene Stellen überhaupt besetzen zu können.

Wer weiß, vielleicht muss man bald, wie in der Schule schon üblich, Pensionäre zurückholen, um den Betrieb aufrecht zu erhalten. Aber die Vorstellung eines über 80-jährigen Richters ist auch wenig tröstlich.

„Bitte, Herr Angeklagter, können sie etwas lauter sprechen, ich habe mein Hörgerät vergessen!" Und in der Prozesspause wechselt der Gerichtsdiener dann den Katheter. Die Überalterung ist aber nicht das einzige Problem, das immer mehr Ungleichgewicht schafft, denn wie überall gilt auch vor Gericht: Geld regiert die Welt. Nicht in dem Sinne, dass Eure Richter und Staatsanwälte bestechlich wären. Nein, es gibt viel elegantere und vor allem legale Wege, um unter dem Einsatz von finanziellen Mitteln zum Ziel zu kommen. Wer es sich leisten kann, ein Heer von fähigen Anwälten zu beschäftigen, der weiß, dass er alle Möglichkeiten hat, um den Motor des Gerichts ins Stottern oder gar ganz zum Stillstand zu bringen. Da werden oft schon am Anfang Anträge auf Befangenheit des Richters gestellt, vieles wird in die Länge gezogen, um die Prozessbeteiligten zu zermürben.

Was beim Bürger auch oft Frustration auslöst, ist die Wahrnehmung, dass in manchen Prozessen die offensichtlich Schuldigen viel zu gut davonkommen, weil sie eben über diese Mittel verfügen – verwiesen sei in diesem Zusammenhang auf die Verstöße deutscher Banken während der Finanzkrise oder den Volkswagen-Abgasskandal. In den USA knickte der Konzern schnell ein und entschädigte die Kunden großzügig, denn dort gibt es ja auch die sogenannte Sammelklage, die Volkswagen ein verheerendes Ergebnis hätte bescheren können. Bei uns war die zwar auch einmal im Gespräch, wurde aber vom damaligen Verkehrsminister Alexander Dobrindt verhindert, der der Autoindustrie solch ein Unbill nicht auch noch zumuten wollte.

Neben der personellen Aufrüstung der Gerichte, die nur gelingen kann, wenn man den Beruf des Richters und des Staatsanwaltes finanziell wieder attraktiver macht, muss man auch dahin kommen, dem Bürger verständlicher zu vermitteln, wie und warum ein Urteil zustande kommt. Er wird sonst nicht verstehen, warum einmal ein abgelehnter, krimineller Asylbewerber nicht abgeschoben werden kann, aber manchmal ein gut integrierter Mensch, der sogar eine Arbeitsstelle hat, unter Umständen nicht hierbleiben darf.

Und natürlich braucht es auch Reformen, die ermöglichen, dass Verfahren zügiger vorankommen. Aber auch jedem Einzelnen sollte bewusst sein, welchen Wert ein funktionierendes Justizsystem für eine Demokratie hat. Nicht umsonst sprechen wir von einem „demokratischen Rechtsstaat". Und nicht umsonst hat man die Lehren aus einer Zeit gezogen, in der Richter wie der gefürchtete Roland Freisler nicht Recht, sondern Unrecht sprachen.

Und natürlich muss man, wenn man über die Justiz spricht, auch das leidige Problem der Justizirrtümer ansprechen: Diese gab es und wird es weitergeben. Sie sind bedauerlich, aber man möge sich dazu Folgendes überlegen: Auch der Erfinder des Krankenwagens musste damit rechnen, dass irgendwann irgendwo auf dieser Welt ein Krankenwagen auf der Rettungsfahrt zu einem Verletzten ein Kind oder eine süße gute alte Oma versehentlich totfährt. Hätte man, um diese Gefahr auszuschließen, die Erfindung des Krankenwagens verhindern sollen? Die Antwort lautet natürlich: Nein! Ein gewisser Kollateralschaden muss in Abwägung zu dem großen Nutzen auf der anderen Seite gebracht werden. So ist das auch beim Justizwesen. Unterstellt einfach, dass Eure Justiz in der Regel Gerechtigkeit herstellen möchte. Sie wird hin und wieder dabei Fehler machen, denn sie wird von Menschen ausgeführt und der Mensch an sich ist eine fehleranfällige Erfindung. Das hat auch viel mit seinem freien Willen zu tun, den er auch dann durchsetzen kann, wenn es Quatsch ist, was er macht. Deshalb wird es weiter Justizirrtümer geben. Man muss nicht nur Gustl Ferdinand Mollath erwähnen, der als bewiesenes Opfer der bayerischen Justiz gilt, auch der Wetterprophet Jörg Kachelmann wurde unschuldig der Vergewaltigung beschuldigt, saß unschuldig vier Monate in Untersuchungshaft und musste ein Vermögen ausgeben, um vor Gericht seine Unschuld zu beweisen und seinen Ruf wiederherzustellen.

Dazu muss ich mir wirklich die Haare raufen und stelle Euch, Menschen, folgende Fragen:

@Männer: Immer wieder neigen einige von Euch dazu, Frauen oder Kinder zu missbrauchen und zu vergewaltigen. Habt Ihr nicht begriffen, dass Gott die Sexualität erfunden hat und sie Euch als Geschenk vermacht hat, damit Ihr Euch in beiderseitigem Einverständnis gegenseitig beglücken sollt und dürft? Liebe funktioniert nicht, wenn man sie sich gewaltsam nimmt, ist das so schwer zu begreifen?

@Frauen: Wie könnt Ihr nur auf die Idee kommen, unschuldige Männer des Missbrauchs an Euch oder Euren Kindern zu bezichtigen, nur damit Ihr Euren Willen durchsetzen, Euch rächen oder in der Trennung ein besseres Ergebnis rausholen könnt? Welcher gottverdammte Teufel hat Euch dabei geritten? Denn Ihr müsst eines wissen: In der Regel wird die Justiz die Wahrheit herausfinden, dann habt Ihr zwar einen Mann kurzzeitig in Bedrängnis gebracht, das endgültige Opfer der Geschichte aber seid Ihr und Eure Kinder. Dazu kann ich nur eines sagen, was in vielen amerikanischen Parkbuchten Fremdparker von Anfang an abschrecken soll: „Do not even think about it!"

Hoffen wir das Beste für die Zukunft des Justizwesens in diesem Land, auch wenn manch kluger Kopf wie die Kabarettlegende Dieter Hildebrandt schon vor längerer Zeit erkannte: „Es hilft nichts, das Recht auf seiner Seite zu haben. Man muss auch mit der Justiz rechnen."

# Kapitel 18
# Kernkraft

Ich sitze ja nun schon ein paar hundert Jahre auf meiner Wolke oben im Himmel und schaue auf die Erde runter. Was sich in den mehr als dreihundert Jahren geändert hat: Es wird da unten nicht mehr dunkel! Natürlich fällt die Nacht über die Menschen herein, aber wo früher nur hier und da eine Laterne oder Kerze brannte, da wirken vor allem eure Städte heute von oben wie riesige Nester von Glühwürmchen, immer erleuchtet, zu jeder Zeit. Möglich gemacht hat diese Entwicklung die Elektrizität. In den Anfangszeiten wurde der Strom vor allem aus Kohle und Wasserkraft gewonnen.

Einer der entscheidenden Momente der Naturwissenschaft und der Menschheitsgeschichte allgemein ereignete sich dann am 17.12.1938 – an diesem Tag gelangen Otto Hahn und seinem Assistenten Fritz Straßmann die erste Kernspaltung. Großen Anteil daran hatte auch die Physikerin Lise Meitner, die allerdings, wegen ihrer jüdischen Herkunft, zu diesem Zeitpunkt Deutschland schon verlassen hatte. Diese bahnbrechende Entwicklung hatte schon bald Folgen, denn wie so oft waren Industrie und Militär die Ersten, die sich eine neue Entdeckung zunutze machten. Schon 1942 wurde in Chicago das erste Kernkraftwerk eröffnet – und im August 1945 zerstörten amerikanische Atombomben Hiroshima und Nagasaki. Otto Hahn bezeichnete die Verwendung der Atomkraft als Waffe übrigens als „Schweinerei".

Für die folgenden Jahrzehnte bestand immer die Gefahr eines Atomkrieges – doch zumindest sollte die Bevölkerung darauf vorbereitet sein. In einem US-Lehrfilm mit dem Titel „Duck and cover", der speziell für Kinder gedreht wurde, lernte der Betrachter, dass man sich im Falle eines Atomschlags am besten flach auf den Boden legt und mit einer Jacke oder einer Zeitung bedeckt. Heute mag man darüber den Kopf schütteln, aber wenn man bedenkt, dass es noch gar nicht so lange her ist, dass der amerikanische Präsident Donald Trump darüber nachdachte, ob es nicht sinnvoll sei, zur Abwehr der Corona-Erkrankung Bleichmittel zu schlucken und sich Desinfektionsmittel zu spritzen, der sieht, wie weit die Menschheit zumindest in Amerika gekommen ist.

Was die Kernkraft angeht, so erinnert sie mich etwas an Goethes Gedicht vom Zauberlehrling, der irgendwann auch die Kontrolle über die von ihm gerufenen Mächte verliert und verzweifelt ausruft:

„Die ich rief, die Geister, werd' ich nun nicht los."

Nun, im Gedicht kommt wenigstens am Ende der alte Hexenmeister und erlöst den unglücklichen Tropf vom Chaos. Dabei war die zivile Nutzung der Kernkraft lange Zeit noch gesellschaftlich anerkannt – immerhin musste ja auch der Energiehunger einer wachsenden Bevölkerung gestillt werden. Zwar gab es schon in den 1970er-Jahren eine Bewegung, die sich gegen die Technik stellte, doch war dies noch eine Minderheit. Dies änderte sich spätestens mit dem Reaktorunglück in Tschernobyl 1986. Plötzlich gab es eine Gefahr für Leben und Gesundheit; unsichtbar, unriechbar, unschmeckbar – und doch tödlich. Auch heute, fast vier Jahrzehnte danach, kann man in Waldpilzen und Wildschweinfleisch aus Süddeutschland erhöhte Strahlenwerte messen. Deshalb kann man die Kernkraft durchaus als nachhaltige Energie bezeichnen, wenn auch nur im negativen Sinne. Und die radioaktive Wolke von Tschernobyl kümmerte sich auch um Ländergrenzen wenig – eiserner Vorhang hin oder her. Da hatte man das offene Europa auch schon. Und als schließlich 2011 in Japan das Atomunglück von Fukushima stattfand, da spülte das nicht nur zum ersten Mal einen grünen Ministerpräsidenten an die Spitze eines Bundeslandes (mit Winfried Kretschmann in Baden-Württemberg auch noch einen Mann, der lange Zeit eher daher kam wie eine Mischung aus Waldschrat, Mahatma Ghandi und Kamillenteebeutel), sondern sorgte auch dafür, dass Deutschland sich von der Kernenergie zu verabschieden begann. Andere Länder halten an ihr fest und gerade die Diskussion um den Klimaschutz gibt jenen Auftrieb, die auf eine Renaissance der Kernkraft hoffen.

Die Frage, ob die Kernkraft nötig ist für den Klimaschutz, spaltet. (Man beachte das feine Wortspiel!) Die Befürworter loben die niedrigen Emissionen und preisen Atomstrom als günstige Energieerzeugung. Letzteres funktioniert allerdings nur, wenn man die Folgekosten außer Acht lässt. Das ist wie beim Zeugungsakt – da sieht man auch nur das Schöne. Wer denkt in so einem Moment an durchwachte Nächte, ständiges Windelwechseln, Urlaub in der Hochsaison und Pubertät? Keiner – sonst wärt Ihr ja auch schon längst ausgestorben.

Also alles nicht so einfach – denn eine Sache hat man lange verdrängt: Wohin mit dem Atommüll und den alten Brennstäben? Verzweifelt sucht man in vielen Ländern nach Endlagern, die den Atommüll am besten für tausende von Jahren sicher aufnehmen. Die meisten Menschen werden diese Zeit gar nicht mehr erleben – mit Ausnahme vielleicht von Keith Richards. Und natürlich muss das ja auch bezahlt werden! Die Energiekonzerne in Deutschland haben das gut hinbekommen – eigentlich müsste man ihnen für diesen Geniestreich sogar gratulieren: Denn wer kommt für die Kosten der Entsorgung auf? Nicht etwa die Verursacher und Hauptprofiteure der Kernkraft, sondern der Staat, mithin der Steuerzahler. Gut, die Konzerne haben Geld in einen Fonds eingezahlt, der für diese Kosten aufkommen soll – aber damit sind sie auch raus und alles, was nun kommt, bleibt an der Allgemeinheit hängen.

Die Konzerne haben übrigens circa 24 Milliarden eingezahlt. Experten haben schon mal die Gesamtkosten bis 2099 für Rückbau und Entsorgung ausgerechnet: geschätzte 169,8 Milliarden Euro. Kleine Rechenaufgabe: Berechne die Differenz zwischen 169,8 und 24 Milliarden und leite dann ab, wie viele Champagner-Flaschen bei den Chefs der Energiekonzerne nach der Einigung mit der Bundesregierung getrunken wurden. Betrinke dich anschließend selbst. Wobei die Gutachter auch gleich hinzufügten: „Hohe Kostensteigerungen sind denkbar. Hohe Kostensenkungen sind hingegen eher unrealistisch." Lustigerweise passt das auch auf praktisch jedes andere Großprojekt in Deutschland: Stuttgart 21, BER, Elbphilharmonie.

Von daher gesehen schwindet der Reiz der Kernkraft dann doch wieder. Und was den Klimaschutz angeht – der Herr hat Euch alles gegeben – das Wasser, die Sonne, den Wind. Ihr müsst es nur nutzen und hättet es schon früher nutzen müssen. Man stelle sich vor, die ganzen Gelder, die nun in Abbau und Endlagerung fließen, hätte man zur Verfügung, um die alternativen Energien zu fördern! Schon jetzt haben sie die Atomkraft weltweit überholt.

Kein Grund zum Verzweifeln, Ihr lebt im System der Zeitwahrnehmung; was darin hinter Euch liegt, ist vorbei und nicht mehr zu ändern. Für euer Dasein auf der Welt gilt der Satz: „Wenn die Vergangenheit anruft, geh nicht ran, sie hat nichts Neues!" Ihr habt Euch für die Kernkraft entschieden, Ihr habt sie genutzt, Ihr habt davon profitiert, Ihr habt darunter gelitten; Ihr seht jetzt, dass sie nicht alternativlos ist, macht weiter große Schritte weg von dieser gefährlichen Technik, haltet es wie der alte Hexenmeister aus dem Zauberlehrling, der schließlich für ein Ende des Spuks sorgt: "In die Ecke, Besen! Besen! Seids gewesen!", und macht große Schritte hin zu den regenerativen Möglichkeiten, die Ihr mit Eurem gottgegebenen Genius durchaus auch weiter umsetzen könnt.

Tatsächlich könntet Ihr Euch überlegen, ob Ihr auf dem Balkon im Sommer tatsächlich einen Ventilator braucht? Ob Ihr das Cabrio öffnet und gleichzeitig die Klimaanlage auf volle Pulle laufen muss? Ob Ihr Euer Brot nicht vielleicht auch mit dem Brotmesser schneiden könntet? Ob Ihr den Rollladen von Hand hoch und runterziehen könnt und dabei auch noch ein bisschen körperliche Bewegung habt? Dann bräuchtet Ihr nämlich vielleicht nicht ganz so viel Strom. Egal, aus welcher Quelle.

Wer Berge versetzen kann, kann auch auf Kernkraft verzichten!

# Kapitel 19
# Klimawandel

Vor längerer Zeit schon machte die Umweltschutzorganisation Greenpeace mit einem einprägsamen Spot auf die Erderwärmung aufmerksam: Da saß ein Frosch in einem Glas mit Wasser, welches langsam immer weiter erhitzt wurde – der Frosch jedoch blieb stoisch drin sitzen, obwohl klar war, dass er irgendwann durch die Hitze kollabieren würde. Die Botschaft am Ende: Sei klüger als der Frosch!

Gut, zum einen muss man zugeben, dass hier mit etwas gezinkten Karten gespielt wurde, um die Problematik zu verdeutlichen: Mehrere Wissenschaftler haben schon damals darauf hingewiesen, dass der Frosch natürlich aus dem Glas springen würde, wenn es ihm zu warm werde und er sich nicht einfach grillen lassen mag. Heißt dann wohl: Die Menschheit ist dümmer als der Frosch! Denn sie sitzt wortwörtlich im immer wärmer werdenden Wasser und sitzt und sitzt und sitzt. Und schwitzt. Und macht gegen das Schwitzen eine Klimaanlage an, die Energie verbraucht und die Außentemperatur weiter erhöht.

Problem der Menschheit: Sie kann nicht einfach so raus aus dem Wasser, sie kann nicht außerhalb des Glases überleben und sie hat auch kein zweites – der Frosch kann aus dem Glas springen, die Menschheit hat nur eine Chance, sie muss dafür sorgen, dass die Temperatur nicht mehr zunimmt. Vom wissenschaftlichen Aspekt ist es eigentlich ganz einfach und die Fakten liegen auf der Hand; auch wenn es noch immer Leugner des Klimawandels gibt, aber mit denen tun wir mal das, was sie mit dem Klimawandel tun: Wir ignorieren sie – zumindest mal für den Moment. Spätestens seit 1979 weiß die Weltgemeinschaft offiziell vom Klimawandel – da gab es nämlich die erste Weltklimakonferenz in Genf. Dort wurde von UN-Experten festgestellt, dass die Zerstörung der Wälder und die Verbrennung fossiler Energiestoffe die Erderwärmung vorantreibt. Problem erkannt, Problem vertagt, könnte man sagen. Denn passiert ist seitdem wenig. Sicher, in den ersten Jahren wurde das Problem schon angegangen, zumindest was die Gründung von Institutionen und Expertengremien angeht. Und sogar die US-Regierung (!) unter Bill Clinton versuchte 1993 eine Steuer auf fossile Energien einzuführen. Dann aber ließ der Elan nach.

Man hat erkannt: Die Wohnung muss aufgeräumt werden. Dann macht man eine Liste, wo was hin muss – und beschließt dann, erst mal Kaffee trinken zu gehen. Vielleicht lichtet sich das Chaos ja von allein oder die Heinzelmännchen erledigen es. Schade, denn hätte man nach den Erkenntnissen von damals bereits begonnen, entschlossen zu handeln, so wäre es möglich gewesen, die Erderwärmung ohne die großen Opfer zu stoppen, die jetzt gebracht werden müssten, um sie noch einigermaßen in den Griff zu bekommen. So war und blieb der Klimawandel in der Politik zwar ein Thema, aber halt immer nur ein Thema von vielen – welches vor allem während der regelmäßig wiederkehrenden Klimakonferenzen, die mal frustrierende, mal ermutigende Beschlüsse brachten, in die Medien zurückkehrte. So ging das eigentlich Jahrzehnte lang, bis ein kleines Mädchen aus Schweden beschloss, das zu ändern, um sich damit zur Heiligen der einen und zum Hassobjekt der anderen zu machen. Interessant ist ja, dass Wissenschaftler seit Jahrzehnten immer wieder warnen, aber erst dieses junge Mädchen aus Schweden kommen musste, um ein weltweites Bewusstsein für das Problem zu schaffen. Die junge Generation hat erkannt, dass hier gerade ihre Zukunft auf dem Spiel steht und handelt. Dann wurde der Aufstieg der „Fridays for Future"-Bewegung durch Corona erst mal abgewürgt. Viele hat's gefreut.

Problematisch wirkt sich nämlich auch aus, dass immer andere Themen in den Vordergrund geschoben werden, die nun mal aktueller sind und um die man sich kümmern muss, seien es Corona, Bankenkrise, Eurokrise oder auch mal so staatstragende Dinge wie Michael Wendler vs. Oliver Pocher; da muss sich der Klimawandel halt mal hinten anstellen und warten, bis wir uns kümmern können! Das mutet an wie in einer Arztpraxis – der Schwerkranke, der im Sterben liegt, aber noch ein paar Tage vor sich hin siechen wird, kann ignoriert werden, aber all jene, die mit akuten Beschwerden eingeliefert werden, kommen zuerst dran, ganz gleich, ob es sich hier um Bänderrisse, Schnupfen oder ein blaues Auge handelt. Irgendwann wird man dann zu dem Todkranken hinüber gehen und feststellen: „Huch, jetzt ist er tot. Na ja, es war halt auch immer so viel anderes los."

Außerdem gibt es starke Kräfte, die wenig Interesse daran haben, dass der Klimawandel entschlossen bekämpft wird. Meistens sind es wirtschaftliche Interessen – und manchmal auch einfach Bequemlichkeiten. Dabei wissen selbst diese Menschen zumeist, dass ein „weiter so" katastrophale Folgen hat. Manche wissen es sogar schon sehr lange. Der US-amerikanische Ölkonzern Exxon ließ selbst bereits in den 1970ern forschen, welche Auswirkungen das eigene Tun auf die Erderwärmung hatte. Die Ergebnisse schockierten die Verantwortlichen so, dass sie sie in der Schublade verschwinden ließen. Aber nicht nur das: Exxon gründete 150 Think-Tanks, die Zweifel an menschengemachten Klimawandel säen sollten. Fake News sind also gar keine Erfindung der letzten Jahre, es gibt sie schon lange und die Öl- und Kohleindustrie hat sie sich seit Jahrzehnten zunutze gemacht in einem Feldzug gegen Fakten und Wissenschaftler, die das eigene Geschäftsmodell bedrohen.

Natürlich verfängt so etwas nicht bei jedem, aber wie wir sehen, genügt es ja, wenn es Menschen wie Donald Trump oder Jair Bolsonaro und deren Anhänger erwischt. Aktuelle Umfragen zeigen: Nur 16 % der republikanischen Wähler in Amerika glauben, dass es einen wissenschaftlichen Konsens beim Thema Klimawandel gibt. Dabei sind sich 99 % aller Experten weltweit einig darin, was die Gründe und Folgen der Erderwärmung sind! Aber da zeigt sich, welche Erfolge man mit gezielter Desinformation erreichen kann. Dann heißt es: Freie Fahrt für die (fossile) Industrie und den Temperaturanstieg.

Immerhin, langsam setzt sich die Erkenntnis durch, dass man den Leugnern nicht noch eine Extrabühne bieten muss. Die BBC lädt keine Menschen mehr in Talkshows ein, die den Klimawandel leugnen. Man würde heute ja auch keine Sendung mehr machen, in der man darüber streitet, ob die Erde nun rund ist oder eine Scheibe und jemanden einladen, der von Schiffsreisen abrät, weil man sonst irgendwann vom Rand runterfalle.

Aber selbst bei denen, die das Problem anerkennen, was ja in der deutschen Politik von nahezu allen Parteien getan wird, ist der Weg zu konkreten Maßnahmen oft weit. Sicher, auch in Deutschland tut sich die Politik immer schwer damit, unpopuläre Entscheidungen zu treffen, deren positive Folgen vielleicht erst in Jahren oder Jahrzehnten zu erkennen sind. Denn da bringen sie den Politikern ja nichts mehr – abgewählt werden können sie ja aber jetzt schon. Außerdem – wer verdirbt es sich schon gerne mit den mächtigen Konzernen? Lohnt sich ja manchmal auch, sich für die fossilen Energieträger einzusetzen. Kleines Beispiel: Der ehemalige sächsische Ministerpräsident Tillich war Mitglied der Kohlekommission, die über den Kohleausstieg Deutschlands beriet. Dort trat er immer wieder auf die Bremse, um ein zu schnelles Ende der Kohle zu verhindern. Und nun wird er Aufsichtsratschef beim Braunkohleunternehmen MIBRAG.

Nun, zumindest Herr Tillich braucht sich um seine Kohle in den nächsten Jahren keine Sorgen zu machen!

Aber nicht nur in der Politik geht es zäh voran im Kampf gegen die Erderwärmung; wie sieht es im Privatleben aus? Werden Menschen, die ein klimafreundliches Verhalten an den Tag legen, wenigstens von den anderen dafür gelobt? Eher weniger. Unzählige Witze werden über Vegetarier und Veganer gemacht. Bewundert wird der, der ein dickes Auto fährt und nicht derjenige mit dem spritsparenden Kleinwagen. Eure Städte sind für die Blechlawinen der Autos ausgelegt und nicht für die Fahrradfahrer. Und wer beim Urlaub den Schwarzwald statt der Seychellen wählt, der hat wohl nicht genug Geld oder ist ein Langweiler. Urlaub in der Region wird betrachtet wie Sex mit dem Ehepartner: Kann man mal machen, aber doch nicht jedes Jahr.

Trotz allem – wenn Euch der Zustand nicht gefällt, wenn Ihr Euch Sorgen macht oder gar, wie Greta Thunberg das möchte, in Panik verfallt, dann solltet Ihr Euch entscheiden; es ist Eure Welt, alles, was Ihr erlebt, sind die Konsequenzen Eures Tuns. Wenn Ihr die Konsequenzen nicht mehr wollt, müsst Ihr Euer Tun ändern. So einfach ist das. Wenn Ihr den Klimawandel für Eure Kinder und Kindeskinder nicht wollt, dann muss ein Umdenken jetzt stattfinden, denn das Klima wartet nicht darauf, bis die Politik Lust hat, sich darum zu kümmern oder Ihr bereit seid, Euch ein bisschen einzuschränken.

Ihr denkt verzweifelt, das sei nicht zu schaffen, ich sage euch: Es ist leichter, als einen Berg zu versetzen. Mal sehen, was Euch die Zukunft bringt; ich drücke Euch die Daumen, dass Ihr zumindest so klug seid – oder werdet – wie der Frosch.

*Ich mag das Bild, Bruder Christophorus.*

Danke! Schön, dass wir bis jetzt keinen Konflikt hatten.

*... was willst Du damit sagen?*

Dass das nächste Kapitel „Konflikte" heißt; weiter gehts!

# Kapitel 20
## Konflikte

Seit den frühesten Tagen der Menschheit hat der Mensch eine Neigung, Konflikte (auch) mit Gewalt zu lösen. In der Frühzeit gab es natürlich auch weniger Kommunikationsmöglichkeiten. Außerdem war jede andere Gruppe, auf die man traf, erst einmal eine potenzielle Bedrohung im Wettstreit um Nahrung oder Unterschlupf. Neben diversen Grunz- und Drohlauten war die Keule da nur ein weiteres Mittel, um klare Botschaften zu überbringen. Nun hat der Mensch eine lange Entwicklung hinter sich und es geschafft, im Falle unterschiedlicher Auffassungen über eine Angelegenheit erst mal darüber zu reden – sei es im Privatleben oder im Konflikt zwischen Staaten. Gut, manchmal ist diese Phase der verbalen Konfliktregelung immer noch eher kurz bemessen („Pass auf, sonst hau ich dir eins in die Fresse!") und man merkt, dass wir uns gar nicht so sehr von unseren Vorfahren im Lendenschurz unterscheiden. Und wer einmal eine Auseinandersetzung zwischen zwei verfeindeten Fangruppen von Fußballvereinen beobachtet hat, wird resigniert zustimmen müssen.

Aber ich möchte ja hier wenigstens ab und zu auch die löblichen Ausnahmen erwähnen. Positive Entwicklungen sind möglich, auch im Zusammenhang mit (kriegerischen) Konflikten – selbst Erzfeinde sind der Versöhnung fähig. Deutschland und Frankreich, die innerhalb von nicht einmal 80 Jahren drei furchtbare Kriege miteinander und gegeneinander führten, inklusive zahlreicher Opfer und Demütigungen; der deutsche Kaiser Wilhelm I. wurde 1871 im Spiegelsaal zu Versailles gekrönt! Wenn wir bei unserem Fußballvergleich bleiben – das ist so, als ob die Meisterfeier von Borussia Dortmund im Stadion von Schalke 04 stattfinden würde. Nun, vielleicht ist letzteres sogar eine noch größere Demütigung.

Sicher, auch heute noch beäugen sich Deutsche und Franzosen manchmal etwas skeptisch, aber nicht mehr aus Furcht, der andere könnte sie angreifen, sondern eher, weil der Deutsche es noch immer seltsam findet, dass man Geschmack an Schnecken und Froschschenkeln finden kann. Und an einem Baguette, das schmeckt, wie ein zwei Jahre alter Staubsaugerbeutel. Der Franzose wiederum ist entsetzt, wenn er sieht, wie der Deutsche Wein und Wasser zu einem Weinschorle vermischt und den guten Traubentropfen damit quasi vergewaltigt. Aber solange wir uns auf dieser

Ebene bewegen, sollte man beiderseits des Rheins glücklich sein. Gerade das Beispiel Deutschland zeigt doch, dass sich das aggressive Image eines Landes in recht kurzer Zeit ändern kann.

*Christophorus?*

Ja, treuer Knecht?

*Ich will nur anmerken: Wer zwei Weltkriege dermaßen in den Sand gesetzt hat wie wir, dem kann nur noch ein Imagewechsel helfen.*

Danke für den Einwand, darf ich noch mal kurz die Rollen klären? Ich diktiere, Du schreibst, alles klar? Prinzip verstanden?

*Ja ja, schon recht.*

Gut, weiter: Noch zur Zeit der Wiedervereinigung wurden bei Euren europäischen Partnern alte Ängste wach und sie fürchteten eine neue deutsche Großmacht. Nun, in der Zwischenzeit sollten solche Ängste verflogen sein – und wer sich nur ein wenig mit den Ausrüstungsproblemen bei der Bundeswehr beschäftigt hat, der ahnt, dass von Deutschland im Moment nun wirklich gar keine Gefahr für irgendjemand ausgeht. Schließlich verfügte Eure Bundeswehr lange über „AKK", was sich für den Feind anhören musste wie ein Schnellfeuergewehr. Aber eine Schreckschusspistole war.

Doch leider lebt der Europäer in einer kleinen überschaubaren Blase des Friedens. Denn Jugoslawien-Krieg und Ukraine-Krise haben gezeigt: Gestorben wird nicht nur in der weiten Welt, sondern auch bei Euch um die Ecke. Auch, wenn die EU in solchen Fällen gerne so tut wie jene Leute, die mitbekommen, dass der Nachbar seine Frau verprügelt; sie unterhalten sich aufgeregt mit vielen darüber und kommen dann zum Schluss, dass man das ja eigentlich nicht zulassen dürfe und dagegen vorgehen müsse, dass es sie aber eigentlich gar nichts angehe. Und außerhalb Europas sieht es noch schlimmer aus – Kriege und Konflikte finden sich vielerorts.

Überhaupt herrschten in den letzten 3 250 Jahren Menschheitsgeschichte nur 250 Jahre lang Frieden; dabei wurden 8 000 Friedensverträge geschlossen, die an sich ewig gültig sein sollten, aber im Schnitt nur zwei Jahre hielten. Die Gründe für Kriege und Konflikte sind vielfältig: Sie sind wirtschaftlicher, politischer, ethnischer oder religiöser Natur. Manchmal wird es ganz skurril, wie 1969 im sogenannten Fußball-Krieg zwischen El Salvador und Honduras. Der Konflikt schwelte zwar schon länger und hatte andere Ursachen – zum Ausbruch kam er aber nach einem WM-Qualifikationsspiel, welches El Salvador 3:2 nach Verlängerung gewann. Die Auseinandersetzung dauerte nur 100 Stunden, kostete aber über 2 000 Menschen das Leben!

Manche Konflikte gehen also nur ein paar Tage, andere ziehen sich über Jahre hin. An manche, wie den Syrien-Krieg, habt Ihr Euch quasi „gewöhnt", andere kommen selbst in den Nachrichten kaum vor. Wie oft z. B. wird vom Bürgerkrieg im Jemen berichtet, wo Saudi-Arabien das Land in die Steinzeit zurück gebombt hat – offiziell, um die amtierende Regierung zu unterstützen, aber eigentlich, weil es gegen die vom Erzfeind Iran unterstützten Huthi-Rebellen vorgeht. Verwirrend? Ja, und weil die Realität noch viel komplizierter ist, zuckt Ihr hier gerne mit den Schultern und erklärt Euch für nicht zuständig. Nebenbei verkauft Ihr weiter Waffen an Saudi-Arabien. Business as usual …

Wisst Ihr, wie ich Waffen herstellen und Waffen verkaufen finde? Beschissen! Schämt Euch dafür! Die, die es tun, genauso wie die, die nichts dagegen tun! Konflikte sind auf der Welt, in der alles, was zusammengehört, getrennt auftaucht, unvermeidbar. Aber die Konfliktbewältigung, die hättet Ihr schon längst so regeln, entwickeln und kultivieren können, dass nicht immer die ärmsten der Armen darunter leiden und ihr Leben für die Unfähigkeit zum Frieden hergeben müssen!

Aber wer kann noch für Frieden sorgen? Wer kann noch glaubwürdig vermitteln? Die USA hat ihre Rolle als Weltpolizei unter Donald Trump endgültig aufgegeben. Wobei man die Frage stellen muss, ob sie diese Rolle überhaupt jemals glaubwürdig gespielt hat. Die USA waren ja nie die neutrale Macht, die nur geschlichtet hat, es ging immer auch um ihre eigenen Interessen – und manchmal war sie sogar Auslöser für lange Konflikte, so im Irak oder Afghanistan. Auch Russland oder China wird man schwerlich ein selbstloses Auftreten in Konfliktregionen unterstellen können. Russland sorgt durch seine Unterstützung des syrischen Regimes seit Jahren dafür, dass in diesem Land das Töten weitergehen kann, und China tritt selbst immer mehr als Aggressor auf. Selbst die UN wird, zumindest im Sicherheitsrat, durch das Vetorecht der fünf ständigen Mitglieder oft ausgebremst.

Eigentlich bleibt dann nur die EU als mögliche Friedensrichterin. Aber das ist ja auch schwierig – wie soll eine zahnlose Hauskatze zwischen tollwütigen Hunden vermitteln? Andererseits kann die EU in vielen Fällen reklamieren, keine eigenen direkten strategischen Interessen zu verfolgen. Problematisch allerdings, dass sie natürlich oft in sich keine einheitliche Richtung findet und mit vielen Stimmen spricht. Schaut Euch Libyen an; die Franzosen als alte Rebellen unterstützen Chalifa Belqasim Haftar Alferjani, den Rebellen, und die Italiener die international anerkannte Regierung unter Fayiz as-Sarradsch. Welche Haltung hat dann die EU? Man würde ja auch niemals einen Menschen mit gespaltener Persönlichkeit als Streitschlichter nominieren. Aber trotz aller Meinungsverschiedenheit hat die EU eines erreicht – eine kriegerische Auseinandersetzung zwischen ihren Mitgliedsländern hat es noch nie gegeben! Im Gegenteil: Alte Erzfeinde sind unter ihrem Dach zu Partnern geworden – wie schon am Beispiel Deutschland und Frankreich erwähnt. Ihr tut Euch untereinander keine Grausamkeiten mehr an. Vom „European Song Contest" mal abgesehen.

Wahrscheinlich muss man sich schon daran erfreuen und der Traum von einem Weltfrieden ist nur eine Utopie. Aber trotzdem sollte man ihn als Ziel nie aus den Augen verlieren. Denn wie sagte einst Oscar Wilde so treffend: „Eine Weltkarte, die das Land Utopia nicht enthielte, wäre es nicht wert, das man einen Blick auf sie wirft, denn in ihr fehlt das einzige Land, in dem die Menschheit immer landet."

# Kapitel 21
## Kunst

„Denn Kultur ist kein Luxus, den wir uns leisten oder auch streichen können, sondern der geistige Boden, der unsere eigentliche innere Überlebensfähigkeit sichert."
Richard von Weizsäcker, 1991.

Schon seit frühester Zeit hat der Mensch Kunst und Kultur geschaffen, um sich mit seinem Dasein, seinen Mitmenschen und seiner Umgebung auseinanderzusetzen. Es gibt Elfenbeinfiguren, die 40 000 Jahre alt sind und beeindruckende Höhlenmalereien in der Frühzeit! Hier wurden alle zentralen Lebensbereiche der damaligen Menschen bildlich festgehalten. Vielleicht schlugen auch irgendwann Urmenschen mit Knochen auf Steine und grunzten dazu und erfanden so das Headbanging und die Heavy-Metal-Musik.

Seitdem durchzieht Kunst die Geschichte der Menschheit und ist untrennbar mit ihr verbunden. Die Griechen hatten ihre Dramen und Theaterstücke und das Mittelalter seinen Minnegesang. Was wäre Eure Welt ohne die Verse Goethes, ohne die Musik von Bach und Beethoven, ohne die Gemälde von Rembrandt und Rubens? Natürlich umfasst Kunst auch moderne Filme, Theaterstücke und Musik. Ja, auch Helene Fischer und Andrea Berg sind Kunst. Wer Lust hat, kann sich bei den „Amigos" darüber streiten, aber wir nehmen das jetzt einfach mal mit in unserer Betrachtung dazu. Kunst ist so vielfältig wie die Menschen, die sie ausüben und daher findet sich auch für jeden eine Kunstform, die ihn begeistert. Kunst in allen ihren Schattierungen ist natürlich für viele Menschen in erster Linie Unterhaltung – für den Künstler selbst ist sie aber viel mehr. Oft natürlich auch eine Einkommensquelle, sodass mancher sich auch verbiegt, um dem Publikum zu gefallen, was manchmal dann zu einem schwierigen Balanceakt führt: Wie sehr muss man sich anpassen, um seine Kunst unters Volk zu bringen und ab wann verrät man sich selbst? Diese Entscheidung muss jeder Künstler selbst treffen, denn nicht in jedem Fall deckt sich das, was der Künstler produzieren möchte, mit dem, was die Welt gerade mag. Die Betonung liegt hier auf „gerade", denn wie viele Künstler wurden durchaus berühmt, hatten aber während ihrer Lebzeiten nicht mehr viel davon, weil ihre Zeit noch nicht reif war. Nicht umsonst gibt es den Begriff vom „verkannten" Genie.

Kunst bezeichnet vor allem die Art und Weise, wie ein kreatives Individuum die Welt wahrnimmt und diese Wahrnehmung ausdrückt. Auf diesen künstlerischen Ausdruck reagieren dann die „Kunstkonsumenten" – manchmal mit Wohlwollen, manchmal mit Abscheu, manchmal mit Irritation. Das Schlimmste, was dem Künstler passieren kann, ist allerdings Gleichgültigkeit – denn dann ist das, was er macht, im wahrsten Sinne des Wortes belanglos.

Kunst kann auch aufregen, sie kann für Skandale und Wirbel sorgen – gerade, wenn sie politisch wird. Wobei in manchen Staaten ja selbst ein ganz banales Bild oder auch nur eine Melodie gefährlich werden kann; die Taliban haben gleich die Musik als Ganzes verboten.

Der Künstler, der an seinem Wirken ja auch die Freiheit seines Tuns schätzt, ist immer einer der ersten, der sich eingeengt fühlt und daher oft am sensibelsten reagiert, wenn versucht wird, fundamentale Rechte zu beschneiden. Kein Wunder, dass Künstler in jedem Staat, der diktatorisch oder autokratisch regiert wurde und wird, ganz oben auf der Abschussliste der Machthaber stehen. Auch in Deutschland war dies lange Zeit gängige Praxis: Da gab es die Bücherverbrennungen der Nazis und die Verfolgung der betreffenden Autoren, und der entartete Begriff der „entarteten Kunst" wurde im Dritten Reich geboren. Schon Friedrich Schiller musste in die Kurpfalz fliehen, um der Festungshaft im Württembergischen zu entgehen. Ich glaube, man muss schon große Angst haben, wenn man aus Württemberg heraus ausrechnet in die Kurpfalz flieht. Und doch gab es über die Jahrhunderte viele Weitere, die als Künstler den Zorn der Regierenden auf sich zogen.

Selbst wenn auch heute noch ab und zu um die Freiheit der Kunst gerungen werden muss und das manchmal sogar vor Gericht geschieht (Beispiel: Böhmermanns Schmähgedicht gegen Erdogan), ist die Lage für Künstler bei Euch zurzeit natürlich einigermaßen bis ausgesprochen komfortabel. Aber bitte nicht vergessen, dass auch hier Eure Heimat eine Insel der Glückseligen ist, was das angeht, und in anderen Ländern ein weitaus raueres Klima herrscht – sogar mitten in Europa, seit es in Ländern wie Ungarn oder Polen Nationalisten an die Macht geschafft haben. So wurde erst kürzlich in Ungarn ein Gesetz verabschiedet, das die Schaffung eines nationalen Kulturrates vorsieht, mit dem Ziel, die nationale Kultur zu bewahren und die nationale Identität zu stärken. Man kann ahnen, welche Ziele dahinterstecken!

Verlassen wir Europa, sieht es oft noch finsterer aus für Kunst und Kultur: Iran, Jemen, China, Türkei, Syrien, Saudi-Arabien, Russland und viele andere mehr. In vielen Ländern ist die Freiheit oder sogar das Leben von Künstlern bedroht, wenn sie anecken.

Um Leib und Leben muss der Künstler in Deutschland also normalerweise nicht bangen, um die wirtschaftliche Existenz allerdings schon. Und diese Problematik wurde einmal mehr durch Corona schonungslos offengelegt. Denn hier stellte sich sehr schnell die Frage: Welche Bedeutung hat Kunst und welche Bedeutung gibt ihr diese Gesellschaft? Theater, Kinos, Museen, soziokulturelle Zentren und dergleichen waren die ersten, die schließen mussten und die letzten, die wieder öffnen durften. Und dann teilweise unter Auflagen, die es ihnen unmöglich machten, dies unter wirtschaftlichen Gesichtspunkten zu tun. Da hatten Theater statt 500 Plätzen noch 80 zur Verfügung. Besonders bitter stieß es dann vielen Betreibern und Künstlern auf, dass ein ähnlich rigides Vorgehen bei Fluggesellschaften natürlich nicht vorgesehen war. Mancher Künstler überlegte schon, ob es sich nicht lohnen könnte, sich ein eigenes Flugzeug zuzulegen und in diesem aufzutreten. Warum? Im Flugzeug haben über 300 Gäste Platz, dürfen gefahrlos dicht beieinandersitzen und das Flugzeug wird über Subventionen vom Staat finanziert! Geradezu zynisch mutet es daher an, wenn einige Mitmenschen den Künstlern dann noch den Spruch hinwerfen: „Dann such dir doch eine gescheite Arbeit!". Würde man mit denselben Worten wohl auch einem Lufthansa-Piloten oder einem Daimler-Mitarbeiter entgegentreten, deren Unternehmen dank der Krise in Schieflage geraten sind?

Sicher, es gab verzweifelte Versuche, der Kunst trotzdem nachzugehen: digitale Ausstellung, Streaming-Angebote von Konzerten, Kabarett und Comedy im Autokino. Doch immer fehlte da das Publikum (oder saß daheim vor dem Computer oder zumindest hinter einer Windschutzscheibe) und damit fehlte auch das, was Kunst ausmacht – der Adressat. Es wurde ja auch oft die Frage aufgeworfen, ob Kunst „systemrelevant" sei. Wenn man den Ausführungen mancher Politiker folgt, dann anscheinend nicht unbedingt. Da war die Rede davon, dass man auf Konzerte auch mal verzichten könne, man ja daheim Musik hören oder mit der Partnerin tanzen könne. Der Baumarkt und der deutsche Spargel schienen eine höhere Systemrelevanz aufzuweisen als Kunst und Kultur. Immerhin gab es ein paar rühmliche Ausnahmen – oft aber blieb es bei warmen Worten. Die haben den Vorteil, dass sie nach außen gut klingen, aber nichts kosten.

Aber selbst bei Menschen, die wenig mit Kunst am Hut haben, wäre es einmal angebracht, darauf hinzuweisen, dass es hier auch um einen immensen Wirtschaftszweig geht: So betrug der Beitrag der Kreativszene zur gesamtwirtschaftlichen Wertschöpfung im Jahr 2018 100,5 Milliarden Euro! Das ist hinter der Automobilindustrie der zweite Platz in Deutschland! Und wenn die Automobilindustrie weiterhin vor allem mit betrügerischen Abschaltvorrichtungen und dem Verschlafen der jeweils neuesten Technologie in Erscheinung tritt, wird es vielleicht bald der erste Platz sein! Auf jeden Fall steht die Kultur damit vor anderen Zweigen wie der chemischen Industrie, den Energieversorgern und auch dem Finanzsektor. Genau, da sollen die arroganten Bankerschnösel in ihren teuren Anzügen jetzt mal gerne die Luft anhalten – so toll seid Ihr nämlich gar nicht!

Bei den Arbeitsplätzen sieht es ähnlich aus: Mit 1,7 Millionen Beschäftigten ist der Kulturbereich derjenige mit den meisten Beschäftigten! Bliebe noch das Argument zu entkräften, Kultur sei ja nur ein Nischenbereich und für viele gar nicht interessant. Dann nehmen wir zum Vergleich doch einmal des Deutschen vermeintlich liebstes Kind – die Fußballbundesliga. 2017/18 besuchten 34 Millionen Menschen ein Theater oder Kino – aber nur 21 Millionen ein Spiel der Fußballbundesliga. Gut, die durften dann halt einfach ohne Zuschauer vor Ort weitermachen. Hätten die Bühnen dieses Landes einen hoch dotierten Vertrag mit Sky, dann wäre so etwas für sie vielleicht auch möglich gewesen.

Es ist schon auch erstaunlich, dass alleine die Lufthansa 9 Milliarden erhielt, um ihre circa 30 000 Arbeitsplätze zu retten, die Kultur aber mit weitaus weniger abgespeist wurde und die Künstler ansonsten den Ratschlag bekamen, sich doch in die Hände des Hartz-IV-Systems zu begeben. Da sind wir auch wieder beim Problem des Lobbyismus – die kulturelle Landschaft ist dermaßen vielfältig, dass es auch kaum eine übergeordnete Dachorganisation gibt, in der sich alle Künstler treffen. Zu unterschiedlich sind ja die Belange der Angestellten eines staatlichen Theaters und des einzelnen freien Künstlers. Allen gemein ist aber, dass sie einen Bereich am Leben erhalten, der ja nicht nur für sich selbst steht: Wer oder was hängt nicht alles an der Kultur dran? Die Gastronomie, die vor oder nach dem Kino- oder Theaterbesuch genutzt wird, Firmen, die technisches Equipment herstellen, selbst Busse, Bahnen oder Taxifahrer, die die Menschen zu und von den Veranstaltungsorten transportieren. Und im Taxi trifft der Gast dann vielleicht sogar den Jazzmusiker wieder, den er vorher noch auf der Bühne bewundert hat – als Fahrer. Hier könnte man nun auch noch auf die Einkommenssituation mancher Künstler eingehen, die auch ohne Corona oft an totaler Selbstausbeutung grenzt, aber das würde dann endgültig den Rahmen dieses Kapitels sprengen.

Vielleicht hätte man den Menschen mal für eine Woche einen kompletten Kunstentzug antun sollen, damit mancher merkt, was alles Kunst ist und wie selbstverständlich sie sie konsumieren. Hätte man neben den geschlossenen Theatern, Kinos und Museen nämlich auch sämtliche Filme aus dem Fernsehprogramm verbannt, CDs und Radiomusik verboten, kein Amazon Prime, kein Netflix, kein YouTube, keine Bilder, keine Instrumente, sogar die Dudelmusik in den Kaufhäusern nicht mehr erlaubt, was wäre uns geblieben? Eine leere Welt, im Radio nur Nachrichten und Werbung – natürlich ohne Musik! – und im Fernsehen nur Frauentausch und „Bauer sucht Frau". Wer bei dieser Vorstellung nicht in Depressionen verfällt, dem ist wirklich nicht mehr zu helfen.

Wenn man sich dieses Szenario eine Weile durchdenkt, dann sollte man wohl zur Überzeugung kommen, dass Kunst nicht nur wirtschaftlich systemrelevant ist, sondern auch ein unabdingbarer Teil Eures Lebens ist.

Nehmt das wahr und genießt, was Euch in diesem Leben alles geschenkt wird; es ist eine ganze Menge!

# Kapitel 22
## Landwirtschaft

Die Landwirtschaft versorgt den Menschen schon seit langer Zeit mit Nahrung. Musste er früher von Ort zu Ort ziehen, sobald sich nichts Essbares mehr finden ließ, so machte es die Bewirtschaftung der Böden möglich, dort zu bleiben, wo es einem gefiel, soweit es die Anbaubedingungen zuließen.

Eine großartige Idee des Herrn eigentlich – der Mensch bestellt den Boden, daraus wachsen Getreide, Obst und Gemüse, die ihn ernähren und dieser Kreislauf wiederholt sich immer wieder. Darüber hinaus wird es auch möglich, Nutztiere zu halten, die den Menschen ebenfalls versorgen – mit Eiern, Milch und ihrem Fleisch. Natürlich mussten die Menschen früher oft um ihre Erträge bangen – es gab Missernten oder Ungeziefer, welches die Felder befiel. Im Laufe der Zeit wurde der Anbau aber immer weiter verbessert. Heute geht man davon aus, dass man eigentlich die gesamte Weltbevölkerung ernähren könnte. Erde gut, alles gut, könnte man nun meinen. Aber zum einen gelingt es Euch nicht, die Nahrung gerecht zu verteilen, zum anderen landet sehr viel Nahrung im Müll (siehe auch => Wegwerfgesellschaft).

Die Herstellung Eurer Nahrung wurde immer perfektionierter und damit auch immer industrieller, was natürlich Folgen für die Landwirtschaft hatte: Kleinbauernhöfe sterben immer mehr aus, weil es für die Landwirte immer schwerer wird, sich gegen die großen Agrarkonzerne durchzusetzen. Schuld daran ist aber auch der Verbraucher, der sein Geld lieber für andere Dinge ausgeben will, z. B. für Unterhaltungselektronik, getreu dem Motto „Lieber Apple als Apfel". In den Fünfzigerjahren des letzten Jahrhunderts gaben die Menschen in Deutschland noch 45 % ihres Einkommens für Nahrung aus – heute sind es noch 11 %! Was bedeutet das? Der Käufer möchte möglichst preiswerte Nahrung, damit entsteht ein großer Preisdruck, der die Bauern zwingt, Fleisch und andere Nahrung immer günstiger zu produzieren. Zu welch absurden Ergebnissen das führt, kann man in jedem Supermarkt bestaunen. Da gibt es das abgepackte Billigfleisch oft günstiger als einen Gang weiter das Katzenfutter. Und das Tolle ist ja, dass man sich auch noch den Weg in die Apotheke spart, denn das Antibiotikum steckt ja gleich im Fleisch mit drin.

Was wird nicht alles getan, um den Preis in Bezug auf unsere Nahrung so niedrig wie möglich zu halten? Man benutzt Glyphosat und andere Chemikalien zur Unkrautvernichtung. Die Böden werden überdüngt, was dazu führt, dass Nitrat in Euer Grundwasser gelangt. In der Tierhaltung werden oft Medikamente eingesetzt und Tiere werden auf engem Raum zusammengehalten. Vielfalt wird immer mehr der Monokultur geopfert: Schon heute basieren drei Viertel der Nahrungsmittelproduktion auf nur 12 Pflanzen- und 5 Tierarten. Und wer hat Schuld? Jeder zeigt mit dem Finger auf den anderen.

Dazu kommen andere Probleme, die die Landwirtschaft auch in der Zukunft nicht leichter werden lassen. Durch den Klimawandel werden die Ernten immer unsicherer. Eigentlich läge es ja in der Verantwortung der Politik, hier etwas zu bewegen. Vielleicht könnte man – auch wenn das ein sehr revolutionärer Ansatz ist – auch einmal jemanden als Landwirtschaftsminister berufen, der Verbraucher, Landwirte und Umwelt gleichermaßen im Blick hat und weniger die Interessen von Lobbygruppen. Wenn man aber das Handeln Eurer letzten amtierenden Landwirtschaftsministerin Julia Klöckner so anschaut, dann besteht wenig Hoffnung. Man dachte ja nach ihrem Vorgänger Christian Schmidt, dass es nur besser werden könne. Nun gut, dieser präsentierte wenigstens ab und zu originelle Problemlösungsstrategien. So z. B. 2014 als Russland, als Reaktion auf die Sanktionen des Westens wegen der Ukraine-Krise, einen Lebensmittelimportstopp verhängte, der auch deutsche Obst- und Gemüsebauern traf. Schmidt wollte nun den einheimischen Verbraucher zum Kauf von deutschen Waren anregen – zeigte sich mit einem hiesigen Apfel vor den Fernsehkameras und garnierte seine Ausführungen mit dem Satz: „An apple a day keeps the Putin away!". Vielleicht wollte er damit auch erreichen, dass andere russische Anrainerstaaten zum Schutz vor weiteren russischen Expansionsplänen massenweise deutsche Putin-Abschreckungsäpfel kauften. Die weiteren Jahre seiner Amtszeit verhielt er sich weitgehend unauffällig (manchmal nicht das Schlechteste, was man über einen CSU-Politiker sagen kann) – bis kurz vor deren Ablauf. Da reiste er noch mal nach Brüssel zur EU und ermöglichte durch seine Zustimmung (gegen jede Absprache innerhalb der Regierungskoalition), dass das Pflanzenschutzmittel Glyphosat noch weitere Jahre auf europäische Böden gekippt werden konnte. Auf Nachfrage, warum er das tat, kam nur die lapidare Antwort: „Ja, so isser halt, der Schmidt!" Wenn ein Bankräuber sich so zu seiner Tat äußern würde, bekäme er einige Jahre Gefängnis aufgebrummt, der Herr Schmidt hingegen bekam seine Ministerpension. Inzwischen ist er übrigens im Aufsichtsrat der Deutschen Bahn. Die Bahn ist übrigens einer der größten Abnehmer von Glyphosat in Deutschland. Aber das kann auch alles nur Zufall sein. Und Frau Klöckner dachte gar nicht daran, eine andere Politik zu verfolgen. Die ehemalige Weinkönigin aus der Pfalz suchte dermaßen aufreizend die Nähe von Firmen wie Nestlé, dass diese sie durchaus wegen Stalking hätten anzeigen können. In den ersten sechs Monaten ihrer Amtszeit traf sich Frau Klöckner mindestens fünfundzwanzigmal zu Einzelgesprächen mit Vertretern von Konzernen wie Nestlé, Bayer oder Mars. Auch der Deutsche Bauernverband durfte mehrfach mit ihr zusammenkommen. Weit seltener konnten Vertreter des Bundes ökologische Lebensmittelwirtschaft ihr ihre Aufwartung machen. Frau Klöckner wollte auch gar keine Wende in der Landwirtschaft erzwingen – sie setzte lieber auf die oft zitierte Freiwilligkeit, ob bei der Lebensmittelkennzeichnung oder dem Tierwohl. Es wäre einmal interessant, was wohl passieren würde, wenn der Finanzminister die Steuererklärung als „freiwillig" deklarieren würde.

Dabei bräuchte es eine neue Politik – eine Politik, die sich nicht nur den Lobbyverbänden und großen Konzernen zuwendet. Das ist natürlich kein einfaches Unterfangen, denn weniger als zehn Firmen kontrollieren zwei Drittel des globalen Saatguthandels und fünfundsiebzig Prozent des Weltmarkts für Agrar-Chemikalien. Ähnlich konzentriert ist die Macht bei den großen Einzelhändlern und Lebensmittel-Verarbeitern. Daran sieht man, wie schwierig es ist, gegen diese Gruppen anzukommen. Aber es liegt auch am Einzelnen, sich wieder darauf zu besinnen, dass Nahrung etwas Wertvolles ist, für das es sich auch lohnt, mehr Geld auszugeben. Denn es gibt ja die Lebensmittel aus regionaler und ökologischer Landwirtschaft, es gibt ja das Biofleisch vom Hof nebenan. Früher gab es den besonderen Sonntagsbraten – heute liegt täglich Schnitzel, Wurst oder Steak auf dem Teller.

Zu meiner Lebenszeit hatte jeder ums Haus einen kleinen Garten, in dem eigentlich alles gewachsen ist, was man das Jahr über zum Leben gebraucht hat. Kartoffeln und Rüben hat man im Keller Monate lang lagern können; der Sommer war besonders schön, weil er Süßfrüchte und frischen Salat geliefert hat. Dazwischen liefen Hühner, Enten und anderes Kleingetier umher, das immer mal wieder einen Sonntagsbraten abgegeben hat.

Ich habe Euch im Eingangskapitel gesagt, das Gottvater nicht von Euch verlangt, Vegetarier zu sein. „Macht Euch die Erde untertan!", hat er Euch gesagt und steht auch dazu. Er schüttelt nur zu Recht den Kopf darüber, dass Ihr einfach nicht maßhalten könnt. Dass Ihr nach einem Aufruf in der Boulevardzeitung 200 000 € für die Nierentransplantation von Tante Gerlindes Dackels zusammensammelt, aber nebenher ein Wurstbrot essen könnt und es Euch nicht, aber auch gar nicht interessiert, wie schrecklich dieses Tier für Euch hat leiden müssen. Noch mal: Nicht jeder muss gleich zum Veganer oder Vegetarier werden, aber ob es wirklich die sechzig Kilogramm Fleisch im Jahr sein müssen, die ein Deutscher im Durchschnitt verspeist, das ist schon fraglich. Und Ihr seid damit nicht einmal in der Spitzengruppe der Fleischliebhaber – ganz weit vorne die Australier mit sage und schreibe einhundertzwanzig Kilogramm Fleischkonsum im Jahr. Gegrillt wird in Australien alles, was nicht bei drei im Outback verschwunden ist und frei nach dem Motto „Alles unter 400 Gramm ist Carpaccio!"

Trotzdem ist auch Euer Fleischkonsum übertrieben hoch: Die Deutsche Gesellschaft für Ernährung empfiehlt die Hälfte. Aber um das Thema macht auch die Politik lieber einen großen Bogen. Aus gutem Grund, zumindest wenn man Wählerstimmen und Machterhalt in den Vordergrund stellt. Erinnert Euch, welche Ohrfeige die Wähler einst den Grünen erteilten, als die sich erdreisteten, einen Veggie-Day in Kantinen zu fordern. Da hörte der Spaß für den Fleisch liebenden Deutschen auf! Dabei wäre es nötiger denn je, sich einzuschränken. Es würde nicht nur Erholung für Eure Flächen bedeuten und weniger Qual für die Tiere, auch das Klima würde es danken. Immerhin elf Prozent des $CO_2$ stammen aus der Landwirtschaft. Die Klimaerwärmung wiederum erhöht die Gefahr für extreme Wetterereignisse, was wiederum die Ernten gefährdet (siehe oben). Daher muss es auch im Interesse der Landwirte sein, hier entgegenzusteuern. Hier könnte man zum Beispiel Subventionen nicht mehr nach Betriebsgröße verteilen, sondern danach, wie nachhaltig-ökologisch gewirtschaftet wird.

Und dank der Globalisierung wirkt sich Eure Landwirtschaft und Euer Konsum sogar auf die Regenwälder in Brasilien aus. Weil Eure Großbauern immer mehr Tierfutter brauchen, wird billiges Soja aus Südamerika importiert – wo große Flächen Regenwald für den Anbau desselben gerodet werden. Die Welt ist ein Dorf – der Spruch gilt heute mehr denn je. Aber am Ende kann es jeder mitentscheiden – an der Supermarktkasse, im Restaurant, im Café.

Also, liebe Leserinnen und Leser, da Ihr nichts müsst, aber eingeladen seid, Euren Verstand einzusetzen und ihn ab und zu mit Eurem Herzen empathisch kommunizieren zu lassen; wie hört sich das für Euch an:

Die Massentierzucht wird so schnell es geht eingestellt, Tiere werden artgerecht gehalten. Nicht auf der Wurstverpackung, sondern tatsächlich im Stall. Sie haben ein würdevolles Leben, das kann sich der Bauer leisten, weil Ihr ihn anständig für seine Arbeit bezahlt. Das Tier wird vor seinem Tod nicht mit anderen Todgeweihten zusammengetrieben, so dass es voller Angst und Adrenalin nachher auch noch schlecht schmeckt, sondern es wird allein und nahezu unbemerkt, schnell, stress- und schmerzfrei aus dem Leben genommen.

Am Sonntag kommt es auf Euren Tisch und Ihr könnt Euch die ganze Woche, die Ihr mit leckerem Gemüse, und wenn Ihr nicht anders könnt mit Tofu und Wurstersatzmittel und Hafer-Milch gestreckt habt, so richtig darauf freuen.

Das hört sich gut an? Vorschlag: Macht es einfach!

# Kapitel 23
## Luftverschmutzung

„Ich muss mal frische Luft schnappen!"

Wer kennt diesen Ausspruch nicht, der auch ein inneres Bedürfnis des Menschen ausdrückt. Um Euch innerlich zu reinigen, den Kopf freizukriegen, müsst und wollt Ihr raus an die sogenannte „frische Luft". Allerdings ist das heute leichter gesagt als getan, denn erst einmal muss man diese frische und saubere Luft finden. Selbst hier oben im Himmel ist das manchmal nicht so einfach, seit Helmut Schmidt bei uns eingezogen ist. Gut, wir haben ihn auf eine Wolke am Rand einquartiert, aber bei ungünstigem Wind hilft uns das auch wenig. Aber viel schlimmer sieht es ja unten bei Euch aus. Sehr deutlich wurde das dann auch während der Corona-Zeit. Der Lockdown während der Corona-Pandemie hatte das Ziel, das Gesundheitssystem vor der totalen Überlastung zu bewahren und somit Menschenleben zu retten. Das wurde sicher auch erreicht – aber es wurden noch mehr Leben sozusagen als Nebeneffekt gerettet. So titelte die Wochenzeitung „Die Zeit" im Mai 2020 „Der Lockdown rettet Leben durch frische Luft". Darin rechnet der Nachhaltigkeitsforscher Kai Niebert vor, dass exemplarisch im Jahr 2015 die Luftverschmutzung für knapp neun Millionen Todesfälle verantwortlich war. Das ist dreimal mehr, als Menschen durch Krankheiten wie Aids, Tuberkulose oder Malaria zusammen umkamen und 15-mal mehr als durch Kriege und sonstige Formen der Gewalt. Trotzdem gab es noch keine einzige UNO-Resolution gegen Luftverschmutzung! Und durch die Corona-bedingten Einschränkungen wurde vielerorts auch die Luft besser und somit die Gesundheit vieler Menschen geschont.

Ich habe das selbst von meiner Wolke aus gut erkennen können – manche Orte habe ich zum ersten Mal richtig gesehen! Und bei manchen Großstädten wusste ich bis dahin gar nicht mal, dass es sie gibt – weil sie immer unter einer riesigen Staubwolke verborgen waren. Aber wer dann doch lieber der Wissenschaft Glauben schenkt als meinen dreihundert Jahre alten Augen: Auch die europäische Weltraumbehörde ESA hat mittels ihrer Satelliten nachgewiesen, dass in manchen Städten die Luftverschmutzung um bis zu 45 % nachgelassen hat! Kein Wunder, sind einige der Hauptverursacher doch Autoverkehr, Flugzeuge und Industrieproduktion. Und vor allem diese Bereiche wurden ja durch die Pandemie zeitweise lahmgelegt. Allerdings tragen auch private Haushalte und Massentierhaltung zur Luftverschmutzung bei – (fast) jeder hat also seinen Anteil am Problem.

Das Besondere bei diesem Thema ist natürlich, dass auf keinem Totenschein steht: Tod durch Luftverschmutzung. Sonst würde man das Thema vielleicht entschiedener angehen. Nein, die Rede ist dann von Lungenkrebs, Lungenentzündungen und anderen Atemwegs- oder Herzerkrankungen. Und wie so oft hängt auch hier Wohlstand und Gesundheit zusammen – wer es sich leisten kann, der findet auch in den Städten grüne Ecken mit wenig Verkehr. Wer nicht, der öffnet halt die Haustüre und fühlt sich nach den ersten drei Atemzügen schon wie der Schornstein eines Kohlekraftwerks aus den Sechzigerjahren. Dazu kommen Benachteiligungen wie Unterernährung und schlechte medizinische Versorgung, die die Sache für die Ärmeren noch gefährlicher machen. Und am anfälligsten sind Kinder unter fünf Jahren. Ganz besonders problematisch wird es dann in Gegenden, in denen sich Staat und Wirtschaft quasi überhaupt nicht um saubere Luft scheren und die Bevölkerung einen geringen Wohlstand aufweist. Sprich, es leiden wieder mal am meisten die Menschen in den großen Metropolen in Afrika und Asien. Diese wachsen aber immer weiter an, weil immer mehr Menschen dorthin kommen, um Arbeit zu suchen und dann natürlich auch die Luftverschmutzung immer weiter erhöhen.

Wie in vielen Bereichen ist bei Luft das Problem, dass hier ein wichtiges Gut, nämlich saubere Luft, welches eigentlich der Allgemeinheit zusteht, von bestimmten Gruppen praktisch ohne Gegenleistung „verbraucht" wird. Wenn man es genau überlegt, müsste es sogar ein Menschenrecht auf saubere Luft geben! Aber natürlich gibt es auch Geschäftsleute, die sogar von der Sehnsucht der Menschen nach guter Luft profitieren. So bietet eine kanadische Firma bereits seit einigen Jahren saubere Luft aus dem Banff-Nationalpark an – in Dosen! Bezeichnenderweise fand diese Idee vor allem in den vom Smog geplagten Millionenstädten Chinas wie Peking oder Shanghai großen Anklang. Eine Dose für circa 22 Euro soll 150 Atemzüge ermöglichen – ein teures Vergnügen! Aber wer weiß, wo das noch hinführt. In einigen Jahrzehnten sitzen Menschen in geschlossenen Räumen, weil sie ohnehin fast nicht mehr raus können und wer Geld hat, der gönnt sich und seinen Freunden ab und zu eine gute Dose Frischluft: „Hier, schaut mal, eine Dose 2018er Nordschwarzwald trocken!" Ironischerweise entsteht natürlich durch den Transport solcher Dosen wieder mehr Luftverschmutzung.

Solche Versuche dienen also mehr der Erheiterung und der Bereiche-
rung einiger findiger Geschäftsleute. Wie aber kann das Grundproblem angegangen werden? Auch die Luftverschmutzung macht vor Grenzen nicht
halt, sie ist ein globales Problem und auch Teil des Klimawandels. Auf
der einen Seite braucht es noch mehr Gesetze, die den Schadstoffausstoß
begrenzen und die Verbrennung von Öl und Kohle als Hauptverursacher
der schlechten Luft einschränken. Aber wie immer hilft es nicht, auf die
„böse" Industrie zu zeigen, jeder Einzelne kann etwas tun. Und jetzt bitte
nicht den Satz: „Was kann ich denn allein schon ausrichten! Auf die Gefahr
hin, dass ich mich immer und immer wieder wiederhole: Auch Du als Ein-
zelner kannst Berge versetzen, zusammen schafft Ihr sogar Hochalpiner
weg, also fangt doch an!

Stell Dir vor, Menschen wie Mahatma Gandhi oder Martin Luther
King hätten sich von diesem Satz an die Kette legen lassen; viele wichtige
Veränderungen wären nicht eingetreten. Es gibt so viele Möglichkeiten in
allen möglichen Bereichen, um aktiv zu werden: egal ob bei der Mobilität,
der eigenen Heizung, dem Energieverbrauch oder dem Konsum. Geht es
an, geh Du es an, damit Ihr auch morgen noch kraftvoll einatmen könnt.
Und ich will mich auch nicht drücken – ich gehe jetzt rüber zu Helmut
Schmidt und versuche, ihm das Rauchen abzugewöhnen! Weil auch wir
hier oben ein Recht auf saubere Luft haben!

Helmut? ... Helmut! Wir müssen reden ...

# Kapitel 24

## Massentourismus

Vorab: Bei der Schaffung der Welt hat Gottvater ein wahres Meisterwerk vollbracht – so bunt, so vielfältig, so verschieden. Dabei folgt alles demselben Bauplan, vom Kleinen ins Große. Vom Atomkern zu den Rocky Mountains. Vom Meteoriten zum unendlichen Universum. Gott versteckt sich vor Euren Augen; er hält nicht jeden Morgen pünktlich um 8:00 Uhr eine Ansprache, was Ihr zu tun habt. Aber seine Handschrift seht Ihr in jeder Kleinigkeit, damit Ihr die Möglichkeit habt, Zweifel an ihm zu hegen, wenn das Eure Entscheidung ist. Und damit Ihr trotzdem keine Angst zu haben braucht, allein und nur einmal und ohne jeden größeren Sinn auf dieser Welt zu sein. Und natürlich möchte der Mensch die wunderbare Welt erkunden, auf der er in diesem Leben steht. Er möchte Orte kennenlernen, die auch weit weg von seiner Heimat liegen. Durch Billigflüge, Fernbusreisen und günstige Pauschalurlaube kann mittlerweile fast jeder jeden Punkt der Welt erreichen. Das wird oft bis zur Reisemüdigkeit ausgereizt. Der bekannte bayrische Kabarettist Gerhard Polt hat das einmal so formuliert: „Letztes Jahr haben wir eine Weltreise gemacht, hat uns aber nicht gefallen. Dieses Jahr fahren wir woanders hin."

Die rege Reisetätigkeit hat wie alles in Eurem Leben auf dieser Erde Konsequenzen. Der lokale Geheimtipp ist so lange ein Geheimtipp, bis er im Geheimtipp-Buch veröffentlicht wird, danach ist er ein touristischer Hotspot. Und so führt das Entdecken großartiger Gegenden in der Regel zur Zerstörung jener großartigen Gegenden. Vielleicht wäre der Reisedrang des modernen Menschen geringer, wenn weite Teile der Welt eher wie Duisburg, Kaiserslautern oder Wanne-Eikel aussehen würden, dann könnte man getrost daheimbleiben, ohne etwas zu verpassen. Lange Zeit war das Reisen ja auch ohnehin nur wenigen Menschen vorbehalten.

Das Reisen um des Spaßes willen ist eine Erfindung der Neuzeit – schwerlich vorstellbar, dass der Anführer eines Germanenstammes zu seinen Leuten gesagt hätte: „Packt Eure Sachen, wir verbringen die nächsten zwei Wochen mal im Stammesgebiet von Harald, dem Grausamen, da soll es auch sehr schön sein!"

Natürlich wurde auch früher schon gereist – z. B. aus militärischen (Krieg), religiösen (Pilgerfahrt) oder unfreiwilligen Gründen (Sklaverei).

Die meisten Menschen verließen ihre Heimat jedoch nicht, wenn es nicht unbedingt einen lebenswichtigen Grund dazu gab. Für den Normalsterblichen war oft schon der Weg ins nächste Dorf oder gar die Stadt ein großes Abenteuer. Aufsehen erregte manchmal schon, wer eine Lebenspartnerin aus dem nächsten Dorf heiratete – diese Person wurde nämlich auch nach mehreren Jahrzehnten noch als die „Fremde" oder die „Zugereiste" bezeichnet. Heute jedoch verreist jeder, der es sich irgendwie leisten kann – hat man einen Nachbarn, der das ganze Jahr nicht von daheim wegwill, so beginnt man sich schon zu überlegen, was mit diesem seltsamen Menschen nicht stimme: „Warum fährt der nicht weg? Hat der jemanden im Keller versteckt?" Nicht umsonst werden gerade die Deutschen als Reiseweltmeister bezeichnet. Interessant dabei, dass viele Deutsche am Schlimmsten finden, dass sie im Urlaub oft auf andere Deutsche treffen. Genauso schlimm allerdings finden sie es, dass in manchen Ländern nicht alles genauso gut organisiert ist wie in Deutschland. Und genau so schlimm finden Menschen im Ausland, dass die, von denen sie hier besucht werden, schon wieder Deutsche sind.

Und natürlich gibt es völlig unterschiedliche Typen von Reisenden. Es liegen Welten zwischen dem vergnügungssüchtigen Mallorca-Urlauber, dessen Zeit vor allem aus der Konsumtion alkoholischer Getränke aus Eimern und der Suche nach einer Bettgefährtin für die Nacht besteht (Motto: „Wer sich erinnert, war nicht dabei!"), und der kulturellen Elite, die auf Bildungsreisen eine Erweiterung des geistigen Horizonts anstrebt („Hier übernachtete schon Goethe!"). Beiden bleibt jedoch gemein – egal ob es nun um die Strände Mallorcas oder die Inka-Stadt Machu Picchu geht: Kommt der Tourist erst einmal in Massen, dann beginnt der Niedergang der Örtlichkeit. Oder, wie es der Künstler André Heller einst formulierte: "Der Einfall touristischer Horden führt zur Ausrottung des Schönen."

Das schlimmste, was einem idyllischen Ort geschehen kann, ist, wie schon oben aufgeführt, dass er in einem Reiseführer oder einem Reiseblog im Internet als „Geheimtipp" eingestuft wird – denn spätestens von diesem Moment an wird er keiner mehr sein. Der enttäuschte Tourist beschwert sich anschließend natürlich ob des entgangenen Vergnügens, der einzige am Traumstrand gewesen zu sein. Soweit kommt es noch, dass danach der Beschreiber des Geheimtipps dann noch auf Schadensersatz verklagt wird und der Kläger recht bekommt! Ihr habt Euch schon komisch entwickelt und es ist kein Zufall, dass ich seit 300 Jahren keinen Bock mehr habe, länger auf die Erde runter zu kommen als einmal im Jahr für meine Fastenpredigt am Ende der Faschingswoche!

Zurück zum Reisen: Es zeugt geradezu von Ironie, wenn Reiseveranstalter, die ja von möglichst vielen Buchungen leben, Reisen „abseits des Massentourismus" anbieten. Das ist so, als ob ein Bordell Treuepunkte verteilen würde. Wobei es natürlich im Puff eher „Untreuepunkte" wären.

Viele wunderbare Orte leiden schon seit Jahren unter dem immer größer werdenden Andrang der Massen. Schauen wir nur auf Venedig, die ehrwürdige Stadt, die jeden Tag von Kreuzfahrtschiffen angelaufen wird, die für schlechte Luft sorgen und deren Reisende dann für einige Stunden die Stadt überfluten, kaum Geld dalassen, dafür aber ihren Müll. Oder der Louvre in Paris, wo jeden Tag Tausende von Menschen an der Mona Lisa vorbeiziehen: „Jeder bitte nur einen Blick, nicht stehen bleiben, bitte zügig weiter gehen!" Man muss die Dame schon bewundern, dass sie immer noch ihren geheimnisvollen Blick behält und nicht schon die Hände vor die Augen geschlagen hat.

Selbst Ziele, die früher nur Abenteurern und Überlebenskünstlern vorbehalten waren, sind heute relativ leicht zu erreichen. So kommt es an schönen Tagen regelmäßig zu Staus von Kletterern am Gipfel des Himalajas. Und auf der Zugspitze drängeln sich die Touristen aus aller Welt auf dem Weg zum Gipfelkreuz. Das hätte sich mein geschätzter Kollege, Pfarrer Christoph Ott, nicht vorstellen können, als er 1851 zusammen mit 28 Trägern das erste Gipfelkreuz auf dem „Fürst der bayerischen Gebirgswelt" befestigt hat. Spätestens, wenn man einmal in solch einer Schlange gestanden hat, sollte man sich die Frage stellen, ob diese Form des Reisens noch die richtige sein kann. Und es leidet ja nicht nur die Natur unter dem Massenansturm, auch die Menschen, die an diesen Orten leben. Viele Bewohner Venedigs verlassen ihr Haus erst am Abend, wenn die Touristen weg sind. Dasselbe gilt für die viel besungene Insel Capri: Capri wird erst zu der lebens- und liebenswerten Insel, die den Touristen in den bunten Prospekten angepriesen wird und für deren Besuch sie viel Geld gezahlt haben, wenn die Touristen die Insel mit der letzten Fähre verlassen haben.

Gruselig, wie respektlos Urlauber oft vermeintlich exotische Einheimische einfach fotografieren. Wie würdet Ihr es finden, wenn es umgekehrt wäre? Wenn Reisegruppen aus entfernten Ländern in Eure Dörfer und Städte einfallen würden, Euch beim Einkaufen, der Gartenarbeit oder gar der Kehrwoche filmen und fotografieren würden, weil das für sie alles so fremd und faszinierend ist? Zugegeben, die Kehrwoche ist für jeden außerhalb des schwäbischen Sauberkeitsbereiches fremd und faszinierend. Der Schwabe möchte dabei aber nicht gefilmt werden, das hat natürlich auch ein bisschen was mit seiner Putztechnik und dem Urheberrecht daran zu tun.

Menschen dieser Erde, wäre es nicht eine Idee, sich vorab über die ein Erdenleben lang fleischgewordenen Seelen zu informieren, in deren Lebensraum man eindringt? Dann könnte man auch manche ihrer Handlungen besser verstehen! Natürlich ist die Sehnsucht des Menschen verständlich, die eigene Umgebung zu verlassen und schöne Orte zu besuchen. Für diesen Wunsch muss man nicht im Ruhrgebiet neben der Zeche geboren sein! Doch wenn dieses Fernweh auch für die nachfolgenden Generationen erhalten bleiben soll, solltet Ihr hier ein bisschen Mäßigung an den Tag legen – und umgekehrt sollten sich auch diese Orte vor dem Besuch der Massen schützen. Dies ist natürlich wieder ein Spagat, denn oft profitieren ja einige wenige vom Tourismus, die aber großen Einfluss auf Regelungen und Gesetze haben.

Warum ist das so? Wisst Ihr, Menschen, Ihr setzt das durch Eure Gedanken in Gang! Solange jeder Einzelne von Euch heimlich denkt: Es wäre ideal, wenn es mir besser ginge als den anderen! – wird es anderen besser gehen als Dir. Solange jeder Einzelne von Euch heimlich denkt: Es wäre doch schön, wenn ich zehn Millionen hätte, auch wenn das anderen schadet! – werden andere zehn Millionen haben und es wird Dir schaden. Das ist ein ganz einfaches, kosmisches Gesetz, es funktioniert genauso nüchtern und berechenbar wie beispielsweise die Schwerkraft. Niemand von Euch würde daran zweifeln, dass die Schwerkraft funktioniert. Wenn Ihr euch vom zehnten Stock nach unten stürzt, werdet Ihr flach wie ein Pfannkuchen ankommen. Das wisst und respektiert Ihr. Doch das Gesetz, dass Eure Gedanken sich materialisieren und die Welt verändern, wollt Ihr bis heute nicht annehmen, obwohl es doch so offensichtlich ist. In allen Bereichen, im Guten wie im Bösen. Ihr habt es oft erlebt und verdrängt es immer wieder. Da kann ich nur den Kopf schütteln!

Zu den negativen Faktoren des Reisens kommt jetzt auch noch der Klimawandel dazu – egal ob das Verkehrsmittel ein Auto, ein Camper, ein Flugzeug oder ein Kreuzfahrtschiff ist, sanftes Reisen ist schwierig. Es ist ein bisschen so, wie wenn ein Jäger auf ein Reh schießt, ohne ihm wehtun zu wollen. Wie ein Striptease ohne ausziehen. Wieder einmal gefragt: Wäre es eine Idee, Menschheit, dass Ihr zu der Einsicht kommt, dass nicht jeder das Recht haben muss, jeden Ort der Welt zu besuchen, nur weil es möglich ist und er es sich leisten kann? Heißt ja nicht, dass Reisen verboten werden soll, nein, Reisen ist ja auch durchaus bereichernd, auch für den Geist. Und immer wieder, liebe Menschen: Ihr dürft alles machen, was Ihr wollt! Das ist das Geschenk Gottes an Euch! Die Frage ist nur: Habt Ihr Euch die Konsequenzen überlegt und wollt Ihr damit leben? Warum nicht wenigstens ab und zu Ziele in der Nähe besuchen? Manch einer kennt sich im vorderen Orient besser aus als im Waldgebiet um die Ecke. Bringt das Shopping-Wochenende in London wirklich was? Sind die immer gleichen Zarah-, Boss- und Gucci- Läden in London wirklich schöner als in Lübeck? In Stockholm schöner als in Stuttgart? Nur weil in London die Taxis auf der falschen Seite fahren, mehr quietschen, und in Stockholm das Bier dreimal so teuer ist? Lohnt sich dieser Stress: Ticket buchen, Hotel buchen, S-Bahn raus suchen, rechtzeitig am Flughafen sein, hinfliegen, Taxi nehmen, in die Unterkunft fahren, im Zarah drei Unterhosen kaufen, teuer essen gehen, am nächsten Tag wieder heimfliegen? Könntet Ihr in dieser Zeit nicht etwas Schöneres machen, was Eurer Seele mehr bringt und dabei Euren ökologischen Fußabdruck verbessert?

Ihr könntet damit anfangen, dass Ihr beim Flug Eure auf Euch runtergerechnete $CO_2$-Erzeugung durch Ausgleichszahlungen kompensiert; wer sich einen Flug leisten kann, hat auch das Geld dafür und es gibt Euch einfach ein anderes Bewusstsein dafür, ob diese Reise wirklich notwendig war. Noch mal, Menschen: Das sind alles nur Vorschläge, entscheiden dürft und müsst Ihr selbst! Ihr könnt die Liebe Gottes durch Euer Tun weder gewinnen noch verlieren, das muss Euch bitte immer klar sein, sonst habt ihr ein völlig falsches Buch gekauft!

Auch vor Ort kann man mit kleinen Handlungen etwas verbessern. Fast jedes Hotel bittet darum, Handtücher mehrfach zu verwenden, oft mit der Frage verbunden: „Wissen Sie, wie viele Handtücher jeden Tag in deutschen Hotels gewaschen werden?" Leider weiß die Antwort bis heute niemand, aber es sind sicher ziemlich viele. Und dann gibt es auch die Möglichkeit, Menschen vor Ort zu unterstützen, indem man regionale Produkte und Dienstleistungen nutzt. Rennt man auch im Urlaub in ein McDonald's-Restaurant oder ein Starbucks-Café, so profitieren vor allem multinationale Konzerne davon. Und das dringend benötigte WLAN-Netz, um die eigenen Urlaubsfotos möglichst schnell auf Instagram hochzuladen, können auch einheimische Cafés oder Restaurants zur Verfügung stellen.

Grundsätzlich sollte an erster Stelle der Respekt vor den Menschen und der Natur stehen, erst dann kommen die eigenen Bedürfnisse. Und wenn der Mensch sich einige dieser Dinge zu Herzen nimmt, dann wird er irgendwann auch wieder den Unterschied zwischen einem Touristen und einem Reisenden verstehen. Der Tourist möchte zwar Fremdheit und Abwechslung, aber immer nur in einem Rahmen, der alle Annehmlichkeiten der Heimat bietet – auch wenn dies auf Kosten anderer geht. Der Reisende versucht sich dem Ort anzupassen, den er besucht und eigene Bedürfnisse in den Hintergrund zu stellen – und wir dafür oft mit neuen Einsichten und Horizonten belohnt.

Oder wie es der französische Schriftsteller Anatol France sagte:

„Was ist Reisen? Ein Ortswechsel? Keineswegs! Beim Reisen wechselt man seine Meinungen und Vorurteile." Ihr seid alle dazu herzlich eingeladen!

*Christophorus?*

Ja, mein treuer Knecht?

*Für dieses Kapitel werden die Leser Dich hassen!*

Warum?

*Weil Reisen eine heilige Kuh ist und weil wir vor manchen Dingen gerne den Kopf in den Sand stecken.*

Ich habe mir nicht die Mühe gemacht, treuer Knecht, Dir mühsam ein Buch zu diktieren, damit mich die Menschen nachher mögen. Meinst Du, die Politiker mögen mich, wenn sie meine Fastenpredigt hören müssen?

*Bei Gott, nein.*

Also.

*Also was?*

Weiter im Text!

*In Ordnung ...*

126

# Kapitel 25
## Medizin

Die Entwicklung der Medizin ist eigentlich eine der Erfolgsgeschichten des Menschen. Sicher, der eine oder andere wird fragen: „Warum quält uns der Herr überhaupt mit Krankheiten und Gebrechen?"

Die Kirche sagt Euch: Er schuf die Menschen ohne Angst vor Tod oder Krankheit – doch da Adam und Eva gegen sein Gebot vom Baum der Erkenntnis aßen, war die Folge für das Menschengeschlecht nicht nur die Vertreibung aus dem Paradies, sondern auch ein endliches Leben mit all seinen Bedrohungen. Die Wahrheit ist die, dass Gott sich in Euer Leben nicht einmischt. Wenn Ihr der Überzeugung seid, dass es Spaß macht, den Boden und die Luft zu vergiften, chemisch behandelte Nahrungsmittel zu essen, möglichst viele tierische Fette zu Euch zu nehmen, möglichst zu rauchen und viel Alkohol zu konsumieren, dann ist es einfach wahrscheinlicher, dass Euer biologischer Körper das nicht so gut wegsteckt, wie wenn Ihr im Einklang mit der Natur lebt. Beides dürft Ihr machen, die Entscheidung liegt bei Euch, denn wenn Gott eines nicht möchte, dann ist es, Euch vorzuschreiben, was Ihr zu tun habt. Er hat Euch die absolute Freiheit geschenkt; dass Ihr ein ausgesprochenes Problem habt, damit umzugehen, steht auf einem anderen Blatt.

Daher wollen wir das *Warum* – ob Adam und Eva, die Erbsünde oder gar Euer persönliches Verhalten dahintersteht – einmal beiseitelassen und uns der Tatsache stellen, dass Eure Lebenszeit begrenzt ist und auf diesem Weg viele Gefahren lauern. Schon seit frühester Zeit hat der Mensch entschlossen den Kampf aufgenommen gegen jene Kräfte, die seine Gesundheit bedrohen. Bereits in der Antike, in Griechenland und Rom, machten sich gebildete Menschen einen Namen in der Heilkunde – Namen wie Hippokrates oder Aesculap wirken bis in die heutige Medizingeschichte fort. Ein Erbe, welches vor allem im arabischen Raum weitergeführt wurde. In „unserem" Europa, so muss man leider zugeben, war dann in den folgenden Jahrhunderten wenig Fortkommen im medizinischen Bereich zu beobachten. Im Gegenteil, es kam oft zu eher absurden Versuchen, gängige Beschwerden zu heilen. Hier seien nur einige genannt:

- Man setzte Quecksilber gegen die „Lustseuche" Syphilis ein, mit dem umwerfenden Erfolg, dass der Behandelte tatsächlich nicht mehr an Syphilis starb! Sondern an einer Schwermetallvergiftung.

- Selbst die Selbstbefriedigung des Menschen geriet zeitweise in den Fokus der Mediziner, die als deren Folge sie „Liederlichkeit, Haarverlust oder Gehirnerweichung" kommen sahen. Darum entwickelten sie sogenannte Antimasturbationskorsette, die speziell junge Menschen davon abhalten sollten, sich unsittlich zu berühren. Das muss ich jetzt mal loswerden, liebe Menschen: Eure über Jahrhunderte hinweg gepflegte Verklemmtheit jammert mich! Ich gebe ja zu, dass ich Liederlichkeit, Haarverlust und Gehirnerweichung bei vielen Eurer heutigen Zeitgenossen feststelle, kann euch aber versichern, dass die Gründe dafür nicht in der Onanie liegen!

- Lange Zeit setze die Medizin den Aderlass als probates Mittel gegen allerlei Beschwerden ein. Allerdings starb der Kranke dann oft erst recht, da man ihm ja seinen wertvollen Lebenssaft abzapfte.

- Die Ursache für Krankheiten sah man auch oft in dämonischen Kräften, die im Kopf des Menschen ihr Unwesen trieben, und so versuchte man, diese auch zu entfernen, indem man ein Loch in den Kopf des Betroffenen bohrte – auch hier oft mit einem lebensverkürzenden Effekt, wer hätte das gedacht?

An diesen Beispielen sieht man, warum der Begriff „finsteres Mittelalter" durchaus begründet ist. Aufwärts ging es dann auch in Europa in der frühen Neuzeit. Andreas Vesalius begann früh mit der Sezierung menschlicher Körper, so zum Beispiel im Jahr 1540 in Bologna, wo er eine öffentliche Sezierung vor hunderten von Menschen unternahm. Ein Film über sein Leben könnte lauten: „Leichen pflastern seinen Weg" – der ist aber meines Wissens schon vergeben. Zugegebenermaßen waren die Kirchen anfangs gegen diese Art der Untersuchung des menschlichen Körpers, und auch wenn manche Heilslehre in den Klöstern betrieben wurde, so muss ich zugeben, dass die Kirche oft auch Hemmschuh der modernen Medizin war. Allerdings machten sich auch einige Mönche und Nonnen gerade im Bereich der Kräuterkunde einen Namen. Wer hat noch nie den Namen

Hildegard von Bingen vernommen? Immer schneller schritt die Entwicklung der modernen Medizin in den folgenden Jahrhunderten voran. Viele Krankheiten, die Millionen Menschen in der Geschichte den Tod gebracht hatten, konnten durch Operationen oder Medikamente besiegt werden. Und eines war allen Versuchen gemein, den Menschen von Krankheiten zu befreien – es geschah aus der Motivation des Helfens heraus. Doch dieser Pfad wurde leider in den letzten Jahrzehnten mehr und mehr verlassen.

Irgendwann wurde der Patient nicht mehr nur als Mensch gesehen, den es zu heilen galt, sondern auch als Möglichkeit, finanziellen Gewinn aus ihm zu ziehen. Sicher mag es schon immer den einen oder anderen Quacksalber gegeben haben, der gepeinigte Menschen über den Tisch zog und dann schnell auch ziehen musste, nämlich weiter, um nicht selbst Schaden an der eigenen Gesundheit zu nehmen, doch heute ist es nicht mehr der einzelne, windige Mediziner, sondern das System, welches in Schieflage geraten ist. Schauen wir nur auf die Krankenhäuser in Deutschland. Einst erhielten sie Geld für jeden Tag, den ein Patient in ihnen verbrachte. Gut, das führte dazu, dass es oft unmöglich war, an einem Freitag entlassen zu werden – lieber beließ man den Patienten noch übers Wochenende – an dem ohnehin nichts geschah – an Ort und Stelle, um ihn dann erst am Montag als geheilt frei zu setzen. Doch heute erhalten die Kliniken nur eine pauschale Vergütung, je nachdem, welche Behandlung erfolgte. Dies führt dazu, dass Menschen schon kurz nach einer Operation, von Pflegern gestützt, aus dem Krankenhaus geführt und ihrem weiteren Schicksal überlassen werden. Bald wird es Operationen geben, bei denen die Ärzte rechts und links an einem Fließband stehen, der Patient wird vorbei transportiert, währenddessen operiert, und am Ende direkt in den Kofferraum des wartenden Taxis gekippt und nach Hause verbracht. Quasi „Cut and Go" – jetzt nicht mehr nur beim Friseur, sondern auch in der Medizin. Kein Wunder, dass inzwischen in manchen Krankenhäusern mehr Berater aus Unternehmungsberatungen wie Roland Berger oder McKinsey ein- und ausgehen als Patienten. Der Arzt ist nicht mehr in erster Linie Heiler, sondern mindestens genauso Unternehmer, der Gewinne erzielen soll. Und wie verhält es sich mit denen, ohne die jeder Krankenhausbetrieb sofort zusammenbrechen würde – mit den Krankenschwestern und Pflegern? Sie leiden unter immer mehr Druck und immer weniger Zeit für den Patienten. Klar, dass nur noch wenige diesen Beruf ergreifen wollen. Dabei hat doch gerade die Corona-Krise gezeigt, dass diese Menschen systemrelevant sind. Übrigens ein Adjektiv, mit dem während einer anderen Krise noch Banken bedacht wurden. Ach, die gute alte Zeit. Immerhin, wenn die Corona-Krise etwas Gutes brachte, dann, dass diese Menschen mehr Wertschätzung erhielten. Es wurde für sie geklatscht und gesungen! Gut, würde man diese Leute fragen – und sie hätten überhaupt Zeit für eine Antwort gehabt – so hätten sie vielleicht gesagt: „Klatscht nicht für uns! Entlohnt uns anständig und gebt uns gute Arbeitsbedingungen!"

Deshalb, liebe Menschen, was haltet Ihr von der Idee, die Medizin zu befreien vom Diktat der Ökonomie und des Profites? Es ist ja in Ordnung, wenn die Hersteller von Haarspangen, Haargel oder Haarshampoo Geld verdienen möchte, aber so etwas Notwendiges wie die medizinische Versorgung sollte nicht unter dem Druck stehen, am Jahresende einen Gewinn erzielt zu haben. Wozu diesen Gewinn? Um weiteren Gewinn zu erzielen? Und irgendwann diesen Gewinn in Aktien anzulegen – um dann was zu tun? Weitere Aktien zu kaufen? Nein, Krankenhäuser sind Häuser, in denen Kranke wieder gesund werden sollen und Ärzte und Pfleger und Helfer und Arzthelferinnen und Personal anständig und gut bezahlt und behandelt werden sollten. Das ist schon alles. Mehr müsst Ihr dem Krankenhaus nicht abverlangen. Dasselbe gilt übrigens auch für Straßenbahnen, Züge und dergleichen. Warum soll etwas Gewinn machen, was euch zu dienen hat? Es soll doch gerne kostenneutral am Ende des Jahres funktioniert haben, was bringt Euch dieser Profit? Manchmal seid Ihr auf eine witzige Weise schwachsinnig, liebe Menschen!

Und wenn wir schon beim Thema sind, was mich auf meiner Wolke im Himmel wirklich sehr erheitert hat, war, als während der Corona-Krise eine Demonstration in Deutschland ausfallen musste. Sie musste ausfallen, um der Ansteckungsgefahr durch das Coronavirus zu entgehen. Es war eine Demonstration von Impfgegnern. Nicht böse werden, liebe Menschen, ich wiederhole mich gerne: Ihr dürft alles machen! Ihr dürft Euch durchimpfen lassen, wenn Ihr an diesen Schutz glaubt. Ihr dürft auch Impfverweigerer sein, wenn Ihr glaubt, dass Ihr ohne Impfung durchkommt. Ihr kommt auch nicht in die Hölle, weil Ihr ungeimpft krank geworden und deswegen einen Mitmenschen angesteckt habt. Ihr dürft einfach nur Euren Verstand nutzen, Liebe geben und Liebe empfangen. Das ist eigentlich schon alles. Und, liebe Menschen, auch wenn Euch dieses Buch helfen soll, ein Bewusstsein für Euer Leben und Eure Seele zu entwickeln, Ihr dürft wegen

130

mir gerne weiterhin immer wieder komisch bleiben und mich amüsieren. Ich liebe Euch dafür!

An dieser Stelle sei der oben bereits erwähnte Hippokrates zitiert, der unter anderem sagte:

„Meine Verordnungen werde ich treffen zu Nutz und Frommen der Kranken, nach bestem Vermögen und Urteil; ich werde sie bewahren vor Schaden und willkürlichem Unrecht."

Weise Worte, die man sich heute wieder einmal ins Gedächtnis rufen sollte. Ins Gedächtnis all jener, die denken, Gesundheit sei ein billiges Gut oder sogar etwas, aus dem sich Profit ziehen lasse. Denn solange die Menschheit auf diesem Planeten wandeln wird, so lange wird sie den Kampf aufnehmen müssen gegen Krankheit und Gebrechen.

Tja, hätten Adam und Eva halt damals nicht in den Apfel ... na gut, ich bin ja schon still.

# Kapitel 26
## Meere

Was sind die Meere dieser Welt nicht alles? Für zahllose Fische und andere Lebewesen ein Lebensraum; für Fischer ein Reservoir, durch welches ihr Lebensunterhalt gesichert wird; für Erholungssuchende ein erfrischendes Nass und für viele einfach ein Sehnsuchtsort voller Weite und Geheimnisse.

Man könnte nun meinen, etwas, das eine solche Wichtigkeit besitzt, wird vom Menschen gehegt und gepflegt, doch das Gegenteil ist der Fall. Den Meeren geht es so schlecht wie nie – und ihren Bewohnern ebenfalls. Millionen Menschen auf der ganzen Welt erfreuen sich an lustigen Filmen wie „Findet Nemo". Doch wie viele würden sich dies noch ansehen, wenn die Situation dort realistisch dargestellt werden würde? Aus der Sicht eines Fisches, der der Vermüllung, der Überfischung und der Erwärmung seines Lebensraumes ausgesetzt ist? Nicht „Findet Nemo" müsste es heißen, sondern „Rettet Nemo"! Oder wie verhielte es sich mit „Moby Dick"? Der Kampf zwischen ihm und Käpt'n Ahab würde heute eher auf einer Art schwimmender Müllhalde stattfinden.

Doch beginnen wir mit dem Fischfang. Seit der Mensch an Flüssen, Seen oder Meeren lebt, ernährt er sich vom Fischfang. Bis vor fünfzig Jahren funktionierte das prächtig und man war der Meinung, die Meere könnten auf Ewigkeiten den Bedarf der Menschen an Fisch decken. Noch heute werben viele Restaurants – auch an deutschen Küstenorten – mit frischem Fisch. Korrekt wäre eher: „frisch aufgetaut". Denn da die eigenen Küstenregionen oft schon leergefischt sind, wird der Fisch aus anderen Gegenden importiert. Stellt euch analog vor, der italienische Pizza-Bäcker in der Toskana serviert euch eine Wagner-Pizza.

Es ist eine paradoxe Situation – die Fischer leben davon, aufs Meer hinaus zu fahren und dort Fische für ihren Lebensunterhalt zu fangen. Doch je mehr von ihnen hinausfahren und je mehr sie fangen, desto schneller geht der Bestand an Fischen zur Neige. Fangschiffe – auch aus der EU – fischen nun schon vor den Küsten Afrikas – mit der Folge, dass die dortigen Fischer gegen die Hochtechnologie-Schiffe der Konkurrenz nicht mehr ankommen, ihr Auskommen verlieren und oft versuchen, als Flüchtlinge nach Europa zu kommen. Da können sie dann wenigstens ihren einheimischen Fisch wieder im Supermarkt treffen. Nun, auch wenn die Fische nach und nach verschwinden – leer wird das Meer ja nicht bleiben. Das ist allerdings jetzt auch keine gute Nachricht, denn was finden wir schon heute im Meer: Plastik in allen Varianten! Eine PET-Flasche z. B. braucht angeblich 450 Jahre, bis sie verrottet ist. Wenn Ihr also heute eine solche Flasche ins Meer werft, so können sie eure Urururururur-Enkel noch finden. Mancher Forscher ist gar der Meinung, dass sich im Jahre 2050 mehr Plastik im Meer befinden wird als Fischbestand. Das Plastik landet in den Flüssen, die Flüsse fließen ins Meer, kleine Plastikteilchen werden von den Fischen aufgenommen, der Mensch holt die Fische aus dem Wasser und nimmt beim Essen das Plastik wieder zu sich. Ein fairer Kreislauf, könnte man sagen. Untersuchungen stellten ja schon bei Kindern fest, dass diese Plastik im Körper haben. Wer weiß, vielleicht wird es bald soweit sein, dass Verstorbene nicht mehr beerdigt werden, sondern einfach mit dem Plastikmüll rausgestellt werden dürfen.

Was auch zum unvermeidlichen Teil des Badeurlaubs an Seen oder Meeren geworden ist, sind riesige Plastikschwimmhilfen in Form von Meeresbewohnern wie Delfin und Hai oder gar Lebensmitteln; so wurden auch schon schwimmende Donuts gesichtet. Davon abgesehen, dass es ein unwürdiges Schauspiel darstellt, wenn erwachsene Menschen versuchen, sich im Wasser auf ein solches Ungetüm empor zu kämpfen und dabei oft genug scheitern, so sorgt schon die Sonneneinstrahlung dafür, dass auch von diesen Dingen Lösungsmittel ins Wasser gelangen. Und spätestens nach der dritten Benutzung entsteht irgendwo ein Loch und das Plastikungeheuer wird einfach am Strand liegen gelassen. Diese Produkte sind die SUVs der Meere – überdimensioniert und überflüssig und oft erworben mit dem Sinn, den anderen um einen herum zu zeigen, wer „den größten" hat.

Leider wird Euer Plastik nicht nur von den Meeresbewohnern als Nahrung aufgenommen, größere Teile davon wickeln sich um sie, als Folge ersticken sie oder werden ihrer Schwimmtauglichkeit beraubt. Und schließlich kommt auch hier wieder der menschengemachte Klimawandel hinzu – die Meere erwärmen sich, was für manche Arten das Überleben erschwert und sie dazu bringt, ihre angestammten Lebensräume zu verlassen. Viele Fischsorten zieht es z. B. polwärts, weil das Wasser dort kühler ist. Andere, wie die Korallen des Great Barrier Reefs, die nicht einfach „fliehen" können, nehmen irreparablen Schaden. Das Problem der Meere ist, dass sich fast jeder zu ihrer Ausbeutung und Nutzung berufen, aber kaum einer für ihren Schutz zuständig fühlt. Mit den Meeren verhält es sich also in etwa so wie mit der gemeinsamen Küche in einer Wohngemeinschaft – jeder trinkt gern das Bier aus dem Kühlschrank, aber keiner bringt den Müll raus. Und das war selbst zu meiner Zeit im Kloster nicht anders! Hier und da gibt es zwar bereits Erfolge und einzelne Staaten stellen ihre eigenen Küstenabschnitte – oder wenigstens Teile davon – unter Schutz. Immerhin fand 2017 in New York die erste „Welt-Ozean-Konferenz" statt. Zum ersten Mal gestand die Weltgemeinschaft sich ein, dass der Zustand der Meere ernst ist und man sie schützen muss. Ein spätes Bekenntnis. Wenn wir beim Bild der WG-Küche bleiben, so wäre es so, als ob sich kurz vor Silvester alle Bewohner mal an den Tisch setzen und eine gemeinsame Erklärung abgeben, die besagt, dass man dieses Jahr auch mal gründlich putzen müsse. Mit der Erstellung des Putzplans wartet man aber lieber bis nach Neujahr.

Und was kann der Einzelne tun? Eigentlich müsste man den Fischbeständen einige Jahre Ruhe gönnen und gar nicht mehr zum Fisch greifen. Mancher wird nun fragen – aber was soll ich dann essen? Vielleicht könnte ein findiger Unternehmer ja essbare Plastiktüten in Fischform herstellen, die man essen kann. Dann würdet Ihr den Unterschied gar nicht merken. Nun, zumindest könntet Ihr zu Fisch greifen, der zertifiziert ist. Ihr könntet darauf achten, kosmetische Produkte ohne Mikroplastik zu kaufen, und wenigstens beim Badeurlaub Euren Müll aufräumen.

Und, das ist jetzt eine ganz persönliche Bitte, verzichtet doch, wenn es geht, auf die riesigen, aufblasbaren Badetiere. Das wäre auch ein ästhetischer Gewinn und würde die Erde ein Stück schöner machen. Danke Euch!

# Kapitel 27
## Mobilität

Schon immer musste der Mensch von einem Ort zum anderen gelangen. Natürlich musste er nicht, er dachte halt, er muss. Anfangs lebte er gar als Nomade und zog regelmäßig weiter, wenn es an der einen Stelle nicht mehr genug Nahrung gab. Auch später, als er sesshaft wurde, musste er auf der Jagd oder Nahrungssuche immer wieder auch weite Strecken zurücklegen. Die ersten Jahrtausende geschah das immer zu Fuß – was den Menschen oft nicht davon abhielt, große Entfernungen zurückzulegen. Zur Zeit der Völkerwanderung setzten sich die Stämme in fast ganz Europa in Bewegung und verließen ihre angestammten Gebiete. Und ich rede jetzt nicht von den Sechzigerjahren, als ganz Baden-Württemberg im Sommer mit dem VW Käfer, drei Kindern und vier Koffern für 14 Tage nach Bibione an der Adria pilgerte. Ich rede vom vierten Jahrhundert nach Christi Geburt!

*... hallo Jesus! ... ja, ich spreche gerade von Dir! ... danke! ... Dir auch! Gruß zurück!*

... wo waren wir? Genau: Damals hat vielleicht mancher Germanen-Häuptling – wie Jahrhunderte später Horst, der Bajuware – geseufzt: „Migration ist die Mutter aller Probleme!" Etwas einfacher wurde es dann, als die Menschen sich Tiere als Transporthilfe zunutze machten. Mit den Kutschen kamen auch die ersten Gefährte hinzu. Luxuriös war das allerdings auch noch nicht – man war der holprigen Strecke ausgeliefert, dem Geruch der Mitreisenden ausgesetzt, es dauerte lange und auf dem Weg konnten Räuber und Diebe lauern. Mancher wird nun sagen: wie in jedem Regionalzug heute.

Doch lassen wir an dieser Stelle Wolfgang Amadeus Mozart zu Wort kommen, der eine Kutschfahrt wie folgt beschreibt:

„Ich versichere Sie, dass keinem von uns möglich war, nur eine Minute die Nacht durch zu schlafen – dieser Wagen stößt einem doch die Seele heraus – und die Sitze – hart wie Stein! Von Wasserburg aus glaubte ich in der Tat, meinen Hintern nicht ganz nach München bringen zu können!"

Nun, Mozart kam wohl schon mitsamt Hintern in München an, aber ein Luxus waren solche Reisen nicht. Die Zeit der Industrialisierung brachte dann auch einen großen Schritt in der Geschichte der Mobilität – 1813 konstruierte der Engländer William Hedley, ein Besitzer von Kohlegruben, die erste Lokomotive der Welt: „Puffing Billy" – rasante 8 Stundenkilometer schnell und mit lauten Geräuschen unterwegs. Doch selbst die ersten Eisenbahnen verunsicherten die Menschen sehr – die Kutscher und Stallknechte bangten um ihren Job, andere sahen in der modernen Technik einen Schachzug der Hölle. Als 1835 der erste Zug auch in Deutschland fuhr, urteilte mein Kollege, der Pfarrer von Schwabach: „Die Eisenbahn ist ein Teufelsding!" Das sagen heute noch viele, nicht nur Pfarrer, wenn sie im Schienenersatzbus sitzen. Andere mutmaßten damals, der Fahrtwind führe zu Lungenentzündungen und das rasende Tempo werde Gehirnverwirrung zur Folge haben. Wenn heute bei Zugfahrten „Gehirnverwirrung" entsteht, liegt das meist an ausgefallenen Zügen, Verspätungen, geschlossenen Bordrestaurants und Toiletten, die einem Labor für biologische Kampfstoffe ebenbürtig sind. Hatte man die Skepsis erst einmal überwunden, so etablierte sich die Eisenbahn als großartige Möglichkeit, schneller voran zu kommen als mit der guten alten Pferdekutsche. Doch von Individualverkehr konnte natürlich noch keine Rede sein.

Der Quantensprung im Bereich der Mobilität, manche sagen aber auch der größte Fluch, folgte dann gegen Ende des 19. Jahrhunderts. Gemeinhin gilt das Jahr 1886 mit dem Benz-Patent-Motorwagen vom deutschen Erfinder Carl Benz als das Geburtsjahr des modernen Automobils, das von da an seinen Siegeszug über die Welt antrat – als Fortbewegungsmittel, aber auch als Statussymbol! Noch heute gilt der Satz: „Das neue Auto ist nur solange toll, bis der Nachbar ein neueres hat." Tja, und wo kam gerade der Deutsche nicht überall hin mit seinen Fahrzeugen? In den Sechzigerjahren des vorigen Jahrhunderts brachten sie, wie beschrieben, Scharen von Urlaubern erstmals über den Brenner nach Italien, und 20 Jahre vorher bis weit nach Russland hinein. Doch immer mehr Autos sorgen für immer mehr Probleme. Gerade wenn die Menschen sich in endlosen Staus zur Arbeit quälen, wird der Begriff Mobilität ad absurdum geführt – denn der moderne Pendler ist eben die meiste Zeit immobil – und vor allem allein in seinem Auto sitzend. Durch die Klimadebatte hat zudem auch das Auto einen Ruf als „Umweltsau" erhalten. Nicht ohne Grund, macht der Straßenverkehr doch etwa ein Fünftel des $CO_2$-Ausstoßes aus. Die Rettung naht jedoch – das Elektroauto! Ja, nun träumt der Autofreund davon, emissionsfrei, lautlos und mit reinem Gewissen über die Straßen zu rollen. Doch ist dies vielleicht auch nur Augenwischerei in dem Bestreben, den Traum von der individuellen Mobilität weiter zu träumen? Welch riesige Infrastruktur an Ladestationen wäre nötig? Welche Energiemenge müsste zu welchen Zeiten wie erzeugt und bereitgestellt werden, um diesen enormen Bedarf zu befriedigen, wenn alle ein E-Auto hätten?

Liebe Menschen, ich weiß nicht, ob ich den Kopf schütteln oder lachen soll. Ihr propagiert eine Situation, dass alle ein E-Auto haben sollten, und hofft dabei inständig, dass es niemals soweit kommen möge, weil das gar nicht machbar wäre? Habt Ihr das Gefühl, dass Ihr Euren gottge-schenkten Verstand wirklich richtig einsetzt? Dazu kommt: Welch große Fortschritte bei der Reichweite müssten noch erzielt werden, um auch verlässlich nicht nur am Sonntag bei der Oma im zehn Kilometer ent-fernten Nachbarort anzukommen, sondern auch, um eine Urlaubsfahrt zu bestehen? Und um auf den eigentlichen Sinn des Elektroautos zurückzu-kommen – spart es wirklich so viel $CO_2$ ein, dass es eine umweltfreund-liche Alternative darstellt? Der stolze E-Auto-Besitzer, der sein Auto mit Kohlestrom betankt, ist wie ein Exhibitionist, der gegen FKK-Strände protestiert. Auch erzeugt die Gewinnung der Rohstoffe neue Umwelt- und Sozialprobleme. Allerdings nicht in den reichen Ländern, sondern dort, wo die Menschen sowieso schon seit Jahrhunderten unter Ausbeu-tung von Mensch und Natur leiden. Und was ja auch bleibt, ist die Tatsa-che, dass ein Auto, egal, ob mit Benzin, Diesel, Elektro, Brennstoffzelle oder Kartoffelschalen betrieben, Platz benötigt. Und Platz ist gerade in den Städten Mangelware. Untersuchungen haben ergeben, dass Autos in deutschen Großstädten zwischen zehn und zwanzig Prozent der Ver-kehrsfläche benötigen. Eine Untersuchung der RAC Foundation ergab, dass ein PKW in Großbritannien im Schnitt in der Woche 162 Stunden lang geparkt ist und 6 Stunden fährt, das entspricht einer Parkquote von 96,5 %! Es wäre also Augenwischerei zu denken, das Elektroauto könne die Antwort auf die Frage nach der Zukunft der Mobilität sein – vielleicht kann es in manchen Bereichen ein Baustein für den Übergang darstel-len, mehr aber auch nicht. Darüber hinaus gibt es ja auch für Euch eine weitere Art des Reisens, die zu meiner Zeit undenkbar war. Die Rede ist vom Fliegen. Als ich noch auf Erden wandelte, im späten Mittelalter, hätte man einen, der Folgendes prophezeit hätte, sofort in den Kerker geworfen, der Hexerei bezichtigt und verbrannt oder im für ihn besten Fall dem Zirkus mitgegeben, sobald der in die Stadt kam:

„Ich aber sage Euch, bald werden Menschen in große Kisten steigen, Adelige und Knechte zusammen, in Kisten, fein zurechtgedengelt vom Schmied! Inwendig werdet Ihr finden angeschmiedete Hocker mit Daunen gefüttert und bestem Tuche bezogen, außen befestigte Vogelflügel. Und alldieweil Euch darin Mägde süßen Saft, Met und Wildschwein darbieten werden, werden die Kisten mit donnerndem Gebrüll schneller sein als der Blitz und den Menschen an den Rand der Erdscheibe bringen und dabei …!"

„Steinigt ihn, er hat Gott gelästert!"

Heute ist das Fliegen für Euch nicht mehr wegzudenken, und selbst, wenn Euch Corona gezeigt haben sollte, dass mit Euren modernen Kommunikationsmöglichkeiten auch eine Videositzung mit dem Geschäftspartner in Übersee möglich ist, denkt Ihr doch, dass Ihr ihm für diese Unterschrift doch besser gegenübersitzen solltet – und ab geht die Post. Ihr verbrennt ja nur knapp fünf Liter Kerosin pro Person pro hundert Kilometer. In dieser Rechnung ist natürlich nicht bedacht, ob es wirklich notwendig ist, dass so viele Menschen so viele Kilometer in so kurzer Zeit zurücklegen müssen. Aber gut, Ihr dürft euch die Welt untertan machen und Ihr habt das auch sauber hingekriegt. Warum Ihr aber so gut wie nie bei kaum einer Sache Maß halten könnt, ist uns da oben mit Blick auf Euch da unten ein ständiges Rätsel. Wenn Ihr die Idee des Fliegens nicht aufgeben wollt, in Ordnung. Aber braucht Ihr dazu insgesamt achtunddreißig Flughäfen in einem kleinen Land wie Deutschland? Braucht jeder Bürgermeister sein eigenes, hochsubventioniertes Prestigeobjekt? Braucht München einen Flughafen? Ihr sagt ja – Memmingen auch? Dasselbe gilt für Kassel-Calden, Lübeck-Blankensee, Oberpfaffenhofen und viele andere mehr.

Schneller, weiter, öfter; Ihr verwechselt Quantität mit Qualität und macht damit Euren Planeten nachhaltig kaputt, weniger für Euch selbst als vielmehr für Eure Kinder und Kindeskinder. Das sind die Konsequenzen Eures Tuns, ich könnte es Euch in jedem Kapitel aufs Neue niederschreiben. Wenn Ihr diese Konsequenzen ertragen mögt, dann macht weiter so. Wenn Ihr eure Welt gerne anders hättet, dann wäre das zu schaffen, ohne wirklichen und schmerzhaften, sondern stattdessen intelligenten Verzicht zu üben. Setzt doch einfach nur ein bisschen Euren gottgegebenen, gesunden Menschenverstand wieder ein, dann seht Ihr die Wahrheit. Klar, dass sich in einem Autoland wie Deutschland die Politik naturgemäß darum drückt, dem Menschen Unangenehmes zu verkünden, also sage ich es Euch: Dann muss eine andere Art von Mobilität gefunden werden. Manches ist heute schon möglich, sogar der Einzelne kann hier und da etwas ändern.

Was haltet Ihr davon, bei jedem Flug vorher nachzudenken, ob er wirklich notwendig ist? Flüge, die nicht notwendig sind, einfach nicht anzutreten? Flüge, die nach Eurem Ermessen notwendig sind, anzutreten, ohne schlechtes Gewissen den Flug genießen, vielleicht einen $CO_2$-Ausgleich bezahlen und zwei Wochen später einen großen Stolz darüber empfinden, dass sich wenigstens der Folgeflug hat vermeiden lassen? Ungefähr die Hälfte aller Autofahrten umfasst eine Strecke von höchstens sechs Kilometern. Davon könnten einige doch durchaus mit dem Rad oder zu Fuß zurückgelegt werden. Oder mit dem E-Bike und dem Bus? Hattet Ihr nicht schon eine Zeit, in der sich – angestachelt durch die Erfolge eines Jan Ulrich – Millionen von Euch aufs Rad schwangen? Sicher, manchmal unter fragwürdigen ästhetischen Rahmenbedingungen, wenn sich übergewichtige Mittfünfziger in ihr altes Team-Telekom-Renntrikot zwängen und dann auf der Straße aussehen wie eine Presswurst im pinkfarbenen Enddarm. Für einen Autofahrer, der so was vor sich hat, bekommt der Begriff „Bremsbacke" dann eine ganz neue Bedeutung.

Aber wäre so etwas nicht wiederholbar – diesmal mit ökologischer Motivation? Gerade für den deutschen Mann ist das Auto aber auch der letzte Rückzugsort – daheim ist er von der Familie umgeben, in der Arbeit von Kollegen und Chefs, aber im Auto gilt: „my car is my castle". Das Auto ist dem deutschen Mann ans Herz gewachsen wie sonst nur seine Jogginghose. Und hier gibt es durchaus Parallelen; man(n) fühlt sich einfach wohl, wenn man(n) drin ist – und der Geruch ist auch vertraut.

Natürlich braucht es auch neue Konzepte für den öffentlichen Verkehr, gerade auf dem Land. Dort gibt es besonders viel zu tun. Während einige Politiker schon von Flugtaxis träumen, muss die Landbevölkerung hoffen, dass der eine Bus am Tag, der sie in die Stadt bringt, auch wirklich kommt. Viele sind aber schon durch mehrere Jahre Bustransport während der Schulzeit dermaßen traumatisiert, dass sie für den Rest ihres Lebens darauf verzichten, ein solches Gefährt zu besteigen. Durchaus verständlich, ähneln die räumlichen Zustände in Schulbussen ja oft denen in einer Legebatterie. Hier muss die Politik ansetzen und den Menschen Angebote machen, die sie auch im Alltag im wahrsten Sinne des Wortes voranbringen. Und, liebe Menschen, natürlich denkt Ihr jetzt: „Ja, ja, die Politik, die macht das ja nicht. Die macht eh nicht, was wir wollen!"

Menschen? Ihr habt diese Politik gewählt! Wenn Ihr möchtet, dass eine andere Politik gemacht wird, dann wählt einfach eine Partei, die eine andere Politik anbietet. Wenn sie nachher nicht umsetzt, was sie im Wahlkampf versprochen hat, dann wählt sie unmittelbar wieder ab. Macht das so lange, bis die Politik begreift: Wir sollten das umsetzen, was wir versprechen, sonst mögen Sie uns nicht. Dann wäre schon viel erreicht! Versucht es wenigstens! Alles, was in die richtige Richtung geht, kann den Weg in die falsche Richtung abmindern. Und auch wenn der eine oder andere ganz depressiv wird in der Aussicht, in Zukunft mehr Zeit mit anderen Menschen in einem Bus oder einer Bahn verbringen zu sollen, so sei er getröstet – besser als in der Pferdekutsche wird es allemal, und Angst, ohne sein Hinterteil anzukommen wie einst Mozart muss ja auch keiner mehr haben. In diesem Sinne: Hintern hoch für eine neue Zeit der Mobilität!

*Bruder Christophorus? Eigentlich wolltest Du sagen: „Arschbacken zusammenpressen", stimmts?*

Stimmt, ist aber eines Geistlichen wie mir unwürdig.

*Und dabei dachte ich, Du sagst hier ganz unverblümt, was Du denkst?*

Scheiße, Du hast recht.

*„Scheiße" darf ein Geistlicher sagen?*

Scheiße noch mal: Nein! Weiter jetzt!

# Kapitel 28
## Neoliberalismus

Da, wo ich dieses Buch verfasse. Stopp, sagen wir so: Dort, wo ich es denke und meinem namensgleichen Knecht auf der Erde in den Rechner hineindiktiere, dort gibt es keine Zeit. Zeitgleich wie ich dieses Buch denkend diktiere und mein treuer Knecht es unten schreibt, wird es auch verlegt, gedruckt, ausgeliefert, gekauft und gelesen. Und so sehe ich zeitgleich auch gerade bei diesem Kapitel viele Leserinnen und Leser sich den Kopf kratzen und denken: „... sind wir denn schon beim Thema Religion? Ich dachte, das findet unter „R" statt?

Tatsächlich befinden wir uns mit dem Thema „Neoliberalismus" im Grenzbereich zur Religion. Er wird von vielen Menschen auf diesem Planeten oft kritiklos angebetet. Die Religion des Neoliberalismus verehrt den Gott des Marktes und ist dabei aggressiver und unnachgiebiger als alle anderen Glaubensrichtungen. Natürlich hat auch der Neoliberalismus seine Propheten – die in der jüngsten Vergangenheit trugen Namen wie Mahatma Reagan und Mohammed Thatcher und ihre Heilsversprechen waren Abbau des Sozialstaates, Senkung der Steuern und Deregulierung, denn der Gott des Marktes regelt alles!

Gut, nun könnte man einwerfen – so war das ja gar nicht gedacht von seinen Erfindern. Immerhin wurde ja das „Neo" vor den Begriff des Liberalismus gesetzt, um zu zeigen, dass man nicht mehr zurückwollte zur Frühzeit des Kapitalismus. Man wollte keine Spaltung der Gesellschaft mehr in Arm und Reich, in Mächtige und Ohnmächtige. Und darauf sollte der Staat achten. Aber im Laufe der Zeit wurde das wohl wieder vergessen. Oder jene, denen zu viel Staat schon immer suspekt war, haben gezielt daran gewirkt. Natürlich muss man zugeben, dass Ihr in Deutschland zum Glück noch immer weit entfernt seid von den Anfangszeiten der Industrialisierung. Es gibt soziale Sicherungssysteme gegen Krankheit oder Arbeitslosigkeit. Diese wurden übrigens damals vom Staat ins Leben gerufen, und zwar weniger aus der Erkenntnis heraus, dass man den Armen und Ausgebeuteten helfen muss, sondern eher aus Angst, diese würden dann in zu großen Massen zu den Sozialisten und Sozialdemokraten überlaufen. Es gibt natürlich auch jede Menge vorbildliche Unternehmen, vor allem in der mittelständischen Industrie, für die soziale Verantwortung kein Fremdwort ist. Ich schaue oft herunter auf Euer Land und bin auch hier manchmal zu Tränen gerührt; es gibt wirklich sehr viele gute Menschen bei euch, vom Heiligen Geist beseelt, die für die Gerechtigkeit brennen, egal in welcher Position sie stehen. Davor würde ich meinen Hut ziehen, wenn ich einen aufhätte. Aber, als ehemaliger Klosterbruder aus dem späten Mittelalter sei mir dieser deftige Spruch verziehen: Ein einziger Furz verpestet die Luft im ganzen Speisesaal.

Auch Euer Sozialstaat ist ständig bedroht, weil Unternehmen gerne klagen über die ach so hohen „Lohnnebenkosten" und sie auch in der Politik immer wieder Fürsprecher finden. Manchmal sogar auf Seiten derer, von denen man es am wenigsten erwarten konnte. Für den größten Kahlschlag in der Geschichte des Sozialstaats war immerhin die SPD zuständig, mit ihrem damaligen Kanzler Gerhard Schröder und der Einführung der Hartz-Gesetze. Ironischerweise ersonnen vom VW-Manager Peter Hartz, der einige Jahre später Schlagzeilen machte, weil er Lustreisen für Personalräte organisiert hatte. Sicher waren die Tagessätze der da beteiligten Edel-Prostituierten oft höher als das Monatssalär eines Hartz-IV-Empfängers. Gut, aber ein solcher hat sicher andere Probleme, als darüber zu trauern, dass er es sich nicht leisten kann, mit einer brasilianischen Luxus-Nutte ein Schäferstündchen abzuhalten. Oder zwei. Also zwei Stunden mit einer. Oder eine Stunde mit beiden, ich schweife ab … Andere sagen, Gerhard Schröder hat damit die Weiche gestellt, dass aus Deutschland, dem vormals „kranken Mann Europas" die Lokomotive werden konnte. Ich bin hier oben der göttlichen Dichotomie verhaftet; ich frage mich, warum Ihr es nicht schaffen könnt, beides zu vereinen: Deutschland wirtschaftlich fit zu kriegen, ohne die sozial Schwachen dabei zu verlieren und der Umwelt in den Hintern zu treten. Aber fairerweise leiden nicht nur die Betroffenen unter diesem massiven Einschnitt in die Sozialsysteme – auch die SPD zahlt die Quittung dafür noch heute, wohingegen Gerhard Schröder sich sicher nicht um mangelnde Einnahmen beklagen kann. Auch die FDP hat sich spätestens seit der Westerwelle-Ära von einer Partei des sozialen Liberalismus zu einer Verfechterin eines marktradikalen Neoliberalismus gewandelt. Urgesteine wie Burkhard Hirsch, Gerhard Baum oder Sabine Leutheusser-Schnarrenberger wirkten da die letzten Jahre schon wie Dinosaurier an Bord eines Raumschiffs. Und selbst in der Union gibt es immer Versuche, den Markt über alles andere zu erheben. Hier ein schönes Zitat von Angela Merkel: „Wir leben ja in einer Demokratie und das ist eine parlamentarische Demokratie und deshalb ist das Budgetrecht ein Kernrecht des Parlaments, und insofern werden wir Wege finden, wie die parlamentarische Mitbestimmung so gestaltet wird, dass sie trotzdem auch marktkonform ist." Die parlamentarische Mitbestimmung, also ein Kernelement der Demokratie, soll marktkonform sein. Einer, der wie kaum ein anderer Politiker für den Neoliberalismus steht, wollte ja immer schon an Merkels Stelle sein: Friedrich Merz, der ja nach seinem Abgang aus der Politik erst mal in mehreren Aufsichtsräten saß und lange Zeit vor allem die Interessen des weltweit größten Vermögensverwalters BlackRock vertrat, hat ja schon einige Duftmarken gesetzt und nutzte sogar die Corona-Krise für solche Bemerkungen: „Wir sollten nach der akuten Krise alle staatlichen Leistungen von Bund, Ländern und Gemeinden auf den Prüfstand stellen." Natürlich kleiden die Jünger des Neoliberalismus ihre Prophezeiungen nicht in düstere Gewänder – die positiven Seiten der totalen Freiheit sollen im Vordergrund stehen, denn dem Neoliberalismus geht es ja angeblich immer um die Freiheit, aber die Waage zwischen der Freiheit des Marktes und der des Einzelnen ist doch sehr ins Ungleichgewicht geraten. Wer in seinem Job scheitert oder keinen mehr findet, der ist halt mal nicht gut, nicht schnell oder nicht einfallsreich genug. Wer nicht immer fit und gesund ist, der ist halt nicht belastbar genug. Wer kritisch ist und nachfragt, der ist ein Störenfried. Die Abhängigkeit des Einzelnen wird verbrämt als tolle Chance, durch Eigeninitiative alles erreichen zu können. Angefeuert wird aber auch ein Konkurrenzkampf, der für den Einzelnen alle anderen zu Konkurrenten macht. Und wer sich als Unternehmer gleich ganz von jeglichem sozialen Verantwortungsgefühl abtrennen will, der verpflichtet einfach Subunternehmer, die Subunternehmer verpflichten, die Subunternehmer verpflichten, die Arbeiter verpflichten, die zu Hungerlöhnen und bei niedrigsten Sozialstandards schuften. Und der ursprüngliche Auftraggeber kann sich entspannt im noblen Chefsessel zurücklehnen, die Arme in die Luft werfen und sagen, er habe ja mit dem Ganzen nichts zu tun, das sei ja Sache des Subunternehmers des Subunternehmers des Subunternehmers. Man fühlt sich an die russischen Matroschka-Puppen erinnert, die alle ineinanderstecken. Aber selbst die kleinste der Puppen steckt nicht nur in der nächstgrößeren drin, sondern in allen davor.

Interessant wird es vor allem dann, wenn der Freiheit des Marktes alles untergeordnet wird, solange die Risiken nur auf dem Rücken der Beschäftigten abgeladen werden. Sobald aber Umstände eintreten, die dafür sorgen, dass es an den eigenen Geldbeutel von Konzernen oder Unternehmen geht, dann sieht es oft ganz anders aus. Da werden Gewinne dann privatisiert, aber Verluste sozialisiert. Sprich, wenn es gut läuft, dann nehmen sie gerne alles mit, aber wenn es schlecht läuft, dann soll uns bitte der Staat, sprich die Allgemeinheit unter die Arme greifen. Interessant vor allem, dass diese Einstellung sogar dann gilt, wenn die Verantwortung für die schlechte Situation bei der Branche selbst liegt wie zum Beispiel bei der Bankenkrise. Das ist eine Doppelmoral, die der des Pfarrers gleicht, der von der Reinheit der Kinder predigt und sich dann am Messdiener vergreift. Und die Folgen des Neoliberalismus reichen noch viel weiter, denn er entert ja immer mehr Lebensbereiche. Seine Ideologie macht nicht halt in der Wirtschaft, wir finden sie auch immer mehr im Gesundheitswesen, in Schulen oder Universitäten. Überall dringt man auf Kosteneffizienz und Produktivität. Nicht mehr lange und Berater von McKinsey werden auch in Kindertagesstätten auftauchen und herausfinden, wie die Dreijährigen dazu angehalten werden können, pro Stunde noch mehr Bauklötze aufeinanderstapeln zu können.

Aber was ist mit der viel beschworenen Freiheit des Einzelnen, die der Neoliberalismus doch zu bieten scheint – als Gegenentwurf vom durch den Staat gegängelten Individuum? Es ist eine Scheinfreiheit. Sehr schön formuliert von der amerikanischen Autorin und Politikwissenschaftlerin Wendy Brown: Sie spricht von einer negativen Freiheit. Es ist die Freiheit des Insassen eines Todestraktes, der über seine Exekutionsmethode entscheiden kann.

Wenn wir noch mal zurückkommen zu Angela Merkel und ihrem Wunsch nach einer marktkonformen Demokratie – vielleicht müssten wir lieber für das Umgekehrte kämpfen: Für einen demokratiekonformen Markt, auf dem der Einzelne Mensch sein darf und nicht nur Humankapital.

Was Ihr tun könnt? Warum zapft Ihr nicht mal das an, was das göttliche „Alles-Was-Ist" für Euch zur freien Benutzung zur Verfügung gestellt hat und was Ihr hier unten „Empathie" nennt? Arbeiter, versetzt dich doch mal in die Rolle Deines Chefs; willst du seine Verantwortung tragen? Willst du jemand sein, der auch Sonntag um elf Uhr noch über den Bilanzen der Firma sitzt? Und, Hand aufs Herz, könntest Du das alles? Hast Du die Bildung, das Wissen, die Weisheit, die Erfahrung, das große Schiff so zu lenken, wie er es als Kapitän tut? Nein? Dann freu Dich, dass er diese Arbeit für Dich macht, und gönn ihm einfach auch ein bisschen mehr am Betrieb, als Du es hast.

Chef, versetz Dich doch mal in den Arbeiter hinein, er schuftet 40 Stunden die Woche für Dich und Deine Firma und möchte dafür auch anständig bezahlt und die ihm zustehende Anerkennung erhalten. Wäre das nicht möglich?

Natürlich wäre es möglich und es würde Euch allen mehr Glück bescheren. Mehr Glück heißt weniger Krankheit, mehr Lebensfreude, mehr Gerechtigkeit, mehr Erfüllung, mehr positive Energie, weniger Probleme. Wenn Ihr das wollt, ändert Euer Verhalten. Wenn Ihr das nicht wollt, macht weiter wie bisher. Eure Entscheidung. Nächstes Kapitel.

Treuer Knecht, brauchst Du eine Pause?

*Woher!*

Gut, weiter!

# Kapitel 29
## Onlinehandel

Jaja, früher, da sind die Menschen noch unter Einsatz ihres Lebens losgezogen, um sich die wichtigsten Dinge zu sichern, die sie brauchten: Essen und Kleidung. Schon die Steinzeitmenschen mussten regelmäßig auf die Jagd gehen, um dadurch ihr eigenes Überleben zu sichern. Okay, ab und zu ist einem Eurer Vorfahren dann ein Mammut auf den Kopf getreten *(er sitzt gerade bei mir und lacht)*, aber das gehörte halt dazu. Dafür waren die Leute damals regelmäßig an der frischen Luft, blieben fit und wussten, was die wirklich wichtigen Dinge des Lebens waren. Später saß man beim Feuer zusammen, besprach im Kreise der Frauen die Probleme der Emanzipation und Gleichberechtigung, genoss das Erbeutete und die kreativ Begabten malten noch ein schönes Jagdbild an die Höhlenwand.

Heute sitzt Ihr bequem vor Eurem Computer oder auf dem Sofa, mit dem Smartphone in der Hand, und scrollt durch Eure bunte Konsumwelt. Mit einem Klick lasst Ihr Euch Eure Waren frei Höhle liefern und statt einer Wandmalerei macht Ihr höchstens noch ein Selfie, das Euch breit grinsend mit Euren neuen Turnschuhen oder dem neuen Handy zeigt, damit Ihr diesen aufwendigen Jagderfolg gleich auf Facebook oder Instagram posten könnt. Diese Freude hält allerdings nur solange an, bis ein anderer eine noch tollere Variante postet, also höchstens ein paar Minuten. Natürlich ist das alles schön bequem, aber ein bisschen Mühe täte Euch gut! Gott bewahre; keiner will, dass Ihr noch Mammuts jagen geht! Zum einen habt Ihr die sowieso längst ausgerottet und zum anderen möchte ich mir gar nicht vorstellen, wie das aussehen würde, wenn Ihr Wohlstandsbürger versuchen würdet, so ein Tier zu erlegen. Wahrscheinlich würdet Ihr dazu erst mal im Internet ein Tutorial anklicken, Euch dann verschiedene Erfahrungsberichte reinziehen, Euch bei einem Mammut-Jagd-Event anmelden, das das Geld zurückzahlt, wenn kein Mammut erlegt wird. Ich sehe vor meinem geistigen Auge Eure Auseinandersetzung, wenn es ums Aufteilen der Beute geht und die Nacharbeit, wenn Ihr das Erlebte in einer Gesprächsgruppe, einem Stuhlkreis oder individuell bei und mit Eurem Therapeuten verarbeitet. Soweit sollt und könnt Ihr gar nicht gehen. Aber ein klein wenig Anstrengung dürfte schon noch dabei sein. Gottvater hat Euch ja auch nicht einfach online bestellt, sondern eigenhändig erschaffen. Rückblickend betrachtet wäre das Bestellen vielleicht besser gewesen, dann hätte er Euch wenigstens kostenlos zurückschicken können, und Ihr hättet auf jeden Fall nur einen Stern bekommen. Begründung: „Produkt bringt von der Ausstattung her alles mit, versagt aber im Alltagseinsatz komplett!"

Spaß beiseite, kommen wir mal zu den Fakten: Von 2009 bis 2019 hat sich der Umsatz im Online-Handel verdreifacht! Jeden Tag werden allein in Deutschland 12 Millionen Sendungen verschickt!

Aber mal ehrlich gefragt – wem nutzt es wirklich? Wer profitiert von Eurem digitalen Konsumrausch? Jeff Bezos, der Chef von Amazon? Dieser Meister Proper für Arme? Da wird Lohndumping betrieben, Betriebsräte und Gewerkschaften werden bekämpft und Steuern vermieden, und sonntags in der Kirche bittet man dann den lieben Gott, an die Armen zu denken! Warum wollt Ihr Euch nicht mal selbst drum kümmern? Und dabei das universelle Gesetz genießen, das Euch geschenkt wurde und welches lautet: Geben gibt? Wenn Ihr gebt, signalisiert Ihr, dass Ihr habt; wenn Ihr nehmt, signalisiert Ihr, dass Euch immer etwas fehlt – und mit diesem Gefühl steht Ihr morgens auf und geht abends damit ins Bett. Gott wünscht Euch allen immer das allerbeste, und das allerbeste ist: Wenn alle haben, was sie brauchen, dürfen sie sich auch abends mit diesem satten Gefühl schlafen legen. Wenn Ihr aber immer nur an Euch denkt, „me first", und das gilt auch ganz besonders für Dich, Jeff Bezos, was sind die Begleiterscheinungen? Es sind ja nicht nur die Billiglöhner in den Packfabriken von Amazon und Co. – es sind völlig gestresste und unterbezahlte Paketboten, es ist die Vernichtung von neuwertigen Waren und das Aussterben der kleinen Läden. Und wenn Ihr dann doch mal wieder in die Stadt geht, dann regt Ihr Euch darüber auf, dass hier und da schon wieder ein Geschäft zugemacht hat. Da ärgert sich dann die Ursache über die Folgen! Es gibt schon Orte auf Eurer schönen Erde, die sind so ausgestorben, man wartet nur noch darauf, dass diese großen Grasballen aus den Westernfilmen durch die Straßen geweht werden.

Dabei hätte es doch viele positive Effekte, einfach mal wieder in einen echten Laden einkaufen zu gehen: Man fördert den Einzelhandel, trifft vielleicht sogar andere Menschen, die man kennt und wird gut beraten! Und Ihr könnt Euch die Produkte auch in Ruhe anschauen – da kommt dann nicht ständig eine Verkäuferin angerannt und sagt: „Schauen Sie mal, Kunden, die dieses Produkt kauften, kauften auch diese Produkte hier!"

Und kein Laden will auch ständig, dass Ihr ihn oder seine Produkte bewertet – man will einfach nur, dass Ihr wiederkommt, denn das ist das beste Zeichen, dass Ihr zufrieden wart. Natürlich gibt es noch einige besondere Schlaumeier unter Euch, die durchaus in den Laden gehen, sich dort stundenlang zu einem Produkt beraten lassen, schließlich sagen: „Ich muss mir das noch mal überlegen!", um dann sofort daheim dasselbe Produkt online zu bestellen, nur weil es vielleicht ein paar Euro billiger ist. Gott wertet und urteilt nicht, denkt selbst nach, wie Ihr das findet! Man muss nicht immer im Amazonas baden! Oft bereitet das kleine Schwimmbad um die Ecke sogar mehr Vergnügen. Also, geht raus, geht zu den analogen Läden, kauft dort ein, lasst Euch beraten – und habt keine Angst: Heutzutage besteht nicht einmal die Gefahr, dass Euch ein Mammut auf den Kopf tritt!

*So, Vorfahr, genug gelacht, jetzt kriegt jeder noch einen Teller Manna, noch zehn Minuten Harfe – und dann gehts ab in die Wolke!*

# Kapitel 30
## Parteien

Zu meiner Zeit gab es keine Parteien. Es gab Könige. Wie Ludwig XIV, den Sonnenkönig. Ich habe ihn erst hier oben kennengelernt, als armer Geistlicher bin ich zu Lebzeiten natürlich nie an seinen verruchten Hof gelangt. Jedenfalls, der kann Geschichten erzählen, sage ich Euch. In Deutschland würde er umgehend ins „Sommerhaus der Stars" gelangen, in Amerika würde er umgehend zum Präsidenten gewählt werden.

In ihrer Entstehungszeit waren Parteien lose Verbindungen, um bestimmte Kandidaten zu unterstützen; diese Parteien lösten sich oft nach den entsprechenden Wahlen wieder auf. In Deutschland entstanden die ersten dauerhaften Parteien Mitte des 19. Jahrhunderts. Heute gehören für Euch alle Parteien zum politischen Alltag – und manchmal hat man gar das Gefühl, dass sie über dem Parlament stehen. Es ist nahezu unmöglich, als Kandidat ohne Partei in den Bundestag zu kommen. Nur die Infrastruktur und Unterstützung durch den Apparat schafft die Voraussetzungen dafür. Doch man muss auch einiges tun, wenn man nicht gerade als prominenter Quereinsteiger von der Partei hofiert wird. Und Quereinsteiger werden wiederum von jenen nicht gerne gesehen, die schon lange in der Partei aktiv sind und sich von den Neulingen oft um die Mühe ihres Lohns gebracht sehen. Wer Karriere machen will, der sollte so früh wie möglich in eine Partei oder deren Jugendorganisation eintreten und sich darauf gefasst machen, in den nächsten Jahren und Jahrzehnten Tausende von Plakaten aufzuhängen, Kugelschreiber und Luftballons auf Marktplätzen von deutschen Kleinstädten zu verteilen und unzählige Abende von Ortsgruppentreffen zu überstehen, ohne einzuschlafen oder aus Verzweiflung Selbstmord zu begehen. Natürlich sollte man sich auch mit den wichtigen Vertretern der Partei gut stellen – hier hilft eine Mischung aus Unterwürfigkeit und Hartnäckigkeit, um ans Ziel zu gelangen. Wer diese Bereitschaft über lange Zeit an den Tag gelegt hat, dem stehen irgendwann alle Türen in der Partei offen. Besondere Fähigkeiten oder Qualifikationen sind dann nicht mehr so wichtig; visionäre Ideen, vor allem, wenn sie auf Veränderungen innerhalb der Partei abzielen, sogar eher hinderlich.

Allerdings finden so dann oft diejenigen den Weg in entsprechende Funktionen, die eben das stromlinienförmigste Verhalten an den Tag legen. Oft wird ja geseufzt, es gebe keine charismatischen Charakterköpfe mehr in der Politik. Kaum vorstellbar, dass sich heute Typen wie Brandt oder Wehner durch die Parteienhierarchie an die Spitze kämpfen könnten. Wahrscheinlich würden sie schon früh entnervt aufgegeben. Sagen wir: an Tag zwei. Stattdessen trifft man heute oft Karrieristen an, die kaum etwas anderes als das Innenleben ihrer Partei kennen und daher oft auch wenig Ahnung davon haben, was im „normalen Leben" abläuft – und dann auch meistens so handeln.

Aber all die Anstrengungen sollen sich halt auch lohnen und wenn man dann Glück hat, kann es passieren, dass man irgendwann als Vertreter seiner Partei in einem Parlament oder sogar in einer Regierung landet. Allerdings erwartet die Partei dann natürlich auch lebenslange Dankbarkeit. Daraus entsteht oft ein großes Dilemma: Auf der einen Seite soll der Abgeordnete seine Entscheidungen völlig frei treffen dürfen, aber jemand, der zu oft von der Linie der Partei oder Fraktion abweicht, wird bei der nächsten Wahl eventuell nicht mehr nominiert. Die einen sagen: „Schere im Kopf", die anderen „Fraktionszwang" dazu. Da stellt sich dann für manchen Politiker die Frage: Karriere oder Haltung. Natürlich kann man nicht immer nur den Parteien Vorhaltungen machen. Manchmal würde es wahrscheinlich eines selbstquälerischen Aktes gleichkommen, dem Wähler die Wahrheit zu sagen oder ihm unpopuläre Entscheidungen aufzunötigen.

Wie sehr die Parteien an ihren Pfründen festhalten, zeigt sich aber auch daran, dass der Bundestag immer aufgeblähter wird. Wenn es so weitergeht, dann hat jeder Bundesbürger bald seinen eigenen Abgeordneten im Parlament sitzen. Aber eine Wahlrechtsreform, die die Zahl der Volksvertreter begrenzt, wird von jeder Legislaturperiode auf die nächste verschoben. Im August 2020 konnte man sich innerhalb der Parteien sensationellerweise darauf einigen, von den sechsundvierzig aktuellen Überhangmandaten etwa drei zu reduzieren, und hat das dem Wähler mit der sensationellen Nachricht verkauft: Damit sei die Chance groß, dass der nächste Bundestag zumindest nicht größer sei als der jetzige. Motto: Freut euch Kinder, die Verschlimmerung wird jetzt erst mal nicht schlimmer, sondern bald besser! Und wer zahlt die Zeche? Der Steuerzahler. Da kommt einem der böse Vergleich in den Sinn: Der Versicherungsvertreter verkauft Versicherungen, der Volksvertreter verkauft …

So wächst natürlich die Frustration in der Bevölkerung immer weiter und die Politikverdrossenheit nimmt zu – aber vielleicht ist es ja eher eine Parteienverdrossenheit? Diese drückt sich in ständig sinkenden Mitgliederzahlen aus. Problematisch für die Parteien ist auch die Tatsache, dass die Zeit der echten Volksparteien endgültig vorbei zu sein scheint. Einst war klar, dass Union und SPD den Großteil der Stimmen kassierten und die FDP das Zünglein an der Waage spielte. Heute gibt es sogar immer mal wieder Zeiten, in denen es laut Umfragen nicht einmal mehr für eine große Koalition reicht. Vor allem die SPD hat diesen Absturz heftig zu spüren bekommen – angesichts des Zuspruchs der ehemaligen Arbeiterpartei heute mutet es auch immer etwas belustigend an, dass die SPD überhaupt noch einen Kanzlerkandidaten aufstellt. Wer für diesen Posten nominiert wird, der muss in einem früheren Leben wirklich etwas Schlimmes angestellt haben, für das er noch eine Strafe verdient. So wird natürlich auch die Regierungsbildung immer schwieriger. Aber vielleicht müssen da die Parteien auch flexibler werden – nicht nur, was die Auswahl der Bündnispartner angeht. Hier ist ja schon erstaunliches geschehen: Wer hätte es einst für möglich gehalten, dass die CDU in Baden-Württemberg als kleiner Junior-Partner in eine Regierung mit den Grünen einsteigt? Nun gut, jeder lebt seine masochistische Ader auf seine Art aus. Auch Minderheitsregierungen scheinen in Zukunft durchaus eine Möglichkeit zu sein – auch wenn keine Partei sich so etwas wünscht. Kein Wunder, „Durchregieren" ist hier völlig unmöglich. Man muss gute Argumente finden, um andere von seinem Vorhaben zu überzeugen – und das wäre natürlich eine zu große Umstellung.

Viele der etablierten Parteien tun sich auch schwer damit, dass sich vor allem junge Wähler heute nicht mehr über TV-Werbespots oder Plakate mit mehr oder weniger inhaltsleeren Versprechen erreichen lassen, in denen die Worten „Vertrauen", „Zukunft" oder „Solidarität" in gerne sinnarmen oder sinnlosen Zusammenhängen verbaut werden.

Wenn Ihnen gerade langweilig ist, liebe Leserinnen und liebe Leser, haben Sie jetzt auch die Möglichkeit aus diesen Worten schöne Werbeslogans zu bauen und dann mit ihrem Partner zu wetten, für welche Partei da geworben wird. Ich biete an:

Vertrauen in die Zukunft/CDU

Solidarität schenkt Zukunft/SPD

Vertrauen.Macht.Zukunft./Die Grünen

Ohne Zukunft kein Vertrauen/FDP

151

Zukunft den Deutschen/AFD

Oder auch: Versolkunft macht Deutsch/SOS.

Letztere Partei würdet Ihr auch noch wählen.

Jungwähler beziehen viele Informationen aus dem Internet und sind eben dort zu erreichen. Wie verheerend sich das dann auswirken kann, zeigte sich, als der YouTuber Rezo sein Video „Die Zerstörung der CDU" veröffentlichte. Weit mehr als der Inhalt schadete dann die Art und Weise, wie die CDU darauf reagierte. Die Vorsitzende Kramp-Karrenbauer sinnierte beleidigt über die mögliche Zensur solcher Videos; der vermeintlich coolste Jungstar der Union, Philipp Amthor, lieferte ein Antwortvideo, welches dann nie veröffentlicht wurde und am Ende konterte die Partei dann als Reaktion mit einem offenen Brief auf ihrer Homepage – mitsamt angehängtem PDF-Dokument. Und das war wahrscheinlich die modernste Form der Antwort, auf die man sich einigen konnte. Gut möglich, dass man einigen älteren Mitgliedern im CDU-Vorstand noch erklären musste, was es mit diesem hippen, modernen PDF auf sich hatte. Ist halt auch schwer, auf so ein Video zu antworten für eine Partei, deren Social-Media-Abteilung in etwa mit dem Ungeheuer von Loch Ness zu vergleichen ist: Gerüchteweise existiert sie, aber richtige Beweise gibt es nicht.

Natürlich ist es auch für eine Partei im Ganzen oft nicht einfach oder nahezu unmöglich, einen Kurs zu finden, der überall Anklang findet. Zeichnet sich eine Partei durch zu viele unterschiedliche Meinungen aus, dann wird oft der Eindruck erweckt, die Partei sei zerstritten. Folgt eine Partei allzu willfährig dem Vorsitzenden oder den prominentesten Mitgliedern, so wird ihr vorgeworfen, es sei keine innerparteiliche Demokratie möglich. Vertritt sie das, was die breite Masse möchte, redet sie dem Volk nach dem Mund; möchte sie viele Dinge durchsetzen, die bei der Masse nicht en vogue sind, ist sie nicht bürgernah und holt den Wähler nicht ab.

Man könnte meinen, Parteien können es dem Wähler nicht recht machen und natürlich wird ihnen auch mit Misstrauen und der Bereitschaft zum Missverständnis begegnet. Auch ist in diesen modernen Zeiten eine Tendenz entstanden, den Splitter im Auge des anderen mit der Medienlupe zu vergrößern, ohne den Balken im eigenen Auge wahrzunehmen. Das führt dazu, dass Politiker in den Parteien den Eindruck erwecken möchten, selbst fehlerlos zu sein – was sie mitnichten sind –, und den politischen Gegner als fehlerbehafteten Teufel darstellen – was er mitnichten ist. Führt dazu, dass ein Großteil der parlamentarischen Energie in die Fehlervermeidung und -vertuschung gesteckt wird, anstatt für den Bürger, das Land und die Welt wichtige Entscheidungen zu treffen, durchzusetzen, Konsequenzen abzuwägen und dann gegebenenfalls auch mutig Entscheidungen zu treffen oder noch mutiger: zu korrigieren. Warum der Mensch sich privat jeden Fehler verzeihen kann, beim anderen aber die kleinste Fehlbarkeit nicht mehr durchgehen lassen will, ist mir ein Rätsel, wo doch alle Menschen von der Gnade Gottes abhängig sind und dies im tiefsten Inneren ihres Herzen auch wissen.

Zurück zu den Parteien: Veränderungen sind dringend nötig, denn immerhin fast die Hälfte aller Bürger antwortet auf die Frage, welcher Partei sie die Lösung der großen Zukunftsprobleme zutrauen, mit: „Keiner." Welche Möglichkeiten bieten sich nun den Parteien, um eine politische Zukunft zu haben?

Was haltet Ihr davon: Man sollte weg von der Hinterzimmerdemokratie, die alle parteiinternen Fragen löst, bevor überhaupt darüber diskutiert wird. Da ist es ja schon ein Riesenfortschritt, dass die CDU ihren nächsten Kanzlerkandidaten auf einem Parteitag unter *mehreren* Kandidaten von den Delegierten wählen lassen will! Ein Helmut Kohl würde jetzt wohl stöhnen: „Das ist nicht mehr meine CDU!" Die Parteien sollten auch lernen, den Menschen dort zu begegnen, wo diese sich aufhalten – und bei vielen Menschen ist das immer mehr das Internet. Gerade die AfD hat das erkannt und rekrutiert dort viele ihrer Anhänger – wie praktisch, wo den etablierten Medien ja oft sowieso nur Lügen unterstellt werden. Vielleicht hilft ja auch die Erkenntnis, dass die Gesellschaft nicht mehr so homogen ist, wie sie es noch vor zwanzig oder dreißig Jahren war. Die typische Wählerklientel, die man nur bedienen muss, um sich ihrer Wählerstimmen sicher zu sein, gibt es nicht mehr. Vielmehr existieren Kernprobleme, die parteiübergreifend bzw. sogar global angegangen werden müssen: Klimawandel, Umweltzerstörung, Digitalisierung, Rassismus und andere.

Wenn die Parteien das erkennen, dann haben sie auch eine Zukunft – und vielleicht haben dann auch die Individualisten, Anders-und-ums-Eck-Denker wieder einen Platz. Wer möchte, kann ja auch weiterhin Kugelschreiber und Luftballons auf Marktplätzen verteilen. Nur darf er nicht mehr davon ausgehen, dass das genügt, um in Zukunft eine wichtige Rolle zu spielen.

# Kapitel 31

## Q-tips

Sicher werdet Ihr jetzt erst einmal verwirrt die Stirn runzeln und Euch fragen: Warum beschäftigt sich Christophorus mit solch etwas Profanem wie dem Wattestäbchen? Dabei will er uns doch die Eingebungen des Herrn zu den großen Themen der Menschheit mitteilen? Natürlich habt Ihr Recht, aber die Wattestäbchen stehen auch als ein Symbol für viele andere Dinge in Eurer Gesellschaft, die man eigentlich gar nicht braucht und die mehr Schaden als Nutzen bringen, aber trotzdem noch existieren.

Nun, zu meiner Zeit waren diese Dinger ja noch gar nicht erfunden. Meine Mutter hat bei mir als Kind einmal eine Ohrspülung vorgenommen, weil ich oft nicht auf sie reagiert habe und sie dachte, ich sei schwerhörig, weil ich einen Ohrpfropf habe. Wie das damals im Mittelalter so war, hat sie mich nicht darüber informiert, was sie vorhatte, sondern mich einfach gepackt, auf ihren Schoß gedrückt und mir eiskaltes Wasser ins Ohr fließen lassen. Ich habe geschrien vor Schreck und Schmerz und Tage lang Wasser im Ohr gehabt. Zum Glück hat sich damals nichts entzündet, ich wäre danach wirklich schwerhörig gewesen.

1923 haben Eure Q-tips dann das Licht der Welt erblickt, erfunden vom Amerikaner Leo Gerstenzang, und traten ihren Siegeszug in die Ohren der Menschheit an. Auch heute werden täglich Millionen dieser kleinen Dinger verkauft, obwohl schon lange Ärzte vor deren Verwendung warnen. Gut, man möchte anmerken, dass sich Menschen früher vielleicht noch weitaus gefährlichere Dinge ins Ohr gesteckt haben, aber auch das Wattestäbchen ist oft kontraproduktiv, denn es schiebt das Ohrenschmalz nur noch tiefer in den Gehörgang hinein oder kann gar das Trommelfell verletzen. Dabei braucht man es eigentlich gar nicht, genügt doch ein feuchter Waschlappen. Der Herr hat Eure Ohren so geschaffen, dass man nicht mit irgendwelchen Dingen in ihnen herumbohren muss, um sie zu säubern. Außerdem steht das Wattestäbchen heute auch als Symbol für vermeidbaren Plastikmüll. Nur wenige Sekunden werden sie benutzt, aber sie brauchen 500 – für Eure Leben endlose – Jahre, um abgebaut zu werden und landen auch oft im Meer, wo sie dann zur großen Gefahr für die dort lebenden Tiere werden. Immerhin, die Ära der Wattestäbchen neigt sich dem Ende – ab Mitte 2021 sollen sie laut einem EU-Beschluss aus Eurem Alltag verschwinden.

Immerhin, ein Anfang. Und jeder Einzelne kann ja schon jetzt darauf verzichten. Im Zweifel helfen auch Ohrspülungen. Bittet dafür nicht Eure Mutter, sondern geht zum Facharzt.

Treuer Knecht?

*Ja, Christophorus?*

Ist dir bei diesem Kapitel etwas aufgefallen?

*Na ja, mit Verlaub und bei allem Respekt, Bruder Christophorus, ich finde es ein bisschen belanglos, oder?*

Es ist belanglos, treuer Knecht!

*Warum haben wir es dann geschrieben?*

Ich antworte dir mit einem alten jüdischen Witz:
Ein Spaziergänger läuft in Jerusalem an einem Geschäft vorbei. Über dem Eingang steht: „Beschneidungen"! Er schaut ins Schaufenster und sieht Uhren und Wecker. Interessiert betritt er den Laden, wird höflich begrüßt und fragt den Ladenbesitzer: „Guten Tag, ich habe eine Frage: Machen Sie hier Beschneidungen?"

Der Ladenbesitzer antwortet: „Aber natürlich, steht doch draußen über der Ladentüre!

„Ja", fragt der Spaziergänger ein bisschen vorsichtig nach, „und warum sind dann in Ihrem Schaufenster Uhren und Wecker ausgestellt?"

„Mein Gott", jammert da der Ladenbesitzer, „was mecht ich ausstellen?"

*Aha. Und was soll mir das jetzt sagen?*

Dass mir zu „Q" einfach nichts wirklich Wichtiges eingefallen ist.

*Was hättest Du von „Querdenker" gehalten?*

Klasse Idee! Schön, treuer Knecht, wenn das hier auch ein bisschen Dein Buch wird. Das Kapitel schreiben wir!

*Gleich oder nach einer kleinen Pause?*

Gleich!

*Ich habs geahnt ...*

# Kapitel 32
## Querdenker

Was ist das überhaupt – ein Querdenker?

In Euren Corona-Zeiten waren es Menschen, die in der am wenigsten schlecht funktionierenden Demokratie, die auf Eurem Planeten stattfindet, Angst hatten, in der selbigen einzuschlafen und in der Diktatur aufzuwachen. Ich musste dann vom Himmel aus immer rüberschauen in autokratisch regierte Länder und in echte Diktaturen, in denen Menschen mit eigener Meinung wirklich ein Problem hatten und musste, das mögt Ihr mir verzeihen, oftmals den Kopf schütteln.

Was aber ist ein „Querdenker" per definitionem? Das Wörterbuch verrät uns dazu: „Jemand, der eigenständig und originell denkt und dessen Ideen und Ansichten oft nicht verstanden oder akzeptiert werden." Tja, derselbe Mensch kann manchmal für die einen ein Genie, für die anderen ein Spinner sein – und manchmal ist er vielleicht sogar beides zusammen. Doch wo ständen wir heute ohne jene, die auch mal vom ausgetrampelten Pfad abweichen? Wer immer nur der Herde folgt, der wird nie neue Weidegründe entdecken. Oder, noch drastischer formuliert: Wenn Ihr Pilze finden wollt, müsst Ihr in den Wald gehen! Vielleicht würdet Ihr noch heute in einer Höhle sitzen und nicht im gemütlichen Wohnzimmer und statt Netflix gäbe es nur Höhlenmalereien mit Jagdszenen. Und wenn Ihr drüberwischt, kommt nicht das nächste Bild zum Vorschein! Vorteil bei der Höhlenmalerei: Dem Betrachter konnte nie der Akku ausgehen. Doch nun genug gescherzt.

Menschen, die erst oder zeitlebens verkannt wurden, gab es zuhauf auf Gottes Erdboden. Da gab es Seefahrer, die darauf bestanden, man könne die Erde umrunden und es bestehe keine Gefahr, dass man irgendwo runterfalle. Beispiele gefällig? Kolumbus wäre nie in Amerika angekommen, hätte er nicht die Idee vom westlichen Seeweg nach Indien verfolgt. Zumindest die Ureinwohner des Kontinents wären vielleicht dankbar dafür gewesen! Albert Einstein und seine Relativitätstheorie wurden anfangs auch von vielen Wissenschaftlern nicht ernst genommen. Eure Welt würde ohne heute nicht annähernd so funktionieren, wie sie es tut. Auch in der Kunst gibt es viele Beispiele – so attestierte ein Kritiker dem Autor des Klassikers „Moby Dick", Herman Melville, einen Dachschaden und nannte das Buch eine „schlampig hergestellte Mixtur". Nun, Melville ist noch heute weltbekannt, die Namen seiner Kritiker längst vergessen. Die Liste ließe sich weiter fortsetzen. Und heute? Ist es leichter oder schwerer für die Querdenker geworden? Durch die sozialen Medien ist es zwar leichter, seine Ideen der Öffentlichkeit zu präsentieren, auch solche, die von der gängigen Meinung abweichen, andererseits droht man unterzugehen in einer Flut von Ergüssen, von denen viele manchmal einfach nur Schwachsinn sind. Und in manchen Bereichen haben sich die Strukturen so verhärtet, dass es besonders schwer ist, hier einmal etwas völlig Neues einzubringen.

Heute hat sich zudem ein gefährlicher Begriff, vor allem in der Politik, breit gemacht, der Begriff der „Alternativlosigkeit", gerne auch von Angela Merkel verwendet; viele Jugendliche, die nichts anderes als diese Kanzlerin erlebt haben, stellten sich die Frage, ob möglicherweise auch ein Mann mal Kanzlerin werden könnte. Mit der Alternativlosigkeit wird suggeriert, dass es gar keinen Sinn macht, über andere Ideen nachzudenken oder gar über sie zu diskutieren, weil alles auf die eine, einzige Lösung für das Problem zuläuft. Das ist doch ein sehr gefährlicher Ansatz! Denn eine Alternative gibt es immer. Ob sie dann auch sinnvoll ist, darüber lohnt sich natürlich immer zu diskutieren. Aber mit dem Argument der Alternativlosigkeit würgt man auch und gerade jene Einfälle ab, die vielleicht komplett von der herrschenden Meinung abweichen und gerade darum eine Lösungsmöglichkeit darstellen. Vielleicht gibt es – zumindest gefühlt – heute auch immer weniger Querdenker in der Politik, weil sich dort oft Strukturen aufgebaut haben, die dem Querdenker gar keinen Raum mehr lassen, um sich zu entfalten. Wer in der Politik etwas werden will, der muss sich durch die Hierarchie der Partei kämpfen und ja nicht zu früh durch originelle Ideen auffallen, sonst könnte die Karriere schon im Ortsverein beendet sein. Gerade im politischen Bereich gilt das Primat der drei Primsätze, die nicht verändert und nur durch sich selbst geteilt werden können. Sie lauten:

Das haben wir schon immer so gemacht!

Das haben wir noch nie so gemacht!

Wo kommen wir hin, wenn das jeder so machen würde!

158

In der akademischen Welt sieht es leider nicht viel besser aus. Denn wer hat schon Zeit, auch mal den einen oder anderen Seitenweg zu beschreiten, wenn er Angst haben muss, damit von der Karriereleiter zu fallen? Und wer schon zu Macht und Geld gekommen ist, der hat naturgemäß keine besonderen Ambitionen zum Querdenken, denn der Status quo ist für ihn ja geradezu erstrebenswert. Und wer über wenig Macht und Geld verfügt, wird oft erst gar nicht wahrgenommen oder hat anderes zu tun – nämlich, sich um das eigene Überleben zu kümmern. Aber Ihr werdet gerade angesichts der großen Herausforderungen unserer Zeit auf die Querdenker angewiesen sein, denn, Hand aufs Herz, mit einem „Weiter so" treibt die Menschheit unweigerlich dem Untergang entgegen. Ihr braucht neue Wege und solche, die bereit sind, sie zu beschreiten. Wer nahm ein junges Mädchen ernst, das sich einst entschloss, allein vor dem schwedischen Parlament für mehr Klimaschutz zu demonstrieren? Nun, heute kennt die ganze Welt Greta Thunberg. Für die einen eine Heilsbringerin, für die anderen ein Hassobjekt, aber zweifellos eine Person, die es geschafft hat, ein existenzielles Thema wie den Klimaschutz wieder in die Schlagzeilen und die Köpfe der Bürger und Politiker zu bringen. Wie sagte doch mancher Wissenschaftler: Greta Thunberg hat erreicht, was wir seit Jahrzehnten versuchen!

In diesem Sinne – Ihr solltet genau hinschauen, ob Ihr es mit jemandem zu tun haben wollt, den Ihr nur milde belächeln könnt und nicht ernst nehmen braucht oder doch tatsächlich eine ganze besondere Person, die vielleicht einen völlig neuen Blickwinkel eröffnet.

Ich sage es Euch immer und immer wieder: Ihr müsst nicht. Wenn Ihr zufrieden seid mit der Situation, lasst alles, wie es ist. Gottes Segen habt Ihr trotzdem und könnt ihn niemals verlieren. Wenn Ihr aber Eure Welt auch für Eure Ur-Ur-Urenkel bewahren wollt, dann lasst ab und zu mal einen Querdenker ran. Hört ihn an, denkt drüber nach, was er Euch sagt und dann hört auf ihn – oder lasst es bleiben. Ihr habt nämlich zusätzlich auch noch von Gottvater einen eigenen Verstand erhalten, mit dem Ihr Euch eine eigene Meinung bilden könnt. Ihr wisst, dass ich Lutheraner war. Heute würde man sagen: „Luther-Fan". Martin Luther hat seine 95 Thesen an die Kirchentür von Wittenberg genagelt. Ich kann Euch hier aus dem himmlischen Nähkästchen berichten, dass das eine Legende ist. Das hat er nicht getan, schon gar nicht mit lauten Hammerschlägen. Aber er hat einen Brief an seine Kirchenvorsitzenden geschrieben und dabei seine

95 Thesen beigelegt. Das war riskant, denn sein Brief hat sich gegen alles gewandt, was bisher gang und gäbe war. Luther hat ein System kritisiert, von dem Viele gelebt und an dem sich Zahlreiche bereichert haben. Martin Luther war ein Querdenker par excellence, sein Lieblingsgegner war der Dominikanermönch Johann Tetzel, der seine Ablassbriefe auf den Marktplätzen so angepriesen hat wie Aale-Dieter seine Meeresfrüchte auf dem Hamburger Fischmarkt. Martin Luther war mutig, radikal und in jeder Hinsicht auf der Seite der Gläubigen. Er hatte als Mensch viele Fehler, denn jeder Mensch hat viele Fehler, weil er nicht Gott ist, sondern nur ein Teil der Göttlichkeit. Aber Martin Luther hat das Richtige getan, quergedacht nach dem Motto: „Geht nicht? Gibts nicht!", was später von einer Baumarktkette kommerziell gekapert wurde, so wie alles, was auf Eurer Erde erst gut gedacht ist, irgendwann irgendwelche Geldtöpfe füllen muss. Ich bin zwar hier im Himmel von Sanftmut umgeben, aber Luthers klare, brutale Radikalität begeistert mich auch heute noch. Stellt es Euch so vor, wie ein ausgleichender Kirchendiener immer wieder abends in seinem kleinen Zimmer heimlich Heavy Metal hören muss.

Besonders gut gefällt mir „Highway to Hell" von AC/DC. Hättest Du nicht gedacht, treuer Knecht, oder?

*Nein!*

Siehst Du.

# Kapitel 33
## Rassismus

In der Schöpfung stecken viele wunderbare Ideen, über die sich die Menschheit unglaublich freuen könnte, oft entscheidet sie sich aber dazu, diese Vielfalt dermaßen misszuverstehen, dass daraus etwas furchtbar Negatives entsteht.

Nehmen wir in diesem Zusammenhang die verschiedenen Hautfarben des Menschen – es gibt dunkelhäutige, rötliche, gelbliche, hellhäutige und noch viele weitere Varianten. Solltet Ihr Euch nicht daran erfreuen, dass Gott der Welt eine dermaßen große Vielfalt geschenkt hat? Wäre es nicht langweilig, wenn alle Menschen gleich aussehen würden? Um Euch zu schockieren: alle wie Peter Altmaier und Ursula von der Leyen? Doch was habt Ihr getan – statt Euch an dieser wunderbaren Vielfalt zu erfreuen, habt Ihr sie als ein Mittel der Abgrenzung missbraucht. Und ja, dabei sogar Menschen anderer Hautfarbe als „minderwertig" klassifiziert. Und so weh es mir tut, da ich in meinem letzten Leben auch als „Weißer" auf der Erde wandelte, haben wir Bleichgesichter uns im Laufe der Geschichte nicht gerade mit Ruhm bekleckert. Natürlich hatten wir kein Recht dazu! Man könnte ja auch uns als die eigentlich Minderwertigen sehen, haben wir doch so gar keine Farbe abbekommen. Wer an die absolut blasse Haut so mancher Völker im Norden denkt, hier seien exemplarisch die Engländer genannt, die ja als erschreckenden Kontrast oft auch noch mit rotem Haar daher kommen, der muss schon tonnenweise Euphemismus beifüttern, um dies als „ästhetisch" zu bezeichnen.

Dass die Bleichgesichter das selbst wissen, bestätigt sich einem jeden, der im Sommerurlaub auf den Stränden am Mittelmeer entlangspaziert und sieht, wie panisch die Weißhäute aus dem Norden versuchen, sich in Rothäute zu verwandeln. Getrieben von dem heimlichen Wunsch, so kakaobraun-sexy zu werden wie eine Brasilianerin oder ein Brasilianer. Und der gemeine Hautkrebs versteckt sich hinter einem Stein und reibt sich zufrieden die Hände. Wer weiß, vielleicht ist dem Schöpfer ja auch bei uns einfach die Farbe ausgegangen? Hatte der Herr keine Lust mehr und ließ uns daher blass zurück? Hätte er uns alle lila angemalt, hätten sich dann die Helllila-lianer über die Dunkellila-lianer erhoben?

Tatsache ist auf jeden Fall, dass die sogenannte „weiße Rasse" es ja nicht dabei beließ, sich den Menschen anderer Hautfarbe überlegen zu fühlen. Nein, sie musste es sie auch spüren lassen. Millionen Menschen wurden aus Afrika entführt, zu Sklaven gemacht und schlechter behandelt als Vieh. Ureinwohner auf der ganzen Welt wurden um ihren Lebensraum gebracht, ihre Lebensgrundlagen vernichtet, sei es in Amerika, Australien oder Afrika. Menschen wurden geknechtet, gefoltert und getötet, nicht einmal für das, was sie taten, sondern einfach für das, was sie waren und wie sie aussahen. Und selbst in der Gegenwart, über 200 Jahre nach der hochgelobten Aufklärung, hat der Mensch es noch nicht geschafft, den Rassismus auszurotten. In den USA lebt man als dunkelhäutiger Mensch nachweislich immer noch besonders gefährlich. In manchen Gegenden dort feiern ein paar besondere Witzfiguren ihre sogenannte „weiße Rasse" dann sogar auf extrem skurrile Weise, indem sie mit lustigen Mützen und alten Bettlaken durch die Gegend rennen. Manchmal schwenken sie dann sogar noch brennende Kreuze – ich komme bis heute nicht drauf, warum solche Leute denken, sie hätten irgendwas mit dem Christentum zu tun. Oder schauen wir nur auf den geliebten Fußball; regelmäßig werden da dunkelhäutige Menschen mit Affenlauten bedacht. Interessanterweise nur die Spieler des Gegners, bei den eigenen herrscht die Toleranz vor, die man gerne überall sehen würde. Dabei ist Toleranz meiner Meinung nach der falsche Ansatz! Toleranz kommt aus dem Lateinischen tolerare, und heißt „ertragen/erdulden". Es gibt keinen Grund für Euch eine andere Seele „ertragen" oder „erdulden" zu müssen, Ihr sollt Euch über sie freuen und wenn das nicht gelingt, sie wenigstens akzeptieren.

Zu Zeiten der Corona-Krise wurden plötzlich Menschen mit asiatischem Aussehen von einigen besonders verblödeten Zeitgenossen beschimpft, nur weil ein Chinese auf die dumme Idee gekommen ist, ein nicht abgekochtes Fledermaus-Sandwich in sich rein zu stopfen. Es geht sogar so weit, dass mancher mit einer dunkleren Hautfarbe diese als Makel empfindet und nach einer helleren strebt – mit fatalen Folgen! Michael Jackson versuchte zu seinen Lebzeiten so lange, möglichst weiß zu werden, bis seine Haut jeglichen Schutz vor der Sonne verloren hatte, sodass er in der Folge nur noch mit Tüchern und Masken bekleidet vor die Tür gehen konnte. Darum noch mal: Ihr solltet die Menschen nicht nach ihrer Herkunft oder ihrem Aussehen, sondern nach ihren Taten als Individuum beurteilen. Jeder hat das Recht, als Heiliger oder Idiot dazustehen. Ich habe einmal ein schönes

Gespräch auf der Erde belauscht; ein weißer Vater sprach mit seinem leiblichen, dunkelhäutigen Sohn. Der Sohn erzählt von irgendeinem Elijas in der Schule, der sich heute schlecht benommen hätte. Der Vater fragte interessiert: „Wo kommt Elijas her? Welche Nationalität hat er?" Der Sohn schaute den Vater fassungslos an und erwiderte: „Papa, das ist doch völlig wurscht, wo er herkommt – er ist ein Trottel, fertig!"

In der Theorie haben wir es doch eigentlich schon kapiert, in den Menschenrechten steht es sogar geschrieben. Da heißt es nicht umsonst: Jeder Mensch hat die gleichen Rechte, völlig unabhängig von seiner Hautfarbe! Aber wahrscheinlich ist das für manchen schon wieder zu kompliziert mit den Menschenrechten – es sind halt auch 30 Artikel, das überfordert einige einfach. Darum hat sich der Herr mit überschaubaren zehn Geboten begnügt. Gut, da hat er das mit der Gleichheit aller Menschen nicht reingeschrieben. Wahrscheinlich dachte er sich, man müsse ja nicht alles Selbstverständliche aufnehmen. Aber der Mensch ist schwach und beschränkt in seinen Gedanken. Darum sollten wir es uns allen noch mal bewusst machen, sozusagen als erster Zusatz zu den Heiligen Geboten: Alle Menschen sind gleich, egal welche Hautfarbe oder Herkunft sie haben. Wir sollten es uns hinter die Ohren schreiben, egal mit welcher Farbe. Hauptsache, es wird ein für alle Mal verstanden.

Als Faustregel könnte für Euch gelten: Freut Euch über gute Typen, die Gutes tun und lobt sie dafür. Eifert ihnen nach. Kritisiert Typen, die Schlechtes tun und versucht, sie zum Guten hin zu bewegen. Wenn Ihr das alles geschafft habt und noch Interesse und Zeit habt, könnt Ihr ja schauen, welche Hautfarbe sie haben und wo sie herkommen.

Ihr könnt es aber auch lassen, Relevanz hat es keine.

# Kapitel 34
## Religionen

Und, tusch, da sind sie: die Religionen. Nachdem wir uns die ersten Buchstaben lang um das Thema rumschleichen konnten, sind wir nun mittendrin in diesem heiklen Sujet. Heikel auch deshalb, weil es mich selbst betrifft und ich diesmal nicht wirklich vom hohen Ross und von der hohen Wolke zu Euch herunter sprechen kann. Ja, wir müssen über die Religion reden. Um genauer zu sein über die Religionen, denn da fängt das Problem ja an – denn es gibt ja nicht nur eine einzige, sondern so viele, dass man leicht den Überblick verliert. Tausende Götter, Götzen, Naturwesen und andere Dinge werden von den Menschen dieser Erde verehrt.

Auch ich war zu Lebzeiten ein treuer Diener meiner Religion – ein evangelisch-lutherischer Geistlicher, der seine Glaubensrichtung als die einzig wahre ansah und sie auch in manch hitziger Diskussion verteidigte! Doch hier oben habe ich gelernt: Es gibt nur einen Gott. Egal, wie Ihr ihn nennen mögt, ob Allah, Jahwe, Manitou, Alles-was-ist oder Was-weiß-ich-denn. Natürlich meinen wir damit den christlichen Gott, und schon da gab es so viele Glaubensrichtungen, dass selbst ich irgendwann den Überblick verliere und immer wieder in die Zusammenfassungen meines nach mir geborenen theologischen Glaubensbruders, Professor Doktor Hans Küng nachlesen muss, um mich neu zu sortieren. Angesichts der vielen Namen und Zuschreibungen, die die Menschen dem Schöpfer gegeben haben, könnte ich mir vorstellen, dass er sich manchmal selbst verzweifelt fragt: „Wer bin ich und wenn ja, wie viele?"

Das Problem ist ja nicht, dass wir Menschen Gott in verschiedenen Erscheinungsformen verehren, sondern dass wir der Meinung sind, wir müssten alle anderen davon überzeugen, dass unsere Sichtweise die einzig wahre ist. Und ja, das ging mir zu meinen Lebzeiten ja auch nicht anders, wie ich schon erwähnte. Also, da ist wirklich etwas aus dem Ruder geraten! Natürlich findet Gottvater es schön, wenn Ihr ihn verehrt, zu ihm betet und sogar, dass Ihr Menschen, die nicht an ihn glauben, von seiner Existenz zu überzeugen versucht. Alles schön und gut, aber Ihr habt es mal wieder komplett übertrieben. Eine Religion hätte doch völlig ausgereicht, aber nein, Ihr musstet euch tausende von Göttern und Religionen ausdenken. Interessant ist ja auch, dass der Grundgedanke fast aller Religionen das friedliche Zusammenleben der Menschen ist, in der Praxis aber alles ganz anders aussieht, weil natürlich jede Religion wieder denken muss, sie sei die einzig richtige! Was habt Ihr nicht alles angestellt im Namen der jeweils vermeintlich richtigen Religion?

1099 eroberten die christlichen Kreuzfahrer Jerusalem und wüteten dort auf scheußliche Art und Weise – zeitgenössische Quellen beschreiben ihr Verhalten wie folgt:

„Alle Feinde, die sie finden konnten, streckten sie mit der Schärfe ihrer Schwerter nieder, ohne auf Alter oder Rang Rücksicht zu nehmen, und es lagen überall so viele Erschlagene und solche Haufen abgehauener Köpfe umher, dass man keinen anderen Weg oder Durchgang finden konnte als über Leichen."

Wer es vergessen hat: Jerusalem ist die Geburtsstadt Jesu, der Frieden und Versöhnung gepredigt hat.

Später dann wurden unschuldige Menschen der Hexerei bezichtigt und der Folter unterzogen – solange bis sie gestanden haben oder daran zugrunde gingen. Sehr praktisch – so lag die „Erfolgsquote" immer bei einhundert Prozent. Nun, hier könnte ich mich noch entspannt auf meiner Wolke zurücklehnen und zufrieden einwenden, dass dies ja alles noch auf das Konto meiner katholischen Cousins ging, und welche Weisheit es war, sich von diesen abzuspalten. Aber auch wir Protestanten sind nicht rein von Sünde, ja, hier muss sogar unser Religionsstifter Martin Luther genannt werden. Zerknirscht muss ich hier eine Schrift Luthers erwähnen, die den wenig schönen Titel „Von den Juden und ihren Lügen" trug. Darauf berief sich sogar später ein Mann namens Julius Streicher. Der Name sagt Euch nichts? Er war Herausgeber einer schrecklichen Nazi-Hetzschrift, die „Der Stürmer" hieß. Dieser Mensch rechtfertigte sich bei den Nürnberger Prozessen damit, dass an seiner Stelle auch Martin Luther vor dem Tribunal hätte stehen können. Tja, die Liste der Sünden, die im Namen der „richtigen Religion" begangen wurden und noch begangen werden, ist lang: Unschuldige als Hexen verbrannt, Menschen gefoltert, Kreuzzüge durchgeführt, sich selbst in die Luft gesprengt für 72 Jungfrauen. Islamistisch verblendete Seelen, natürlich ist die Macht des Herren grenzenlos, aber wo soll er denn ständig so viele Jungfrauen herbekommen? Und dann gibt es sogar Leute, die morgens um sieben Uhr mit einer Zeitschrift in der Hand bei wildfremdem Menschen an der Tür klingeln und mit ihnen über Gott reden wollen. Das kann wirklich nicht im Sinne des Herrn sein!

Bei aller Trostlosigkeit sei aber auch an die heiteren Seiten gedacht, die die Vielfalt der Religionen so mit sich brachte und über die auch unser Herr schmunzelt der, wie eingangs erwähnt, den Humor und das Lachen ja auch erschaffen hat. So denke ich gerne an eine Glaubensgemeinschaft, die dem sogenannten "fliegenden Spaghettimonster" anhängt. Diese Kirche hat auch durchaus Zulauf – dies mag natürlich auch mit ihrem Jenseitsversprechen zusammenhängen:

„Nach dem Tod stehen den Gläubigen im Himmel unter anderem ein Biervulkan und eine Stripper- und Stripperinnen-Fabrik zur Verfügung."

Nun, ich kann – ohne zu viele Geheimnisse zu verraten – zumindest sagen: Ganz so geht es hier oben nicht zu, aber besser als Selbstmördern 72 Jungfrauen zu versprechen, scheint es mir allemal. Einer der weltlichen Herrscher hat das Wesentliche doch schon vor über 250 Jahren erkannt. Friedrich der Große gewährte einst den Einwohnern seines Landes Religionsfreiheit und sagte den schönen Satz: „Jeder soll nach seiner Fasson glücklich werden!" – vielleicht sollte man noch hinzufügen: „…solange er keinen anderen damit belästigt!"

Auch Elizabeth I, die jungfräuliche Königin wollte ihrem Volk die religiöse Freiheit gewähren: „Ich werde keine Fenster in die Seelen meiner Untertanen schneiden" verwehrte sie sich gegen Befragungen über die religiösen Vorlieben ihres Volkes.

Der Herr will sicher nicht, dass wir andere mit Gewalt von unserem Glauben überzeugen. Eines Tages werden wir ihm sowieso alle gegenüberstehen.

Ihr denkt: Ob wir wollen oder nicht. Ich sage Euch: Wenn Ihr wüsstet, was Euch dort erwartet, wolltet Ihr keinen Tag mehr weiter warten. Aber bleibt Ihr noch schön auf der Erde. Ihr habt noch was zu tun. Und zuallererst dieses Buch fertig lesen.

Sonntag, alter Knabe kannst Du noch?

*Immer, Christophorus.*

Gut, nächstes Kapitel.

*Ich möchte vorher gerne etwas einwenden.*

Worum gehts?

*Bei diesem Kapitel ist mir eine Passage eingefallen, die ich mal im „Busorakel" geschrieben habe, möchtest Du sie lesen?*

Gerne! Ist doch eine hübsche Idee, dass in diesem Buch auch etwas von Dir steht!

*Hier ist sie: „Alles erinnert an jene bekannte Fabel, in der drei Menschen, die für die großen Religionen stehen, in der Dunkelheit Gott begegnen, der ein Elefant ist: Der eine Mensch berührt seinen Rüssel, der andere seinen Schwanz, der dritte den Vorderfuß. Später streiten sie sich bis aufs Blut, denn sie alle haben Gott leibhaftig erlebt. Wobei der eine behauptet, Gott sei eine Schlange, der zweite, Gott sei eine Röhre, der dritte, Gott sei eine Tonne.*
*Die ganze Geschichte aber ist: Gott – wenn es ihn gibt – ist ein Elefant."*

Danke, treuer Knecht. Weiter jetzt, wir haben noch ein bisschen Text zu schreiben.

# Kapitel 35
## Smartphone

Es gibt Erfindungen, bei denen man nicht ahnen kann, wie sehr sie die Gesellschaft eines Tages verändern werden. Und damit meine ich nicht den Herrgott, nachdem er die Frau erschaffen hat. Ich meine andere Erfinder und Wegbereiter, die von Anfang an so manch neue Idee unterschätzt hatten. Wie meinte doch Thomas Watson, der damalige Chef von IBM, im Jahre 1943: „Ich glaube, dass es einen Weltmarkt für vielleicht fünf Computer gibt". Mr. Watson wäre sicher sehr erstaunt, wenn man ihm erzählen würde, dass fast jeder Mensch heute einen kleinen Computer in Form eines Smartphones mit sich herumträgt. Schon als der Vorläufer des Smartphones, das einfache Handy, auf den Markt kam, sahen viele Menschen noch keine Notwendigkeit für solch ein Gerät. Warum sollte man ein Telefon für unterwegs brauchen? Bis dahin kam man doch gut mit dem Gerät in der Wohnung klar. Große Freiheit bedeutete es den damals jungen Menschen bereits, wenn das Telefonkabel lang genug war, damit man das Telefon mit in ein anderes Zimmer nehmen konnte, um so ungestört telefonieren zu können und den neugierigen Ohren der Eltern die Kommunikation mit Freund oder Freundin verborgen blieb. Allerdings könnte man davon ausgehen, dass schon nach wenigen Minuten die Mutter mahnend den Kopf ins Zimmer streckte und auf die horrenden Telefonkosten hinwies, die gerade am Entstehen waren. Denn auch die Flatrate war noch lange nicht erfunden. Und grundsätzlich, Kabellänge hin oder her, war man fest mit dem eigenen Zuhause verbunden – daher auch der Begriff „Festnetz".

Zu meiner letzten Lebenszeit hielten wir die Kunst des Buchdrucks noch für den absolut letzten Schrei, der die Kommunikation zwischen den Menschen revolutionär verändern und alles anders machen würde. Wir haben das damals vom Ansatz her schon richtig eingeschätzt; Martin Luther hätte ohne den Buchdruck nicht seinen durchschlagenden Erfolg gehabt und ich hätte im Leben nicht Lutheraner werden können, wenn ich nicht seine Schriften gelesen und mich von Ihnen hätte inspirieren lassen. Wohin das aber alles führen und wohin sich die Kommunikation entwickeln würde, das war damals Science-Fiction. So, wie es in der heutigen Zeit für Euch Science-Fiction ist, dass Eure Welt auch gerecht und geordnet sein könnte.

Heutzutage wird das Smartphone kaum noch zum Telefonieren genutzt und gerade junge Menschen wissen oft gar nicht, dass man mit so einem Ding zu allem Überfluss auch noch jemand anderen anrufen kann! Man kann ja auch Nachrichten auf WhatsApp aufsprechen und hin und herschicken. Kurz: Das Smartphone ist längst kein bloßes Telefon mehr. Es ist ein Taschencomputer.

Der Fortschritt ist so rasant, dass ein normales Smartphone heute leistungsfähiger ist als die ganzen Computer zusammen, die bei der ersten Mondlandung im Einsatz waren. Niemand würde sein Smartphone heute dazu benutzen, um auf den Mond zu fliegen, wenngleich einige von Euch die Möglichkeit gerne und umfangreich nutzen würden, damit andere Zeitgenossen auf den Mond zu schießen, wenn es sie denn gäbe. Die Möglichkeit dazu, nicht die Zeitgenossen! Andere von Euch glauben heute noch, dass die Mondlandung der Amerikaner gefaket war und dass Euch ein Aluhut auf dem Kopf vor dem drohenden Bevölkerungsaustausch schützt, angeführt von Bill Gates und durchgeführt von außerirdischen Echsen. Ihr seid schon ein lustiges Völkchen.

Zurück zum Smartphone: Es hat zahlreiche Funktionen übernommen, die früher „analog" stattfanden. Ihr müsst den potenziellen Partner nicht mehr in der Kneipe ansprechen – das geht ja auch über Tinder. Und wer nicht gefällt, der wird einfach weggewischt. Es ruft schon ungläubiges Staunen hervor, wenn die ältere Generation ihren Kindern davon berichtet, dass der Papa damals die Mama *angesprochen* hat und man sich sogar Briefe schrieb. Für den Nachwuchs muss das so ähnlich sein, als hätte man gesagt, man habe Liebesbotschaften in Steinplatten gehauen oder habe vor dem Fenster in der Nacht Minnegesang betrieben. Zu meiner Zeit war die einzige Chance, die Angebetete regelmäßig zu sehen, sonntags in die Kirche zu gehen und sich Woche für Woche ein bisschen näher zu ihr hin zu setzen, bis nach einem knappen Jahr die Sache klar war und dann ein Leben lang hielt. Wenn es nicht geklappt hat, wurde man halt verheiratet, wie es für die Familie passend war. Wenn eine andere passender war als Deine Angebetete, an die Du Dich ein Jahr lang in der Kirche näher hingesetzt hast, wurde die besser Passende genommen, basta. Familie ging vor. Auch hier hat sich die Welt massiv verändert, und, wenn ich mir das mit meinem Blick von oben auf euch erlauben darf, nicht überall zum Besten.

Die moderne Möglichkeit, immer und überall online sein zu können, führt eben oft auch zum Zwang, immer online sein zu müssen. Und darüber hinaus müsst Ihr jederzeit nachweisen, wo Ihr gerade seid und was Ihr gerade tut. Wer hat euch gesagt, dass das so sein muss? Und warum befolgt Ihr diese Anordnung, Eure Facebook-, Instagram-, Tik-Tok- oder andere Online-Accounts so treu und nahezu lückenlos mit Eurem Leben zu füllen? Ihr habt ein Problem damit, dass Euer Nachbar Eure Gewohnheiten mitbekommen und Euch deshalb irgendwann ein bisschen kennen könnte; Ihr wollt vor Werbetreibenden, Behörden und eigentlich allen Mitmenschen Eure Identität, Euren Namen und Eure Daten absolut verbergen, geht aber auf der anderen Seite völlig sorglos damit um, wenn Ihr den Eindruck habt, Ihr macht das freiwillig? Ihr seid schon ein komisches Völkchen, falls ich das nicht schon erwähnt haben sollte.

Habt Ihr Aldous Huxleys „Brave New World" und George Orwells „1984" gelesen?

*Christophorus, die Leser Deines Buches sind klug und vorgebildet, natürlich haben sie beide Bücher gelesen!*

Danke für den Einwand, treuer Knecht. Ihr kennt also die beiden dystopischen Romane, gut. Ihr wisst also, wie sich vor vielen Jahrzehnten Schriftsteller eine Zukunft im Überwachungsstaat ausgedacht haben. Worauf die nie gekommen wären, dass die Bevölkerung das freiwillig tut, dass es gar keinen Diktator braucht, der die totale Überwachung vorschreibt! Die Informationen, die der gefürchtete Diktator haben möchte, werden freiwillig und aus freien Stücken von Euch geliefert, weil Ihr ein paar kleine Vorteile sehen möchtet und vor den Nachteilen die Augen verschließt. Hätte man Euch in den Siebzigerjahren erzählt, dass es mal einen Herrscher gibt, der Euch zwingen wird, ein schokoladentafelgroßes Gerät immer bei Euch zu führen, stets aufgeladen zu halten, Euren Fingerabdruck darin zu speichern, Eure Gesichtserkennung freizuschalten und täglich oder sogar stündlich oder sogar minütlich zu überprüfen, ob es wichtige Nachrichten für Euch gibt und Ihr selbst ständig Kommentare zu Eurer Situation, Eurem Zustand und Eurem Aufenthaltsort geben müsst, der im Übrigen sowieso laufend abgeglichen wird, sodass man immer ganz genau wissen kann, wo Ihr Euch wie lange mit wem zusammen mit Eurem schokoladentafelgroßen Gerät befindet – so hätte es Demonstrationen und Unruhen gegeben, gegen die die Studentenrevolte ein Klacks war. Das hätte sich die Gesellschaft in den Siebzigerjahren von vorne bis hinten nicht bieten lassen. Ihr lest gerade diese Zeilen und grinst fröhlich vor Euch hin. Auslösen tut es nichts. Ihr seid schon ein komisches Völkchen, falls ich das nicht schon erwähnt habe.

Zu meiner Zeit waren Briefe etwas fürs Leben und wer von Euch die Nachkriegszeit, die Fünfziger, Sechziger und die gerade erwähnten Siebzigerjahre erlebt hat, weiß noch, dass die obligatorische Postkarte – am ersten Urlaubstag geschrieben – das einzige Lebenszeichen aus den Ferien war, das Freunde und Verwandte erhielten. Danach gab es dann vielleicht noch den Diaabend, aber in den 14 Tagen dazwischen konntet Ihr etwas genießen, was heute undenkbar ist: tun und lassen, was Ihr wolltet. Unkontrolliert von allen und jedem. Unkommentiert, ohne GPS-Signal. Das war möglicherweise ein bisschen gefährlicher, aber eben einem Prinzip geschuldet, das heute nicht mehr gelebt, sondern nur noch auf Demonstrationen lautstark eingefordert wird: dem Prinzip „Freiheit". Heute meldet man sich schon aus dem Urlaub via Facebook oder Instagram. Aber wer möchte schon Bilder vom überfüllten Strand und dem schmuddeligen Frühstücksbuffet posten? Also wird nur das Tolle übermittelt – oder der Urlaub wird so inszeniert, dass er toll wirkt. Nicht mehr die Wirklichkeit wird abgebildet, sondern die Inszenierung der Wirklichkeit. „Ich poste, also bin ich!" Darüber hinaus führt das Smartphone auch zur Vereinsamung des Menschen. Wer heute eine S-Bahn oder U-Bahn besteigt, der sieht zum Großteil nur noch Fahrgäste, die auf ihre Geräte starren. Keiner schaut mehr aus den Fenstern, in die Landschaft oder in die Gesichter seiner Mitmenschen. Selbst in den Fußgängerzonen laufen viele zombiegleich durch die Gegend.

„Smombies" heißen diese Zeitgenossen – die fleischgewordene Mischung aus Smartphone und Zombies. In manchen Städten hat man schon Fußgängerampeln in den Boden eingelassen, weil manche Menschen des Öfteren gegen die normalen Ampeln liefen. Schon jeder fünfte Fußgängerunfall entsteht durch Smartphone-Nutzung. Hier findet immerhin eine natürliche Auslese statt! Sicher ist es praktisch, wenn man schnell etwas nachschauen kann; man checkt einfach mal die Mails, schaut dann noch kurz bei Facebook und Instagram und Twitter und Tinder vorbei, guckt nach dem Bankkonto, bestellt noch was bei Amazon, checkt die WhatsApp-Nachrichten, scrollt kurz durch die Fotosammlung und da inzwischen schon wieder eine halbe Stunde vorbei ist, kann man ja auch mal wieder die Mails checken, um dann noch bei Facebook und Instagram … Der

Mensch ist gefangen in der digitalen Endlosschleife, das Smartphone ist die Matrix des 21. Jahrhunderts.

Die Angst, ohne Handy zu sein, hat übrigens schon einen eigenen Begriff „Nomophobie" (No Mobile Phone Phobia). Diese äußert sich durch Stress, Zittern und den ständigen Drang, auf sein Smartphone zu schauen. Früher galt der letzte Blick vor dem Einschlafen und der erste am Morgen nach dem Aufwachen dem Partner neben sich, heute dem Smartphone. Bald werden viele der Liebsten eine Textnachricht zur anderen Betthälfte schicken: „Schlaf gut, Schatz! HDL! PS: Reichst du mir bitte kurz das Ladekabel rüber?"

Interessant, dass vor Zigaretten, Alkohol und anderen Drogen gewarnt wird, aber nicht vor Smartphones. Natürlich wird man das Smartphone nicht mehr aus dem Alltag verbannen können. Aber wäre es nicht sinnvoll, zumindest bewusster damit umzugehen? Vielleicht zumindest am familiären Esstisch darauf verzichten, um wieder mehr miteinander ins Gespräch zu kommen? Wem das dann doch zu revolutionär erscheint, der könnte ja damit beginnen, dass man bei Tisch nur Textnachrichten an die Anwesenden schicken darf. Und irgendwann schafft man es dann vielleicht wieder, ins normale Gespräch einzusteigen. Auch muss das Smartphone ja nicht immer auf dem Nachttisch neben einem liegen. Vielleicht wird der eine oder andere ja dann sogar sehr erstaunt sein, wenn er mal wieder den Menschen neben sich wahrnimmt: „Entschuldigen Sie, wer sind Sie, wie heißen Sie und was machen Sie in meinem Bett? …ach was, Sie sind meine Frau? Angenehm, Gregor Steinmeyer – und wie ist Ihr werter Name?"

Die Giftigkeit eines Giftes wird durch die Dosis bestimmt. Gut dosiert ist das Smartphone ein Geschenk an die Menschheit; man ist viel leichter in Kontakt als früher, Ihr könnt mit der wenigen Zeit, die Euch Euer (selbstgewähltes!) hektisches Leben lässt, auch in einer WhatsApp-Gruppe gleich 15 alte Freunde begrüßen – als früher nur einen, den man mühsam mit dem Fahrrad besuchen musste. Aber, Brüder und Schwestern, habt mal den Mut zu den ganz Verwegenen zu gehören und lasst das Smartphone einfach mal daheim.

Auch das kann man in kleinen Dosen anfangen: Einfach das Handy mal im Handschuhfach liegen lassen während des Einkaufes, dann mal einen halben Tag zu Hause lassen – und irgendwann mal drei Tage am Stück. Ihr werdet innerlich aufatmen! Wenn Ihr jetzt diesen Entschluss gefasst habt, bitte auch schnell in die Tat umsetzen. Und bitte nicht denken – mach ich! Tolle Idee, nur vorher noch kurz die Mails checken …

# Kapitel 36
## Solidarität

Solidarität – der Begriff wird oft verwendet, aber zuerst sollten wir klären, was genau er denn bedeutet. Laut Definition ist Solidarität „das unbedingte Zusammenhalten mit jemandem aufgrund gleicher Anschauungen und Ziele". Wie wichtig dieses Zusammenhalten ist, wusste schon der römische Philosoph Seneca. „Die menschliche Gesellschaft gleicht einem Gewölbe, das zusammenstürzen müsste, wenn sich nicht die einzelnen Steine gegenseitig stützen würden."

Dieses Wissen liegt also nun schon 2000 Jahre vor, aber wie sieht es mit der praktischen Umsetzung aus? Gut, in meiner letzten Lebenszeit war Solidarität kein wichtiger Begriff. Ich erinnere mich, als ich in der Zeit von Fürstabt Placidus von Droste, als kleiner Junge an der Hand meines Vaters, über den Fuldaer Markt schlenderte, weil er zwei Gänse kaufen wollte. Wir liefen an zahlreichen Bettlern vorbei und mein Vater erklärte mir, der Herrgott habe diese aufgrund ihres schlechten Verhaltens gestraft und ich solle nicht hinschauen. Solidarität mit ihnen hätte es damals nicht gegeben.

Solidarität ist in Eurer Jetztzeit ein oft beschriebener Wert, kein Politiker, der auf einem Wahlplakat nicht mindestens einmal dieses Wort benutzen würde. Solidarität mit …, das ist wichtig, das Weitere danach wird in der Regel nicht gelesen. Solidarität gibt es bei Euch immer, aber meistens nur dann, wenn sie nicht eingefordert wird. Wenn es allerdings in Eurer Jetztzeit zu einer Krise kommt, in der Solidarität gefragt wäre, dann findet sie nur selten statt. Nehmen wir einmal mehr die EU. Immerhin ein Friedensnobelpreisträger. Gut, den Friedensnobelpreis haben auch Barack Obama (Drohnenkrieger) oder Jassir Arafat (Terrorist) erhalten, von daher sollte man das nicht zu ernst nehmen. Ab und zu will das Nobelpreiskomitee halt auch ein bisschen seinen Spaß haben. Aber eigentlich stellt sich die EU ja gerne als einen Staatenbund dar, der dieselben Werte teilt und daher auch zusammenhalten sollte. Wie schnell hier jedoch Risse entstehen, wenn es hart auf hart kommt, hat sich schon mehrfach gezeigt. Zum einen in der Flüchtlingskrise – selbst nach Jahren des Ringens zwischen den EU-Staaten gibt es seit Jahren keine einheitliche Herangehensweise. Einig ist man sich schon, aber nur darin, dass man sich nicht einig ist. Während manche Staaten Flüchtlinge aufnahmen, sperren sich andere bis heute dagegen. Ausbaden müssen es die Hilflosen und Unschuldigen, die ihre Heimat wegen Krieg, Hunger oder Ausbeutung verlassen haben. Und am meisten Flüchtlinge nimmt – Vorsicht, himmlischer Sarkasmus – das Mittelmeer auf.

In der Corona-Krise sah es nicht anders aus. Eine der ersten Handlungen waren Grenzschließungen. Dazu kam auch der Kampf um Masken und Ausrüstung. Frei nach dem Motto: Beim Sterben ist sich jeder selbst der Nächste. Sicher, es gab auch ein paar Hoffnungsschimmer. So nahmen deutsche Krankenhäuser Patienten aus Frankreich und Italien auf, aber erst als abzusehen war, dass es Deutschland viel weniger schlimm erwischen sollte und noch freie Kapazitäten vorhanden waren.

Andere nutzten Corona dann gar aus, um eigene Macht zu sichern und Demokratie abzubauen, wie der ungarische Westentaschen-Diktator Victor Orban. Und wenn man über den Großen Teich blickt, dann wird die Solidarität unter Staaten erst recht eine Fata Morgana, spätestens seit in den USA – eigentlich ein Bündnispartner und Freund – der Immobilien-Hai mit dem toten Hamster auf dem Kopf das Weiße Haus besetzt hatte. Seither galt: „America First".

Aber warum soll man die Staaten wegen mangelnder Solidarität kritisieren, wenn doch auch der einzelne Mensch nicht einmal in seinem eigenen Umfeld Rücksicht nimmt? Was waren denn das für Hamsterkäufe zu Beginn der Corona-Krise? Mancher stand da fassungslos vor dem leeren Klopapier-Regal im Supermarkt und dachte sich: „Gut, dass ich gestern noch fünf Packungen gekauft habe!" Aber es kam ja noch schlimmer – sogar aus Krankenhäusern wurden Desinfektionsmittel gestohlen. Solche Leute sollte man, wenn man sie erwischt, komplett in ein Fass mit Desinfektionsmittel tunken. (Verzeihung, wenn ich hier etwas von meiner grundsätzlich barmherzigen christlichen Prägung abweiche)

Tja, wie sagte schon der englische Philosoph John Hobbs „Homo homini lupus" – der Mensch ist dem Menschen ein Wolf.

Das setzte sich dann fort in den vielen Demos gegen die Corona-Maßnahmen. Hier mischten sich Radikale von Links und Rechts, Verschwörungstheoretiker und sicher auch ein paar Leute, die sich ehrliche Sorgen um den Erhalt unserer Grundrechte machten. Aber wer so weit ging, zu verlangen, dass diejenigen, die Angst hätten, halt daheimbleiben sollen, der treibt einen Keil in die Gesellschaft. Mal den Blick auf die Ärzte gerichtet, die im Falle einer großen Anzahl von Kranken in der Triage hätten entscheiden müssen, wer noch beatmet werden soll und wer nicht. Auch das ist Solidarität – sich einzuschränken, um anderen das Leben zu erleichtern.

Natürlich wurden die Helden der Corona-Krise – die Ärzte, Pfleger und Krankenschwestern – gefeiert und man klatschte auch gerne mal abends auf dem Balkon für die Menschen; aber wenn es darum ging, dass für eine bessere Bezahlung der oben genannten Helden die Krankenkassenbeiträge steigen sollen, dann dachten viele: „… wir haben doch extra für sie geklatscht, schau dir das unersättliche Pack an! Kaum gibt man ihnen den kleinen Finger …"

Wie man so hört hier oben im Himmel werden die Krankenkassen-Beiträge weiter kontinuierlich steigen. Ob die Schwestern und Pfleger was davon haben, wird man sehen. Wollt Ihr eine Prognose hören? Lieber nicht, ich will Euch ja mit diesem Buch Mut machen und nicht desillusionieren. Liebe Menschen, wenn Ihr mal einen Freund oder Angehörigen im Krankenhaus besucht, der dort gerade Zeit verbringen muss, dann zollt doch Eurem Glück, dass Ihr gerade gesund sein dürft, vor allem auch damit Tribut, indem Ihr dort in die Kaffeekasse der Krankenschwestern und Pfleger einfach mal einen zwanzig Euro Schein hinein steckt. Ihr könnt es Euch leisten und setzt damit das richtige Zeichen.

Aber da der Mensch von Natur aus halt nicht immer hilfreich, edel und gut ist, ist es auch Aufgabe des Staates, für Solidarität zu sorgen. Die Hilfe des Staates bekommen aber oft die ab, die am lautesten rufen – oder die besten Beziehungen haben.

In der Corona-Krise verstärkt zu sehen versuchte jede Branche, die größtmögliche Unterstützung herauszuholen. Die Lufthansa wehrte den Plan, die Mittelsitze unbesetzt zu lassen, aus wirtschaftlichen Gründen schnell ab und kam damit auch durch. Dieselbe Pflicht für Theater blieb aber bestehen, wenngleich es auch hier völlig unrentabel ist, viele Plätze frei zu lassen. Natürlich gibt es einen wichtigen Unterschied zwischen einem voll besetzten Flugzeug und einem Theater – im Flugzeug gibt es Tomatensaft. Interessant übrigens, dass die Lufthansa, die ja wegen der Krise nach staatlichen Hilfen rief, Dependancen auf den Kaiman-Inseln betreibt. Nein, diese Orte werden natürlich nicht angeflogen, es geht nur darum Steuern zu sparen. Richtig, dieselben Steuern, die dann wiederum benötigt werden, um Konzerne wie die Lufthansa in Krisensituationen zu retten.

Wenn aber  vor allem in Krisenzeiten – jeder nur an sich denkt, dann wird das fragile Gebilde Eurer Gesellschaft schnell zusammenbrechen. Denkt doch mal an Senecas Bild vom Gewölbe. Die Frage ist immer, wie viele Steine kann man entfernen, bis es zusammenbricht. Solidarität ist also kein überkommener Wert, der nur noch in Sonntagsreden auf SPD-Parteitagen vorkommt (wobei auch deren Solidarität spätestens dann aufhört, wenn man mit dem oder der eigenen Parteivorsitzenden unzufrieden ist). Solidarität ist gerade in Eurer krisenanfälligen Welt aktueller denn je. Aber sie ist eben auch anstrengend und kostet Opfer. Oder wie es der Soziologe Kuno Klamm einst sagte: „Solidarität heißt, ein fremdes Problem zu seinem eigenen zu machen." Man könnte noch hinzufügen: Denn sonst wird man es selbst auch eines Tages haben.

Geschnallt?

Gut.

Weiter.

# Kapitel 37

## Sport

Sport scheint eine relativ neue Erfindung der menschlichen Spezies zu sein. Dabei gibt es den Sport, seit es die Menschen gibt. Früher wurde er eben nur nicht ausdrücklich als „Sport" bezeichnet, denn die Bewegung war fester Bestandteil des menschlichen Alltags – sie war sogar überlebensnotwendig.

Stellt euch vor, welche Geschwindigkeitsrekorde unsere Vorfahren aufstellen konnten, wenn so ein hungriger Säbelzahntiger hinter ihnen her war – und das ganz ohne Hochleistungspower-Extremeffekt-Sportschuhe! Da würde sogar ein Usain Bolt nicht mehr mitkommen. Zu diesen Zeiten, in der Morgendämmerung der Menschheitsgeschichte, hatte man automatisch mehr als genug Bewegung – kein Urmensch wäre auf die Idee gekommen, nach „Feierabend" – wann auch immer das gewesen wäre –, noch ein paar Runden um die Höhle zu joggen oder ohne Not schwere Steinbrocken hochzuheben. Irgendwann mussten sich die ersten Bevölkerungsschichten dann nicht mehr ständig um ihr existenzielles Wohlergehen sorgen, merkten aber, dass ihnen etwas mehr Bewegung dennoch nicht schaden würde.

Schon die Ägypter führten 3000 Jahre vor Christus Sportwettkämpfe durch, die Griechen taten es ihnen gleich und begründeten schließlich sogar die Olympischen Spiele der Antike. Aber da ging es schon langsam los mit den Problemen – bereits damals versuchten einzelne Sportler durch Zunahme von bestimmten Mitteln ihre Leistungsfähigkeit zu steigern. Kleine Auswahl gefällig? Unter anderem Stierblut, Alkohol oder auch Stierhoden: Mahlzeit.

Im Laufe der Zeit erfand fast jedes Volk seine eigenen Sportarten. Die Azteken z. B. hatten ein Ballspiel erfunden, welches für große Emotionen sorgte. Ein Chronist berichtete: „Wer den entscheidenden Treffer landete, durfte allen Zuschauern des Spiels die Kleider wegnehmen, und deshalb flohen die Zuschauer." Wer sich heute in der Stehplatzkurve eines Fußballstadions umsieht, der wird sicher daran zweifeln, dass es – schon aus ästhetischen Gründen – eine gute Idee wäre, Zuschauern ihre Kleider wegzunehmen, aber das waren halt andere Zeiten.

In der Moderne übrigens trieben die Engländer als Erste organisierten Sport, sie gründeten die ersten Vereine und Clubs. Die Briten mussten

177

sich natürlich auch früh etwas einfallen lassen, um ihr tristes Leben etwas aufzupeppen. Der Herr hat sie nicht gerade verwöhnt – er hat sie auf eine windumtoste Insel gesetzt, ihnen eine blasse Haut und rote Haare verpasst und "schönes Wetter" bedeutet dort, dass der Regen wärmer wird. Wer weiß, warum Gott da etwas nachlässig war – vielleicht hatte er einen langen Tag oder wollte sie noch kurz vor der Mittagspause fertigkriegen.

Bei den Deutschen setzte sich der englische Begriff „sports" übrigens erst später durch – da waren es anfangs noch „Leibesübungen". Passt eigentlich besser zu uns Deutschen, hört sich viel ernsthafter an! Also, alles in allem, eine gute Sache dieser Sport – man bleibt körperlich fit (auch ohne Säbelzahntiger) und das wirkt sich auch auf die geistige Frische aus: "Mens sana in corpore sano" wie schon ein römischer Dichter vor 2000 Jahren erkannte. Auch der Wettkampfcharakter gehört beim Menschen halt dazu und ist nicht schlimm, solange man es nicht übertreibt. Aber je mehr der Sport in der Neuzeit ankam, desto mehr pervertierte er. Der Gründer der Olympischen Spiele der Neuzeit Pierre de Coubertin sagte einst: „Teilnehmen ist wichtiger als Siegen." Die heutigen Sportfunktionäre würden wohl sagen: „Geld verdienen ist wichtiger als alles."

Der Sport an sich tritt immer mehr in den Hintergrund, es geht, wie so oft beim Menschen, fast nur noch um den Profit. Die Sportler werden um des Sieges willen mit allen Mitteln zu Hochleistungsmaschinen gezüchtet. Denkt nur an die „Tour de France". Da möchte man doch den Fahrern manchmal Schilder hinten drauf kleben mit der Aufschrift: „Eilige Arzneimittel". Eure großen Sportereignisse wie Olympia oder Fußball-WM werden gesponsort von Unternehmen wie Coca-Cola oder McDonald's. Die könnten eher Meisterschaften im Cholesterinwertsteigern oder Adipositas-Wettkämpfe präsentieren. In Katar – einem Wüstenstaat (!!!) – findet eine Fußball-Weltmeisterschaft statt! Dort wurden riesige Stadien aus dem Boden gestampft – das Ganze ist ökologischer Unsinn und kostete vielen Billigarbeitern, die dort unter unwürdigen Bedingungen schufteten, das Leben. Auch wenn der deutsche Fußballkaiser Franz Beckenbauer behauptete, er habe in Katar keinen einzigen Sklaven gesehen. Ein typischer Fall von verbalem Kaiserschmarrn. Und das alles nur, weil ein paar stinkreiche Scheichs einen Haufen FIFA-Funktionäre bestochen haben, um ihre Weltmeisterschaft in der Wüste zu bekommen. Vielleicht sollte ich dem Herrn in einem empfänglichen Moment mal zuflüstern, dass er, falls er mal wieder irgendwo im unendlichen Universum eine weitere Welt erschaffen möchte, sich die Sache mit dem Öl noch mal überlegen sollte.

Wie sehr das Geld im Mittelpunkt steht, zeigte sich ja auch in der Corona-Krise. Wie hier die Fußball-Bundesliga alles in ihrer Macht Stehende unternahm, um ihre Saison zu Ende spielen zu können und die entsprechenden Fernsehgelder zu kassieren, das zeigte doch deutlich, was wichtig ist – der Profit! Man kann ja nicht vernünftig begründen, warum das Hinterherjagen eines Balles durch 22 Männer in kurzen Hosen systemrelevant sein soll. Das zeigt aber auch: Der Fußball braucht eigentlich gar keine Fans – er braucht lediglich ihr Geld. Meine Empfehlung an Euch – unterstützt diesen Irrsinn nicht. Macht öfter mal die Glotze aus, geht auf den Sportplatz Eures Dorfvereins, klatscht denen Beifall, die noch um des Spaßes willen Sport treiben und nicht der fetten Prämien wegen. Die alles geben für einen Kasten Schwaben Bräu in der Kabine. Oder noch revolutionärer – schnappt Euch die Laufschuhe oder das Fahrrad und treibt selbst Sport. Ich bin sehr dafür, dass Ihr in Euren Lebensjahren auf der Erde nach Eurer Gesundheit und Eurem Körper schaut. Denn wenn der Körper gut funktioniert, funktioniert auch Euer Gehirn gut und das solltet Ihr gern ein bisschen mehr beanspruchen und einsetzen, sonst wäre dieses Buch ja völlig unnötig. Ihr habt so viele schöne Dinge auf dieser Welt erfunden und die Schöpfung Gottes teilweise wirklich respektabel weitergetrieben. Aber egal, was Ihr macht, Ihr kommt immer an den Punkt, dass es den einen Geld kostet und dem anderen Geld bringt. Deshalb wäre mein Tipp, zunächst einmal immer die Sportart zu betreiben, die Euch nichts kostet. Joggen, walken, laufen und wandern kostet Euch für schmales Geld einmalig eine Ausrüstung und das wars. Golfen, Polo spielen, Reiten, Windsurfen, Kitesurfen, Segeln sind alles Sportarten, die vor allem Deinem Nachbar zeigen können, wie gut es Dir geht. Musst Du das? Kannst Du nicht einfach nur genießen? Dein Leben ist so endlich wie seines und hat nur einen Sinn: Euch selbst zu erleben.

Erlebt Euch gerne mal – warum nicht gerade im Sport – ohne dass es Euch etwas kostet oder jemand anderen reich macht. Ihr werdet ein schönes kleines Wunder erleben.

*Christophorus?*

Ja, mein treuer Knecht

*Muss ich jetzt ein paar Lockerungsübungen machen?*

Quatsch, die sollen tun, was der Meister sagt, nicht was er macht – wir arbeiten weiter!

*Schnordnung, Swärrächd!*

Wie bitte?

*Das war Schwäbisch: In Ordnung, weiter gehts!*

# Kapitel 38
## Textilien

„Kleider machen Leute" – so heißt die Novelle von Gottfried Keller, dem Schweizer Autor aus dem 19. Jahrhundert. Aber welche Leute machen eigentlich die Kleider? Nun, zu meiner Zeit gab es auch in diesem Land noch den ehrbaren Beruf des Schneiders. Schneidereien existieren heute bei Euch meistens nur noch in Verbindung mit einer Wäscherei und einem Hermes-Paketshop. Viele von Euch gehen in den Kleiderladen und decken sich mit oft günstigen Waren ein, ohne groß drüber nachzudenken, wer sie eigentlich herstellt. Die meisten von Euch bestellen sie online und machen sich zusätzlich keine Gedanken darüber, wer die Kleider verpackt und ausliefert.

Alles Fragen, mit denen man sich nur ungern beschäftigt, gerade wenn es um die Kleidung für den täglichen Bedarf geht. Allein zwischen 2000 und 2014 hat sich die Bekleidungsproduktion weltweit verdoppelt. Deutsche Verbraucher kaufen im Schnitt sechzig Kleidungsstücke im Jahr. Gut, mancher Mann wird jetzt zusammenzucken und sich fragen: Und wer kauft dann die anderen achtundfünfzig Kleidungsstücke, die ich nicht kaufe? Manchmal reicht da ein Blick in den anderen Teil des Kleiderschrankes. Allerdings sind es nicht mehr nur die Frauen, die sich immer gerne den neuesten Trend zulegen – die Herrenabteilungen sind oft nur unwesentlich kleiner und ständig werden neue Kreationen ins Regal gelegt. Bei der Modekette Zara sind es sogar vierundzwanzig neue Kollektionen im Jahr!

Sicher, keiner verlangt, dass man jahrzehntelang die immer gleiche Cordhose trägt. Wer von Euch jetzt an seinen Gemeinschaftskundelehrer denkt, füttert ein Klischee. Das sieht vielleicht irgendwann einmal speckig aus, ökologisch ist es allemal. Denn mittlerweile produziert Ihr immer mehr Müll durch immer schnelleres Aussortieren, worauf ich beim Stichwort „Wegwerfgesellschaft" noch eingehen werde, aber hinter der enormen Kleiderproduktion stehen noch andere Probleme. Inzwischen spricht man, analog zum „Fast Food", schon von „Fast Fashion": schnell und billig produziert – und schnell wieder abgelegt.

Und, um zu meiner Anfangsfrage zurückzukommen, wer stellt das alles her? 90 % Eurer Kleider stammen aus der Türkei, China und Bangladesch. Dass in diesen Staaten nicht in einer 37-Stunden-Woche, bei vollem Lohnausgleich im Krankheitsfall und Rente mit sechzig gearbeitet wird, ist uns allen klar. Aber es steckt noch mehr dahinter, bis ein einfaches T-Shirt bei Euch im Laden liegt. Vor allem kommt selbst ein billiges T-Shirt ganz schön weit rum! Es ist also ein Einwanderer, der aber keine Zurückweisung an der Grenze befürchten muss. Zunächst muss die Baumwolle angebaut werden – zumeist auf Feldern in Afrika oder China. Dazu werden massenhaft Pestizide eingesetzt und die Arbeit wird auch von Kindern durchgeführt. Die können sich selbst keine neuen Kleider leisten und müssen warten, bis diese von Euch wieder als Altkleider in ihre Heimat zurückgeschickt werden. Dann geht es weiter: Die Baumwolle gelangt dann in die Türkei, wo sie zu Stoff verarbeitet wird, dann weiter nach China, wo sie gefärbt wird, und landet dann oft in Bangladesch in einer der zahlreichen Fabriken, die für die weltweit agierenden Modemarken die Endprodukte anfertigen. Das tun dort vor allem Frauen für wenig Geld, und wenn sie richtig Pech haben, dann fällt auch mal das Fabrikgebäude über ihnen zusammen. Dann sind alle erschüttert, auch die großen Modemarken, aber sie weisen jede Mitschuld von sich, weil sie ja nichts dafür können, unter welchen Bedingungen ihre Subunternehmer arbeiten lassen.

Darüber hinaus wird auf dem Weg noch jede Menge Umwelt verunreinigt: Durch die Abgase, die der Transport verursacht; durch die Chemikalien, die in Flüsse geleitet werden, und durch den Wasserverbrauch, der ganze Seen trockenlegen kann. Für ein T-Shirt werden nämlich mindestens 2 700 Liter Wasser verbraucht, je nach Färbung können es aber auch bis zu 15 000 Liter sein. Und die Alternative zur Baumwolle, das Polyester, sorgt dafür, dass immer mehr Mikroplastik in unseren Gewässern landet. Und wer verdient eigentlich daran genau was? 50 % kassiert der Einzelhandel, 25 % gehen für das Design drauf, 13 % Materialkosten, 11 % Transport und dann bleiben noch 1 % für die Löhne! Na, für das Geld sitzt man doch gerne in einem maroden Fabrikgebäude und atmet giftige Dämpfe ein! Das heißt aber auch, dass bei einem Billigshirt für fünf Euro (Ja, das ist schon gehobenes Segment – bei Primark bekommt man das schon für die Hälfte …) – die Näherin gerade mal 5 Cent verdient. Was wäre also möglich, wenn Ihr bereit wärt, nur ein paar Cent mehr zu zahlen und dieses Geld direkt den Menschen am Ende der Kette zu Gute käme?

Nun, ein wenig Bewegung kommt in die ganze Angelegenheit, zumindest was die Arbeitsbedingungen angeht. Tatsächlich soll es auch in Deutschland ein Lieferkettengesetz geben, welches deutsche Unternehmen mit dafür verantwortlich macht, was dort bei ihren Zulieferfirmen geschieht. Also zumindest ein bisschen verantwortlich. Also ein kleines bisschen. Denn natürlich haben diverse Lobbyisten schon ihre Fäden gezogen und das ganze massiv entschärft. Und sie hatten ja den Wirtschaftsminister Peter Altmaier auf ihrer Seite – an dem kam selbst der aufrechte Entwicklungshilfeminister Müller nicht vorbei. Sowohl im wörtlichen als auch übertragenen Sinne gemeint. Aber da gibt es ja noch den Endverbraucher! Der kann ja auch was machen. Ich weiß, das ist immer gemein, wenn man nicht alle Verantwortung auf „die da oben" abschieben kann. Natürlich ist auch der faire Konsum eine Lösung – weniger Chemie, gerechtere Löhne. Das kann man alles haben, für etwas mehr Geld und mit ein wenig Aufwand verbunden.

Oder der Einkauf in Second-Hand-Läden, auch das ist eine Option. Und warum nicht auch mal mit jemand anderem Kleider tauschen? Aber bitte aufpassen – vielleicht nicht unbedingt mit dem eigenen Partner durchführen, höchstens wenn man in einer gleichgeschlechtlichen Beziehung lebt, sonst könnte es, speziell auf dem Dorf, großes Aufsehen erregen. Und ab und zu ist auch Verzicht vielleicht eine Möglichkeit. Sicher, für manche ist Kleidershoppen ein wunderbares Ventil, um Frust abzubauen und sich für irgendetwas zu belohnen. Ich muss nur immer wieder meinen Kopf schütteln, wenn ich manche von euch beobachte, wie sie zu einer Arbeitsstelle fahren, die sie nicht mögen, einen Job erledigen, der ihnen nichts gibt und damit vor allem das Geld zu verdienen, um die Wohnung zu mieten, die in der Nähe der Arbeitsstätte liegt, das Auto zu bezahlen, das sie zur Arbeitsstelle bringt und mit dem übrigen Geld Klamotten zu kaufen, die sie nicht brauchen.

Das darf ja auch mal sein – aber halt nicht ständig. Es gibt doch noch andere Möglichkeiten, etwas Schönes zu erleben, abseits der Konsumwelt. So riefen einige Influencer in einer Kampagne zu folgendem auf: „Poppen statt shoppen." Das ist doch mal eine Idee! Gut, als Mönch und keuscher Geistlicher werde ich da etwas rot im Gesicht, empfehle das aber trotzdem. Ist ja auch billiger – und schöner. Denke ich zumindest. Und man braucht nicht mal Klamotten dazu.

Sonntag?

*Ja, Bruder Christophorus?*

Du hast jetzt aber kein Kopfkino am Laufen, oder?

*Lieber Bruder Christophorus, ich schätze Dich so ein, dass Du die Wahrheit hören möchtest, deshalb sage ich Dir ...*

Wir haben keine Zeit für so was, wir müssen weiterschreiben!

# Kapitel 39

## UN

Ich habe einen Traum: Da gibt es eine Gemeinschaft aller Staaten dieser Erde, sie wird von allen geachtet und respektiert, sie ist ausgestattet mit allem, was sie braucht, vor allem aber mit Macht und der Möglichkeit zum konsequenten Durchgreifen. Alle Staaten, Gemeinschaften und Länder, Institutionen und Regierende beugen sich ihr, alles ist stolz auf sie, denn sie verkörpert das humanistisch höchste Gut dieser Welt: die Gerechtigkeit. Sie regelt zur Zufriedenheit aller sämtliche Probleme und Streitigkeiten unter den Staaten, den Gemeinschaften, den Ländern, den Ethnien und Religionen. Ihre Reputation ist legendär, alles hört auf sie, alles glaubt an sie, alles richtet sich nach ihr.

Menschheit, aufwachen!

Welch eine schöne Idee – leider bis heute eine Utopie, wobei die Vorstellung davon schon länger existiert, als wir vielleicht denken. Schon 1795 forderte der Königsberger Philosoph Immanuel Kant in seinem Buch „Zum ewigen Frieden" ein umfassendes Völkerrecht und kreierte die Idee einer „durchgängig friedlichen Gemeinschaft der Völker". Es dauerte allerdings dann noch über 100 Jahre, bis diese Idee auch in der Praxis zu einer ersten zarten Umsetzung kam. Es war nach dem Ersten Weltkrieg, als das Töten an so vielen Orten dieser Erde stattfand wie nie zuvor, und auch zu Lande, zu Wasser und in der Luft. Unfassbare 20 Millionen Opfer forderte dieser Konflikt, und nach den Zeiten des Nationalismus, der diesen Krieg heraufbeschworen hatte, wurden nun doch Gedanken wach, dass diese Haltung nicht die Zukunft dieser Welt bestimmen sollte.

Der amerikanische Präsident Woodrow Wilson hatte die Idee eines Völkerbundes nach den Kriegserfahrungen maßgeblich verfolgt; das waren noch Zeiten, als sich ein amerikanischer Präsident noch mehr für den Weltfrieden als für sein Golf-Handicap interessierte. Das wären dann wenigstens sinnvolle Twitter-Beiträge gewesen, ich stelle mir den Tweet vom 10. Januar 1919 vor: „Cool! Völkerbund gegründet! Frieden für alle!" Interessanterweise wurde der Völkerbund-Vertrag aber von den USA selbst nie ratifiziert und daher wurden sie auch nie Mitglied! Die Abgeordneten fühlten sich von Präsident Wilson hintergangen und zu wenig in seine Pläne einbezogen. Deshalb waren die USA schon damals ein schwieriger Partner der Weltgemeinschaft. Die Ambition war ehrenhaft, die Ausführung dann allerdings weniger, denn nur knapp 20 Jahre später konnte der Völkerbund den nächsten großen Krieg weder aufhalten noch verhindern. Deutschland trat sofort nach der Machtergreifung aus dem Völkerbund aus, und auch als die Aggressionen Deutschlands immer stärker wurden, entpuppte sich der Völkerbund als eher lahme Zusammenkunft, denn man konnte sich nicht einmal auf gemeinsamen Protest gegen die deutsche Politik einigen. Hauptproblem waren vor allem die Eigeninteressen der einzelnen Mitglieder.

Konnte man es nach dem Zweiten Weltkrieg besser machen?

Immerhin gab es schon während des Krieges Pläne für eine weltweite Organisation und so konnte bereits am sechsundzwanzigsten Juni 1945 die Charta der Vereinten Nationen von fünfzig Staaten unterzeichnet werden. Und diesmal waren die USA sogar der erste Staat, der den Vertrag ratifizierte! Heute sind 143 Länder Mitglied der UN – elf Staaten bleiben außen vor, weil sie nicht von allen anderen anerkannt sind. Nur der Vatikan ist anerkannt, verzichtet aber auf eine Mitgliedschaft. Vielleicht, weil das, was bei der UN manchmal geschieht, doch alles andere als christlich ist?

Eigentlich könnte man sagen: Hört sich doch grundsätzlich ganz gut an! Die Staaten sind in einer Gemeinschaft verbunden und können so anstehende Probleme gemeinsam bewältigen? Nun, allerdings weiß jeder, dass eine Gemeinschaft noch keine Garantie dafür ist, dass keine Probleme mehr auftauchen, sonst gäbe es auch keine in anderen Gemeinschaften wie Familie, Stammtisch, Fußballmannschaft oder die Gemeinschaft der Heiligen.

Warum tut sich die UN aber immer so schwer, wenn es darum geht, die großen Fragen der Menschheit zu lösen? Klimawandel, Hunger, soziale Ungerechtigkeit, Krisen und Konflikte – das wären nur einige der großen Themen. Leider hat sich seit den Völkerbundzeiten wenig geändert: Jeder Staat verfolgt erst mal seine eigenen Interessen und nur, wenn diese nicht gefährdet sind, ist er bereit, an das Wohl der Weltgemeinschaft zu denken. Dazu kommen noch Konstruktionsprobleme der UN, die Entscheidungen oder Beschlüsse oft schwierig und manchmal unmöglich machen. Die größte Gemeinschaft innerhalb der UN ist die Generalversammlung, in der sich alle Staaten treffen. Bei Abstimmungen hat übrigens jedes Land eine

Stimme, egal ob es sich nun um Nauru mit 10 000 oder China mit über einer Milliarde Einwohnern handelt. Doch wer nun sagt, das sei ja völlig ungerecht, der muss sich erst einmal den Sicherheitsrat der UN anschauen, wo die wirklich wichtigen Entscheidungen gefällt werden: Dort sitzen fünf ständige Mitglieder und zehn weitere, die immer mal wieder ausgetauscht werden.

Kritik gibt es vor allem immer wieder am Veto-Recht dieser fünf ständigen Mitglieder des Sicherheitsrates: USA, China, Russland, Frankreich und Großbritannien können jede Entscheidung dort blockieren – und tun das auch in schöner Regelmäßigkeit, wenn es um ihre eigenen Interessen oder die befreundeter Staaten geht. Das ist quasi so, als ob in einer Firma Aufsichtsrat und Vorstand aus denselben Personen bestünden. So kann man munter gegen das Völkerrecht verstoßen und hat keine Konsequenzen zu befürchten. Wer nur mitspielt, wenn das Spiel nach seinen Regeln verläuft, der kann auch nicht verlieren.

Vielleicht ist das das Hauptproblem der UN und ein unlösbarer Widerspruch: Wichtige Staaten lassen sich nur zur Mitgliedschaft bewegen, wenn man sie mit weitreichenden (Sonder-) Rechten ausstattet, die ihnen weitgehende Sicherheit gewähren. Immer mal wieder werden Diskussionen angestoßen, die eine Reform des Sicherheitsrates verlangen, aber jede noch so gut gemeinte Reform kann natürlich auch wieder von den Vetomächten blockiert werden – da beißt sich die Katze in den Schwanz.

Genau das Gegenteil der Vetomächte verkörpert der UN-Generalsekretär (oft aber auch die ärmste Sau, wenn es um die Beilegung von internationalen Konflikten geht) – er ist zwar das moralische Gewissen der Weltgemeinschaft, aber gleichermaßen machtlos. Seine Waffen sind das Mahnen und Appellieren, echte Sanktionen kann er nicht aussprechen. Nun stelle man sich eine Mutter oder einen Vater vor, der die verzogenen Brazen nur durch gutes Zureden auf Kurs bringen will. Die Erfolgsaussichten sind überschaubar. Der UN-Generalsekretär gleicht dem Erziehenden, der seinem Sprössling androht, er zähle nun bis drei und dann gebe es eine ganz schlimme Strafe. In Wirklichkeit hat er aber keine Ahnung, was er bei drei nun tun soll. Abgesehen davon, dass China, Russland oder auch Großbritannien ohnehin ein Veto gegen sein Aufzählen einlegen werden. Allgemein wird die UN angesichts ihrer fehlenden Möglichkeiten oft als zahnloser Tiger bezeichnet. Ihre Macht ist oft nur moralischer und symbolischer Natur – und wenn jemand diese Macht nicht anerkennt, dann wirkt sie erschreckend hilflos.

Die schwärzeste Stunde der UN fand sicher während des Bosnienkrieges statt, als niederländische Blauhelm-Soldaten den anrückenden serbischen Truppen die Stadt Srebrenica überließen, immerhin eine Schutzzone der Vereinten Nationen. Was folgte, war ein Massaker an den männlichen Bewohnern der Stadt. Auf der einen Seite zwar verständlich, dass ihre Befehlshaber die Blauhelme nicht in Gefahr bringen wollten, aber eine Armee, die nicht bereit ist, im Notfall auch zu kämpfen, ist so nützlich wie eine Taschenlampe im Dunkeln ohne Batterie. Sicher haben Vermittlungsversuche des Generalsekretärs, Resolutionen des Sicherheitsrats, Beschlüsse der Generalversammlung und Blauhelm-Einsätze auch schon oft Menschenleben gerettet. Und vielleicht kann die UN gar nicht mehr leisten, solange ihre Mitgliedsstaaten ihre Egoismen nicht hinten anstellen.

Vielleicht wird es die Menschheit eines Tages noch erleben, dass Kants Traum wahr wird.

*Christophorus?*

Ja, treuer Knecht?

*Ich finde, das war ein sehr deprimierendes Kapitel.*

Da hast du recht; wir haben viele Kleinigkeiten besprochen; das wäre etwas ganz Großes, wenn die UN Durchgriff hätte, dann wären viele Probleme auf einmal gelöst.

*Sollen wir jetzt verzweifeln?*

Niemals, wir schreiben weiter! Die Änderung einer großen Sache beginnt damit, dass sich viele kleine Dinge ändern. Lass uns weiterarbeiten.

*Gerne!*

# Kapitel 40
## Vermögensverteilung

Schon immer gab es jene, die wenig hatten, und jene, die viel hatten – und jene, die viel zu viel, und jene, die viel zu wenig hatten. Wie sagte Jesus einst: „Eher geht ein Kamel durch ein Nadelöhr, als dass ein Reicher in das Reich Gottes gelangt." Doch diese Worte mögen nur ein schwacher Trost sein für jene, die wenig haben.

Ich habe hier oben viel mit Jesus über dieses Zitat gesprochen, es ist auch eines der vielen, die gerne in eine Richtung interpretiert werden. Habt keine Sorge, es geht uns überhaupt nicht darum, dass wir Euch Menschen Wohlstand oder gar Reichtum nicht gönnen würden, woher auch und warum auch? Bei uns oben hat jeder alles, was er braucht und was er möchte und kann sich alles, was ihm einfällt, sofort erschaffen; es gibt bei uns keinen Neid und keine Missgunst, es gibt auch nicht mehr und nicht weniger, es gibt einfach nur alles. Für alle. Ja, man könnte tatsächlich auch „Paradies" dazu sagen. Hier unten auf Erden hat jeder von Euch seinen individuellen Plan, den er mit den Mitteln, die ihm gegeben sind, umsetzen möchte. Jesus hat damit vor allem gemeint, dass es viel leichter ist, seine Seele zu pflegen und zu entwickeln, wenn man nicht die ganze Zeit damit beschäftigt ist, mehr haben zu wollen als die anderen und dies vor ihnen verteidigen zu müssen. Jesus möchte und wollte schon immer, dass Ihr das Leben auf der Erde nutzt, um Euch zu erkennen, zu erleben und Eure Seele zu erweitern. Wenn es Euer Plan ist, das mit viel Geld und Besitz oder wenig Geld und Besitz zu machen, spielt das eine untergeordnete Rolle. Problem ist nur: Wer wenig hat, ist nachgerade aufgefordert, sich zu entwickeln, und sei es nur deshalb, weil er mehr haben möchte. Wer schon ganz viel hat, verwendet möglicherweise zu viel Energie auf noch mehr haben oder darauf, sein Haben zu verteidigen, was ihm nichts bringt, denn Ihr kennt das Sprichwort: Der Sarg hat kein Regal und Euer letztes Hemd hat keine Taschen. An dem Tag, wo es bei Euch ums Sterben geht, wobei das nicht das Ende Eures Lebens ist, sondern eine Transformation Eurer Seele, dennoch: An diesem Tag geht es darum, wie sehr Ihr die Zeit genutzt habt, um Liebe zu geben, Liebe zu erfahren und Euch zu erleben. Alles andere ist eine Illusion.

Sicher, gerecht ging es noch nie zu auf der Welt. Doch dieser Zustand hat inzwischen unglaubliche Ausmaße erreicht. So errechnete die Organisation Oxfam im Jahre 2018, dass inzwischen 42 Menschen so viel wie die ärmere Hälfte der gesamten Weltbevölkerung besitzen! Dieser gehört insgesamt nur ein Prozent des weltweiten Vermögens. Das kann man achselzuckend zur Kenntnis nehmen (was hoffentlich höchstens 42 Menschen tun werden) oder sehr deprimiert oder gar wütend darüber werden. Und wer diese Zahlen noch etwas abstrakt findet, dem sei mit ein paar Beispielen geholfen: So müsste eine Näherin in Bangladesch ihr ganzes Leben arbeiten, um so viel zu verdienen wie der Chef eines großen Modekonzerns in vier Tagen. Das muss ihr erst einmal gelingen, ohne dass die ganze Fabrik über ihr zusammenbricht.

Und man muss ja gar nicht so weit schauen – bleibt man in Deutschland, so kann man feststellen, dass der VW-Vorstand ungefähr hundertsiebenundzwanzigmal so viel verdient wie ein Angestellter des Konzerns. Gut, das ist wahrscheinlich auch nötig, um die ganzen Anwälte zu bezahlen, die man als VW-Vorstand so braucht, aber wahrscheinlich übernimmt die Kosten ja auch der Konzern. Kein Wunder, dass er dann bei Lohnerhöhungen knausern muss!

Natürlich kann der Mensch auch ohne Reichtum glücklich sein, vielleicht ist es sogar leichter. Aber es geht ja nicht nur darum, sich ein größeres Auto, tollere Urlaube und eine Villa leisten zu können. Wer wenig hat, der leidet unter ganz anderen Problemen – er hat weniger Geld, sich gesund zu ernähren; hat oft erschwerten Zugang zum Gesundheitssystem! Es soll gewisse Unterschiede zwischen Kassen- und Privatpatienten geben, wie man so hört. Das spiegelt sich auch im Bildungsbereich wider: Es sind profane Dinge wie ein paar Stunden Nachhilfeunterricht, den sich der eine problemlos, der andere gar nicht leisten kann. Und so pflanzen sich die Unterschiede dann auch immer weiter fort. Das Problem besteht ja auch darin, dass es einfach ist für den, der bereits Vermögen besitzt, dieses zu vermehren, aber schwierig für den, der keines hat, überhaupt eines anzuhäufen. Zwar lebt Ihr in den Zwanzigerjahren in einer Niedrigzins-Ära, was bedeutet, Ihr müsst schon etwas kreativer sein als Euer übriges Geld auf dem Sparbuch zu parken, um es zu vermehren, aber zumindest hat der Vermögende diese Möglichkeit. Wie heißt doch der schöne Werbeslogan: „Lassen Sie Ihr Geld für sich arbeiten!" Das stimmt sogar im übertragenen Sinne – denn wer genug hat, der lässt sich sogar von billigen Kräften zum Mindestlohntarif die Arbeiten abnehmen, zu denen er selbst keine Lust hat.

Der Normalbürger hat auch wenig Chancen, sein Geld an der Steuer vorbei zu schleusen – dem Angestellten wird die Einkommenssteuer ja ohnehin schon jeden Monat sofort vom Lohn abgezogen, bevor er sie am Staat vorbei in ein dubioses Steuerparadies in Sicherheit bringen kann.

Dann gibt es große Konzerne oder Privatpersonen, die durch schlaue Tricks fast gar keine Steuern zahlen. Und selbst wenn manche dieser Tricks auffliegen, wie in den Fällen der Panama Papers oder Paradise Papers geschehen, so dauert es nicht lange, bis neue Schlupflöcher gefunden werden. Die Politik hält sich oft auch vornehm zurück, solche Dinge aufzuklären. Manche Staaten, selbst solche aus der EU, bieten sich im Gegenteil selbst als Steueroasen an. Woran denkt Ihr jetzt? Richtig, an Luxemburg! Ein Land, das mehr Briefkästen als Einwohner hat! Briefkästen, die die Namen von Firmenadressen tragen. So ist es möglich, dass hier Steuern von nicht einmal einem Prozent gezahlt werden. Warum die EU solchem Treiben keinen Einhalt bietet? Das hätte man einmal den langjährigen Kommissionschef Jean-Claude Juncker fragen können – der war schließlich auch lange Regierungschef und Finanzminister dieses Landes. Hat man vielleicht einfach vergessen, ist ja auch immer viel los. Und ganz nüchtern soll er ja auch nicht immer die ganze Zeit gewesen sein. Selbst in einem Land wie Deutschland herrschen große soziale Unterschiede, übrigens die größten in der Eurozone. Rein statistisch geht es den Deutschen gut – jeder Haushalt besitzt im Schnitt etwa 220 000 Euro! Bevor jedoch der eine oder andere nun seinen Ehepartner verdächtigt, irgendwo Barvermögen und Juwelen zu verstecken, so sei er beruhigt: Wahrscheinlich ist es einfach wie so oft mit Statistiken – sie sagen zwar die Wahrheit, aber es ist halt nur eine statistische Wahrheit, die die Wirklichkeit oft verzerrt.

Von 100 Deutschen besitzen zehn zwei Drittel ..... wohingegen 50 nur 1,4 % Ihr Eigen nennen.

Unterschiede, die auch von der Politik nur unzureichend bekämpft und manchmal sogar völlig verkannt werden. So ist es inzwischen gerade für Familien immer schwieriger, eine bezahlbare Wohnung in Großstädten zu finden, für Alleinerziehende nahezu unmöglich. Mit dieser Problematik konfrontiert, antwortete der FDP-Politiker Alexander Graf Lambsdorff, wenn man keine geeignete Mietwohnung finde, sei es doch vielleicht eine ganz gute Idee, sich eine Immobilie zu kaufen. Man fühlt sich fast an den legendären Satz, den einst Marie Antoinette gesagt haben soll, erinnert: „Wenn die Armen kein Brot haben, dann sollen sie doch Kuchen essen."

Nun ja, was will man von einer Partei erwarten, die sich vor allem dafür einsetzt, den Spitzensteuersatz zu senken und oft mit der Parole daherkommt, der Markt würde schon alles regeln. Der Staat wird dann allerdings sehr schnell um Hilfe gebeten, wenn Banken oder Großkonzerne ins Wanken geraten. Dann traut man dem Markt plötzlich doch nicht mehr so sehr. Aber auch die anderen Parteien zeigten nie übermäßiges Engagement, die großen Unterschiede in der Vermögensverteilung zu beseitigen. Die CDU unter Helmut Kohl schaffte die Vermögenssteuer ab, die SPD unter Gerhard Schröder senkte den Spitzensteuersatz und die Regierung Merkel sorgte dafür, dass die Abgaben auf Kapitalerträge sanken. Hier könnte man der alleinerziehenden Mutter dann auch wieder empfehlen, einfach Aktien zu kaufen, um ihr Vermögen zu erhöhen.

Wie so oft sind Lobbyinteressen im Spiel – große Firmen und wohlhabende Privatleute spenden oft Millionenbeträge an die Parteien, hier sind die Möglichkeiten von Hartz-IV-Empfängern eher beschränkt. Ihnen bleibt auch die Möglichkeit verwehrt, wie die Lobbyisten mit einem Hausausweis im Bundestag ein- und auszugehen. Noch mal: Dieses Kapitel soll in gar keiner Weise mit den Reichen oder Wohlhabenden abrechnen! Ich sehe oft von meiner Wolke runter wohlhabende Menschen bei Euch Gutes tun, dass es mir die Tränen in die Augen treibt. Viele von ihnen sind einfach nur glückliche und zufriedene Menschen, die mit dem Zusatzglück, Vermögen und Geld zu haben, beschert sind, dieses sozial und sinnvoll einsetzen und auch von Herzen teilen können. Das sind die einen, wir reden hier vor allem von den anderen!

Viele der anderen Wohlhabenden scheint ab und an ein schlechtes Gewissen zu beschleichen. Dieses versuchen sie dann zu beruhigen, indem sie Charity-Events inszenieren oder Stiftungen ins Leben rufen. Bei ersterem ist aber auch immer die Frage, ob solch eine schillernde Veranstaltung eher der Selbstdarstellung dient als einem ehrlichen Interesse an den Missständen auf der Welt. Und auch Stiftungen dienen oft ganz anderen Zwecken, nämlich z. B. dem, das Vermögen auf trickreichen Wegen an der Steuer vorbei zu manövrieren. Und desavouieren somit wieder viele Stiftungen und gemeinnützige GmbHs, die wirklich nur eingerichtet wurden, um Eure Welt zu verbessern und das auch effektiv tun. Und auch viele Charity-Veranstaltungen sind wirklich auf den guten Zweck gerichtet und haben schon oft geholfen, die Welt zu verändern. Ihr seid immer aufgerufen, die Augen zu öffnen, hinter alle Kulissen zu schauen, und wie immer gilt das Wort: An ihren Früchten sollt Ihr sie erkennen!

Auf eine weitere Ungleichheit möchte ich hier noch hinweisen – die zwischen Frauen und Männern. Neunundsechzig Prozent der Millionäre in Deutschland sind männlich, Frauen verdienen im Schnitt noch immer weniger als Männer und sind öfters Alleinerziehende mit geringem Einkommen.

Wahrscheinlich wird es nie gelingen, die ungleiche Vermögensverteilung auf der Welt zu beenden, aber sie abzumildern, das wäre möglich. Auf der einen Seite müssten die Möglichkeiten von Konzernen und Vermögenden beschnitten werden, ihr Geld vor dem Staat in Sicherheit zu bringen. Wenn das gelingt, dann wiederum stehen mehr Steuern zu Verfügung, um größere Investitionen in die öffentliche Bildungs- und Gesundheitsversorgung zu ermöglichen. Und das gibt dann wieder den Ärmeren bessere Aufstiegsmöglichkeiten, die ja nicht einmal in Deutschland garantiert sind (siehe auch => „Bildungswesen"). Natürlich kann das Streben nach Reichtum auch eine hohe Motivation beinhalten, etwas aus sich zu machen. Deshalb soll Besitz hier gar nicht verteufelt werden, aber es kann nicht sein, dass die einen sich das Essen vom Mund absparen und die anderen sich auf Messen für Superreiche treffen, wo man sich Flugzeuge, Inseln oder Weltraumflüge kaufen kann.

Oder wie der amerikanische Komiker Danny Kaye einst sagte: „Geld allein macht nicht glücklich. Es gehören auch noch Aktien, Gold und Grundstücke dazu."

# Kapitel 41
## Verschwörungstheorien

In vielerlei Hinsicht hatten unsere Vorfahren früher ein weitaus unangenehmeres Leben als wir, aber es war auch überschaubarer. Wenn man von einem wilden Tier verfolgt wurde, dann wusste man, wer für die Gefahr verantwortlich war. Bei Missernten, Krankheiten oder Naturkatastrophen vermutete man manchmal noch den Zorn der Götter dahinter, den man sich durch irgendein Verhalten zugezogen hatte.

Irgendwann in späteren Zeiten, als die Welt etwas komplexer und komplizierter wurde, begann der Mensch nach finsteren Mächten oder Mitmenschen zu suchen, die man für unangenehme Ereignisse verantwortlichen machen konnte. So kann man die ersten Verschwörungstheorien bis ins Mittelalter zurückverfolgen. In früheren Jahrhunderten waren es oft bestimmte Gruppen, denen Verantwortung für irgendein Unglück zugeschrieben wurde. So wurde den Juden bereits im vierzehnten Jahrhundert unterstellt, die Pestepidemien ausgelöst zu haben, indem sie Brunnen vergifteten, um die Christenheit auszulöschen. Schon damals waren Seuchen ein guter Nährboden für Verschwörungstheorien! So finden sich im Laufe der Geschichte immer wieder Verschwörungstheorien, aber ein wahrer Brandbeschleuniger für ihre Verbreitung war die Entwicklung der modernen Medien. Durch deren Aufkommen vervielfachte sich auch die Anzahl der Verschwörungstheorien und erreichte ihren Höhepunkt im jetzigen Internetzeitalter. Heute kann jeder seine wirren Fantasien in die Tastatur hacken und wenn er Glück hat, sogar eine zumindest virtuelle Gefolgschaft rekrutieren.

Und wer z. B. einmal ein Verschwörungsvideo auf YouTube angeschaut hat, der wird dank des Algorithmus gleich mit dem nächsten versorgt. So kann es dann leicht geschehen, dass man sich in der endlosen Schleife wiederfindet und vielleicht das eine oder andere am Ende gar für bare Münze nimmt. Allein die Aufzählung der aktuellen Verschwörungstheorien würde ganze Bücher füllen. Aber was für eine Welt wäre das? Um die Macht ringen je nach Theorie Nazis, die sich im Inneren der Erde verstecken, das Finanzjudentum, Reptilienwesen, die im Körper von Politikern stecken (was bei Markus Söder durchaus vorstellbar wäre), außerdem gibt es natürlich Aliens und Chemtrails, die Euch gefügig machen. Ich habe einen von Euch da unten einen ganz witzigen Beitrag posten sehen, er vermutet, dass die Sonne in Wahrheit türkisfarben und Planeten achteckig sind. Wolken sind nichts anderes als sogenannte „Weiße Löcher", Guckfenster für die Aliens, um Euch besser überwachen zu können. Eva Hermann hat sich Kanada unter den Nagel gerissen und gründet das „Land der braunen Echsen". Der von Bill Gates ausgetauschte Mensch braucht keinen Sauerstoff mehr, aber das Positive: Die Zahl der Irrenhäuser hat sich vertausendfacht, geführt von gechipten Ärzten.

Liebe Menschen auf der Erde, habt keine Angst, nichts daran ist wahr! Gottvater ist allmächtig und könnte all dies erschaffen. Aber nachdem er Euch gemacht hat, ist er vorsichtig geworden und will keinen weiteren Unsinn mehr ins Leben rufen. Aber manches wäre auch schön, würde es stimmen – so sollen Elvis und John Lennon noch leben. Schade nur, dass sie anscheinend keine neuen Songs mehr herausbringen. Manche Verschwörungstheorien sind natürlich auch harmlos und richten keinen großen Schaden an: Da gibt es Menschen, die glauben, dass Madonna eine gute Sängerin wäre oder ganz absurde Theorien, die besagen, dass das, was das seit Jahren von einem Bayer besetzte Verkehrsministerium tut, irgendwas mit einer umsichtigen, gesamtdeutschen Verkehrsplanung zu tun habe.

Problematisch werden Verschwörungstheorien dann, wenn sie tatsächlich eine Gesellschaft in Gefahr bringen oder zumindest destabilisieren. In der Corona-Krise wurde damit begonnen, Bill Gates als den Schuldigen am Virus auszumachen, und krude Geschichten gelangten in Umlauf. Sicher ist Bill Gates für viele furchtbare Dinge verantwortlich, für viele würde schon Windows 98 ausreichen, um ihm eine lebenslange Haftstrafe zu verpassen! Und natürlich darf man Gates, durchaus berechtigt, auch kritisieren, aber vieles erscheint doch sehr absurd. So sollen Gates und seine Frau Melinda sogar hinter der Erschaffung des Virus stehen, um bei einer späteren Impfung allen Menschen Mikrochips einpflanzen zu lassen, um diese zu kontrollieren. Der ehemalige Radiomoderator Ken Jebsen z. B. führt aus: „Inzwischen ist es so, dass es ein Ehepaar ist, das der ganzen Welt diktiert, wie es zu leben hat", meint Jebsen. Das sei „… mehr Macht als seinerzeit Roosevelt, Churchill, Hitler und Stalin gemeinsam". Der vegane Koch Attila Hildman postete auf Facebook: „Gates will über die nationalen Regierungen eine globale Gesundheitsdiktatur errichten!" Auch Angela Merkel und/oder George Soros sind öfter mal verwickelt, unter anderem planen sie eine Reduzierung der Weltbevölkerung und den Austausch des deutschen Volkes mit Menschen aus anderen Ländern. So ganz einig sind sich die Verschwörungs-Fachleute da aber noch nicht. Und selbst der neue Mobilfunkstandard 5G soll, neben Krebs und Artensterben, auch für das Corona-Virus und dessen Verbreitung verantwortlich gewesen sein. Da kann man zumindest froh sein, dass der in Deutschland vielerorts ja noch gar nicht erreicht wird. Denn viele von Euch sagen: Ich würde mich sofort mit dem 5G-Standard chippen lassen, überall Netz, was für eine tolle Vorstellung!

Das Problem beim Umgang mit Menschen, die Verschwörungstheorien anhängen, ist ja, dass sie Fakten gegenüber oft völlig immun sind. Manche kann man ja meiden, aber schwierig wird es, wenn es Leute aus dem eigenen Bekannten- oder Verwandtschaftskreis sind. Hier hilft es manchmal, zu ergründen, woher dieser Glaube an Verschwörungstheorien kommt – welches sind die Ängste oder Unsicherheiten, die das bedingen? Zunächst einmal: Wer in diesem Konglomerat aus Halbwahrheiten, alternativen Fakten und Lügen, die sich im eigenen Echoraum verstärken, drin steckt, kommt nur durch einen starken eigenen Willen wieder raus. Ihr kennt die Geschichten von Menschen, die in einer Sekte festhängen; sie möchten nur noch das hören, was ihren momentanen Ansichten nach der Gehirnwäsche entspricht, alles andere prallt an Ihnen ab. Warum macht Ihr Menschen so etwas freiwillig? Das hat zwei Gründe: Zum einen werden in Euch Ängste verstärkt, die Euch panisch machen. Angst ist der schlechteste Ratgeber auf dieser Welt: Angst ist wie Liebe mit negativem Vorzeichen; die Liebe vertraut und ist hoffnungsvoll, die Angst ist ihr Gegenteil. Wenn Dich die Angst am Wickel hat, bist Du nicht mehr Du selbst. Gott gibt Euch immer wieder die Kraft, Eure Angst zu besiegen, Ihr müsst diese Kraft aber auch annehmen. Viele von Euch, die Verschwörungstheorien anhängen, treibt auch das Bedürfnis, bedeutsam zu sein. Sie haben das Gefühl, einer der wenigen Wissenden sein zu dürfen, die das Spiel durchschauen. Sie werden missionarisch dazu angetrieben, die Schlafschafe, ihre Freunde, die alles ignorant hinnehmen, die sich vom Mainstream und den gleichgeschalteten Medien einlullen lassen, aufzuwecken.

Es ist wie die Geschichte des Geisterfahrers, der im Radio auf SWR3 die Warnung hört: „… auf der A8 von Stuttgart nach Karlsruhe befindet sich ein Falschfahrer, fahren Sie äußerst rechts, überholen Sie nicht, wir melden uns, wenn die Gefahr vorbei ist!"

„Dass ich nicht lache", sagt der Geisterfahrer dann amüsiert, „ein Falschfahrer? Alle! Alle!!"

# Kapitel 42
## Wegwerfgesellschaft

Für den modernen Menschen von heute fast unvorstellbar, aber allzu lange ist es noch gar nicht her, dass Dinge so lange verwendet wurden, bis man sie überhaupt nicht mehr gebrauchen konnte – oder sie sogar mehrfach repariert wurden!

Was Kleidung angeht, so hatte man zu meinen Lebzeiten gar nicht so viele Kleidungsstücke. Ich besaß eine dünne Kutte für die warme und eine dicke Kutte für die kalte Jahreszeit und musste diese zwangsläufig immer wieder instand setzen lassen – und diese Sitte war auch bis vor wenigen Jahrzehnten noch gang und gäbe. Zweifellos erinnert sich auch der eine oder andere Leser, der die fünfzig schon überschritten hat, an seine Jugendzeiten, in denen ein Loch in der Hose noch lange kein Grund war, diese einfach wegzuwerfen. Erst wurde das Loch gestopft; war es zu groß, kam ein Aufnäher darauf. Dieser bestand normalerweise aus einem Stück Stoff aus einer anderen, ausrangierten Hose. Auserwählt durfte sich fühlen, für den die Mutter einen gekauften Aufnäher, beispielsweise einen Piraten oder Indianer, erwarb! Mit Staunen und Ehrfurcht wurde dieser bedacht, ebenbürtig einem jungen Menschen, der heutzutage mit einer teuren Designer-Jeans auftaucht. Und wenn dann eines Tages auch ein Aufnäher nicht mehr half, selbst dann wurde die Hose noch nicht entsorgt! Denn dann konnte sie noch immer zu einer kurzen Hose umgewandelt werden und noch einmal mehrere Jahre – manchmal auch mehrere Generationen lang – ihren Dienst versehen. Denn selbst wenn das eine Kind aus einem Kleidungsstück herausgewachsen war, gab es weitere Abnehmer: jüngere Geschwister, völlig problemlos auch die des anderen Geschlechts, Cousins und Cousinen oder einfach wehrlose Kinder von irgendwelchen weitläufigen Bekannten, die einen Karton mit Kleidern „zum Auftragen" überreicht bekamen oder ihn morgens vor ihrer Haustür vorfanden. So konnte es auch passieren, dass einige Generationen später manche Dinge wieder bei einem jungen Menschen auftauchten, die schon der eigene Urgroßvater getragen hatte. Und wenn man Glück hatte, waren sie dann sogar wieder modern. Und war dann doch eines Tages ihr Todesurteil gekommen, galt das nicht für die ganze Hose! Denn noch immer konnten ja Teile davon als Putzlappen oder zum Flicken einer anderen Hose (siehe oben) verwendet werden.

In eurer Jetztzeit findet man Löcher in der Hose oder Flicken auf dem Pullover nur noch in ganz besonders teuren Designermodellen, die nachträglich auf Vintage getrimmt wurden und mit dem dreifachen Preis im Regal liegen. Ihr seid schon ein komisches Völkchen!

So verfuhr man damals auch bei anderen Dingen – waren sie kaputt, wurden sie repariert. Manchmal auch nur „provisorisch", bis man eine bessere Reparaturmöglichkeit zur Hand hatte. Was in der Regel nie passierte, was aber auch selten nötig war, da selbst die provisorische Reparatur mehrere Jahre lang hielt. Allerdings waren dies Zeiten, in denen Dinge auch noch repariert werden *konnten*. Heute kann der Normalsterbliche seine Produkte ja oft nicht einmal mehr öffnen, weil sie entweder so verschweißt sind, dass man sie zum Öffnen zerstören müsste oder das entsprechende Spezialwerkzeug nur zu horrenden Preisen von zwielichtigen osteuropäischen Schwarzmarkthändlern um Mitternacht in dubiosen Bahnhofskneipen zu erhalten ist. Und der Versuch, ein elektronisches Gerät reparieren *zu lassen*, löst beim Händler oft nur ein hysterisches Lachen aus. Spätestens mit der Vorlage eines Kostenvoranschlags wird fast jeder Kunde den Traum von einer Reparatur schnell beenden und zu einem neuen Gerät greifen.

Wo kam nun der Punkt, da der Mensch entschied, dass es einfacher ist, etwas wegzuwerfen und durch ein neues Produkt zu ersetzen? Die Wegwerfgesellschaft geht Hand in Hand mit der Konsumgesellschaft, die zuerst vor allem in den USA und als Folge des Wirtschaftswunders auch in Deutschland entstand. Dinge konnten immer schneller und billiger produziert werden – was billig ist, ist aber oft auch weniger haltbar. Und auch eine völlig neue Sorte von Dingen wurde geboren: das Einwegprodukt. Natürlich ist nicht alles schlecht, was für den kurzen und einmaligen Gebrauch gedacht ist. Eine durchaus segensreiche Erfindung der Neuzeit ist meiner Meinung nach das Toilettenpapier! Ihr erinnert Euch? Das gefragteste Produkt während der Corona-Zeit? Früher benutzte man für die finale Reinigung nach dem Toilettengang die linke Hand, später auch Lumpen oder Moos. Wahrscheinlich rührt daher der Spruch „Ohne Moos nix los." Doch viele Einwegprodukte führen zu riesigen Müllbergen: Kaffeebecher, Einweggeschirr, Plastikgabeln, Tüten für das im Styropormantel geschützte, mit einem Pappkarton umwandete, von einer Plastikfolie umschweißte, völlig unnötige Lifestyle-Produkt. Aber nicht nur Produkte, die ohnehin nur für den einmaligen Gebrauch bestimmt sind, lassen die Müllberge der

Erde immer weiterwachsen – sogar neuwertige Produkte wandern schnell, oft sogar ungenutzt, zum Abfall.

Den Höhepunkt markierte bisher das Verhalten des Online-Händlers Amazon. Im Jahr 2018 kam an die Öffentlichkeit, wie der Konzern mit neuwertigen Waren umging, die vom Kunden zurückgeschickt wurden mit den üblichen Bemerkungen: „Gefällt mir nicht!", „Sah auf dem Bild anders aus!", „Zu groß, zu klein, zu dick, zu dünn und vor allem zu blöd, oder rede ich gerade von mir als Konsument?" Amazon hat sie nicht etwa wieder in den Warenkreislauf eingebracht, sondern einfach vernichtet. Warum? Natürlich, weil es billiger und einfacher war (siehe auch => „Online-Handel").

Aber auch im Supermarkt um die Ecke werden jede Menge genießbarer Waren entsorgt, weil der Kunde natürlich lieber den makellosen Apfel nimmt als den, der schon eine kleine Druckstelle hat. Natürlich gibt es schon aufrechte Menschen, die einer derartigen Verschwendung den Kampf angesagt haben – doch werden sie oft sogar dafür bestraft! Jene, die Lebensmittel retten, indem sie das sogenannte „Containern" pflegen. Nichts beschreibt die Perversität Eurer modernen Gesellschaft besser als die Tatsache, dass Menschen, die Dinge vor dem Müll retten, sich strafbar machen. Dabei sind dies echte Helden, wenn man bedenkt, dass weltweit ein Drittel der produzierten Lebensmittel auf dem Müll landen, gleichzeitig aber jeden Tag zwanzigtausend Menschen an den Folgen von Hunger sterben. Kein Wunder, dass sich der unterernährte Afrikaner auf den Weg nach Europa macht, wenn er Bilder zu sehen bekommt, die zeigen, wie hierzulande Essbares in den Müll wandert.

Mehr Fluch als Segen ist hierbei auch das sogenannte „Mindesthaltbarkeitsdatum", welches viele Menschen mit einem „Oh-mein-Gott-wenn-ich-das-noch-esse-werde-ich-sicher-gleich-tot-umfallen"-Datum verwechseln. Man kann ein Lebensmittel anschauen, man kann daran riechen und sogar ohne große Folgeschäden davon probieren – und in den meisten Fällen wird man sich dann schnell sicher sein, ob man noch davon essen kann oder nicht. Der Herr hat Euch Mund, Nase und Augen gegeben, verwendet sie einfach.

Natürlich hängt die Wegwerfgesellschaft auch damit zusammen, dass den Menschen immer mehr suggeriert wird, dass sie ständig etwas Moderneres haben müssen. Ständig ist der Mensch in einem Wettlauf, den er nicht gewinnen kann. Wer kennt nicht den Spruch, dass ein Computer schon dann veraltet ist, wenn man mit ihm den Laden verlässt? Und viele

Dinge, die man heute erwirbt, dienen ja nicht nur ihrem originären Zwecke, sondern gleichfalls, um sich gegenüber seinen Mitmenschen abzuheben.

Schon der Gelehrte Alexander von Humboldt, der gar nicht so lange Zeit nach mir lebte, erkannte diesen Drang des Menschen:

„Wohlstand ist, wenn man mit Geld, das man nicht hat, Dinge kauft, die man nicht braucht, um damit Leute zu beeindrucken, die man nicht mag."

Manchmal ist es aber auch gar nicht der eigene Hedonismus, der als Motiv für einen Kauf herhalten muss, manchmal soll es sogar die Sorge um das Allgemeinwohl sein. Und manchmal geschieht das sogar unter dem Deckmantel der Ökologie! So wird von der Industrie angeregt, der Bürger solle sich umweltschonendere Autos oder Heizungen kaufen und seine alten verschrotten lassen. Doch wer berechnet, ob der Energieaufwand der Produktion des neuen Geräts die spätere Energieersparnis nicht schon im Vorhinein aufgefressen hat? Und der Staat unterstützt derartige Angebote mit Zuschüssen und Abwrackprämien, weil er sich gerne als nachhaltig und ökologisch korrekt geben will. Oft braucht es aber nicht einmal staatliche Anreize für den Neukauf – gerade in Bereich der Elektronik werden Geräte, die noch länger nutzbar sein könnten, schnell entsorgt. Sie landen dann auf Müllkippen für Elektroschrott in Asien oder Afrika, wo arme Schlucker sie auf Kosten ihrer eigenen Gesundheit auseinanderbauen. Es leiden also alle: Jene, die am Ende der Konsumkette ihr Dasein fristen, die Umwelt und sogar der Konsument, getrieben vom Gefühl ständig etwas Neues erwerben zu müssen.

Darum solltet Ihr Euch jedes Mal hinterfragen – brauche ich diese Sache wirklich, die ich gerade im Begriff bin zu kaufen? Brauche ich das neue Smartphone wirklich, weil seine Kamera eine noch bessere Auflösung hat als mein altes, die ich mit bloßem Auge sowieso nicht wahrnehme, oder doch nur, weil mein Kumpel es ebenfalls besitzt? Oder irgendein Star dafür geworben hat? Brauche ich die neue Kollektion für das Frühjahr/den Sommer/den Herbst/den Winter? Und brauche ich wirklich auch noch Extra-Kleidung für die „Übergangszeit", die auch eine Erfindung der Werbeindustrie ist?

Sicher, die Abkehr von der Wegwerfgesellschaft geht einher mit einem Verlust von Komfort und Bequemlichkeit, und allein kann es selbst der entschlossene Bürger kaum schaffen. Auch die Politiker müssen handeln, müssen sich befreien aus dem Griff der Lobbyisten der Konsumgesellschaft, die ihnen immer wieder zuflüstern, dass nur Wachstum der einzig gangbare Weg ist. Denn alle sollten daran denken – nur Nachhaltigkeit sichert den Fortbestand dieses Planeten. Es gibt nur einen. Man kann ihn nicht einfach wegwerfen und sich den nächsten kaufen. Nicht einmal bei Amazon. Ich gebe aber die Hoffnung natürlich nicht auf, dass Ihr Euch ändern könnt und dass Ihr etwas Besseres aus diesem Planeten macht, ich wiederhole: ohne wirklich Verzicht üben zu müssen.

*Bruder Christophorus, als ich noch nicht ein Buch für Dich schreiben musste und noch ganz normal Zeit hatte, habe ich mir vor wenigen Wochen in Stuttgart in einem Fachgeschäft mal einen Koffer gekauft.*

Und?

*Beim Bezahlen fragte mich die Verkäuferin: „Soll ich den Koffer in eine Tüte packen?"*

Und was hast Du geantwortet?

*„Ich brauche keine Tüte! Ich habe doch jetzt einen Koffer!"*

Und ich dachte schon, Du hättest gesagt: Bitte jetzt keine Tüte, sonst bin ich wieder den ganzen Tag drauf!"

*Aber Bruder Christophorus!*

Spaß; weiter!

# Kapitel 43
# Xylophon

Musik ist sicher eines der großartigsten Dinge, die der Mensch jemals hervorgebracht hat. Aus keiner Kultur ist sie wegzudenken. Musik kann trösten, sie kann aufwühlen, sie kann beruhigen, sie kann wie eine Medizin wirken. Im Laufe der Zeit sind auch mannigfache Instrumente entstanden.

Musik spielte schon früh eine Rolle im Leben des Menschen, sogar zu einer Zeit, in der die vornehmliche Sorge der Kampf ums Überleben war. Denn die ältesten Instrumente sind wohl über 35 000 Jahre alt. Das absolut älteste Instrument, das man bisher fand, war eine Flöte aus Gänsegeierknochen. Gefunden wurde sie übrigens in einer Höhle auf der Schwäbischen Alb! Also waren Eure schwäbischen Vorfahren ein durchaus musikalisches Völkchen, hätte man hier doch vielleicht eher vermutet, einen urzeitlichen Wischmopp zu finden!

Heute existieren über 1200 verschiedene Musikinstrumente, da ist für jeden etwas dabei. Gut, nicht jeder wird ein großer Musiker. Mancher wird früh traumatisiert, da es sich beim ersten Instrument, mit dem er konfrontiert wird, um die Blockflöte handelt. Ein Instrument, das sicher auch Millionen von Eltern in den Wahnsinn getrieben hat. Wer aber die Blockflöte überwunden hat und sich dann für ein anderes Instrument entscheidet, der wird neben harter Übungsarbeit auch viele beglückende Momente erleben. Im Laufe der Geschichte entstanden auch besonders berühmte Instrumente, die Geigen von Antonio Stradivari, die Steinway-Flügel oder die Fender Stratocaster-Gitarre, die alle in ihren Musikgattungen wahre Klassiker geworden sind. Von berühmten Xylophonen ist allerdings nicht viel bekannt. Dieses Instrument hat keine allzu große Rolle in der Musikgeschichte gespielt und wenn man Menschen befragt, werden ihnen viele bekannte Gitarristen oder Pianisten einfallen, allerdings wohl kein berühmter Xylophonspieler. In Baden-Württemberg erlangte einer dieser Musiker eine kurze Bekanntheit. Als nämlich Guido Wolff, der heutige Justizminister des Landes, als Kandidat um das Amt des Ministerpräsidenten gegen Winfried Kretschmann antrat, wurde auch immer mal wieder sein Hobby, das Spielen des Xylophons thematisiert. Nach der verlorenen Wahl verschwanden sowohl Wolff als auch das Xylophon wieder weitgehend in der medialen Versenkung. Auch kann ich mich nicht erinnern, dass der Herr das Xylophon jemals erwähnt hätte. Es hat sich somit weder besonders positiv noch negativ auf die Menschheitsgeschichte ausgewirkt und wird es wahrscheinlich auch in Zukunft nicht tun.

Daher wird sich der geneigte Leser fragen, warum schreibt Bruder Christophorus dann überhaupt darüber? Nun, die Antwort ist ganz einfach: Zum einen eignet sich „Xylophon" hervorragend für eine düstere Verschwörungstheorie. Lässt man nämlich im Wort „Xylophon" nur zwei Buchstaben weg, hat es genau die gleiche Anzahl von Buchstaben wie „Corona". Und: Es hat auch zwei „O" – merkt Ihr was, Schlafschafe?

Das war natürlich ein Spaß, die richtige Antwort lautet, ich möchte keinen Buchstaben zurücklassen, jeder soll in diesem Buch vorkommen. Aber welchen wichtigen Begriff hätte ich unter X sonst anführen sollen? Gut, es gäbe z. B. noch Xenon, ein chemisches Element, das zu den Edelgasen gehört oder Xanthin – eine organische Verbindung im Harn. Nun wird der geneigte Leser erkennen, warum ich dann doch beim Xylophon geblieben bin, und kann schnell weiterblättern, um zu sehen, ob es mir beim Y leichter fallen wird.

# Kapitel 44

# Y-Chromosom

Herbert Grönemeyer rief die Frage schon vor vielen Jahren in Form eines Liedes in die Welt hinaus: „Wann ist ein Mann ein Mann?" Doch damals hieß es noch „Männer haben's schwer, nehmen's leicht". Heute könnte man das Gefühl bekommen, sie hätten es – vor allem mit der Suche nach der richtigen Männerrolle – noch schwerer, nehmen es aber überhaupt nicht mehr leicht und sehnen sich zurück nach Zeiten, in denen das alles etwas weniger schwierig war.

Früher waren die Anforderungen an den Mann recht überschaubar: Hart sein, keine großen Gefühle zeigen, im Job möglichst erfolgreich sein, die Familie ernähren können und ein bisschen Macho durfte er auch sein. Die modernen Zeiten allerdings erfordern oft einen neuen Männertyp: Das Modell John Wayne hat ausgedient, aber so ganz klar ist das immer noch nicht, wie der moderne Mann nun aussehen soll.

Ich hatte ja schon in einem vorherigen Kapitel (siehe auch => „Frauen") beschrieben, wie die Geschichte der Menschheit vor allem eine Geschichte der Männer und deren Vorrangstellung war. Doch diese Vorrangstellung bröckelt langsam, aber sicher in allen Lebensbereichen. Im Beruf sind die Frauen oft nicht mehr nur Untergebene wie die treue Sekretärin, die dem Chef jeden Wunsch von den Augen abliest und verschämt und glücklich den Blick senkt, wenn mal ein kleines Lob für sie abfällt, sondern immer öfter gleichberechtigte Mitarbeiterin oder gar Vorgesetzte. Natürlich gibt es immer noch Domänen, die die Männer verteidigen können – so lag die Frauenquote in den Vorständen der DAX-Konzerne 2019 bei knapp 15 Prozent. Da könnte sich das Alpha-Männchen jetzt anscheinend entspannt zurücklehnen, aber wenn man genauer hinschaut, dann sieht man, dass diese 15 Prozent immerhin viermal so viel sind wie noch 2011. Und wenn man dann für das nächste Jahrzehnt ebenso eine solche Steigerung annimmt, dann sollte sich der Manager schon mal etwas besorgt den Krawattenknoten lockern. In den Aufsichtsräten erreichen die Frauen schon über 30 Prozent, dank der gesetzlichen Quotenregelung.

Es ist also nicht garantiert, dass der Mann weiterhin spät abends nach Hause kommt, etwas von einem „harten Tag" raunt und sich dann zu seinem wohlverdienten Rückzugsort Sofa, Kneipe oder Verein begibt.

Vielleicht schickt ihn seine Chefin auch früher heim mit den Worten: „Kleinknecht, Sie sehen müde aus, gehen Sie heute mal früher nach Hause und kümmern Sie sich um Ihre Kinder!" Inzwischen nimmt sich auch die Politik des neuen Mannes an – so soll ihm ermöglicht werden, mehr Zeit mit der Familie zu verbringen, was für manche Männer immer noch eine eher beängstigende Vorstellung sein mag. Immerhin 32 Prozent der Männer nutzen aber inzwischen die Möglichkeit in Elternzeit zu gehen, die meisten davon allerdings nur zwei Monate lang, die Frau übernimmt den längeren Zeitraum. Und die meisten Männer sehnen sich nach zwei Monaten Elternzeit zurück nach ihrem Job, in dem es wenigstens Kaffeepausen gab und das Hemd länger als eine halbe Stunde sauber blieb. Aber immerhin, die Zeiten, da die meisten Männer am Wochenende immer die Namen der Kinder wieder aufs Neue lernen mussten, scheinen vorbei zu sein.

So ganz gefunden haben sich die Männer aber noch nicht. Noch immer ist meistens der Mann der Haupternährer der Familie, aber immer mehr soll er sich auch als Erzieher und nicht nur als Vater einbringen. Gar nicht so einfach, hier die richtige Balance zu finden. Aber wenn er Hilfe braucht, kann er ja immerhin bei der Frau nachfragen. Die weiß, wie man mit diesem Spagat zurechtkommt. Da war es ja immer umgekehrt. Eine Frau, die arbeitete und gar Karriere machte, obwohl es daheim noch (kleine) Kinder gab, war schnell als Rabenmutter verschrien. War sie gar in öffentlichen Ämtern tätig, wurde sie auch oft gefragt, wie sie denn Karriere und Familie vereinbaren könne. Kaum vorstellbar, dass diese Frage jemals einem männlichen DAX-Vorstand oder Spitzenpolitiker gestellt wurde.

Und wie sieht es in der Politik aus? Jahrzehntelang war auch hier klar – der Chef war männlich! Die wenigen Ausnahmen wie Margaret Thatcher mussten sich nach außen hin noch männlicher geben als ihre Kollegen. Auch in Deutschland beherrschten Männer das Bild, Frauen durften höchstens mal hier und da ein „weiches" Ministerium leiten, Gerhard Schröder hätte „Gedöns" dazu gesagt: Jugend, Familie, Umwelt, das war es dann aber auch. Und an der Spitze bestimmten Alpha-Männchen wie Helmut Kohl oder Gerhard Schröder den Kurs. Ja, die gute alte Zeit, wird mancher jetzt seufzen – da reichte noch ein „Basta!" zur Durchsetzung der politischen Ziele. Doch nach dem letzten legendären Aufbegehren Gerhard Schröders in der Elefantenrunde nach seiner verlorenen Wahl 2005, als man das Gefühl hatte, er habe sich davor noch eine Extraladung Testosteron zugeführt, begann die Merkel-Ära. Und hilflos mussten zahlreiche männliche Spitzenkräfte zusehen, wie sie von den Fleischtöpfen der Macht abgezogen wurden: Koch, Oettinger, Merz, Röttgen und viele andere mehr. Und selbst wenn nach Merkel sich nun, so wie es aussieht, mal wieder ein Mann als Kanzlerin ausprobieren darf: Der Macho-Typ der Vergangenheit, der in Friedrich Merz ein kurzes Comeback erlebte, dürfte sich wohl nicht durchsetzen. Gut, ein Markus Söder ist jetzt auch keiner aus der Softie-Abteilung, aber er hat gelernt: Wer was erreichen will, der darf nicht nur den starken Macker spielen – man muss sich auch um Bienen und Bäume sorgen oder zumindest glaubhaft so tun, als würde man es.

Wenn wir uns auf der Welt umschauen, so sind immer noch die meisten Regierungschefs männlich und das wird in vielen Staaten, vor allem in der afrikanischen oder arabischen Welt sicher auch noch lange so bleiben. Aber wenn man sich mal die führenden Köpfe der westlichen Welt betrachtet, so wirken Figuren wie Trump oder Johnson doch wie ein letztes Aufgebot der alten weißen Männer. Und gerade in der Corona-Krise haben doch zumeist die Länder, die von Frauen regiert wurden, die bessere Figur abgegeben. Interessant ja auch, dass viele männliche Staatslenker in ihren Reden an die Nation auf das Bild vom Virus als Feind zurückgriffen, den man bekämpfen müsse – wohingegen Frauen das Ganze oft etwas nüchterner angingen.

So mag es in vielen Bereichen noch immer eine männliche Dominanz geben, doch die Selbstsicherheit des Mannes ist ein Stück weit verschwunden – er muss sich durchsetzen gegen weibliche Konkurrenz, muss auch ihre Eigenschaften übernehmen, um konkurrenzfähig zu sein. Und vor allem muss er damit rechnen, dass die Frau sich zur Wehr setzt. Wie sehr hat die MeToo-Debatte die Filmwelt erschüttert und wie stark meldeten sich in deren Zuge Frauen weltweit und aus allen Lebensbereichen zu Wort, um ihre Erfahrungen preiszugeben. Allein in den USA verloren in diesem Zusammenhang über zweihundert einflussreiche Männer aus verschiedenen Branchen ihren Job. Allerdings hat MeToo auch zu etwas anderem geführt: Viele Männer fürchten sich nun vor falschen Anschuldigungen. Grundsätzlich sind Frauen ja keine besseren Menschen als Männer und die eine oder andere wird ihre neugewonnenen Möglichkeiten auch ausnutzen. Mancher fragt sich darum: Was ist noch ein Kompliment? Was schon eine Belästigung? Und schon wird diskutiert, wie man es schriftlich fixieren kann, dass der Sex einvernehmlich stattfand. Reicht ein einfaches Dokument mit Unterschrift: „Ich erkläre, dass ich den Geschlechtsverkehr mit

Herrn XY willentlich und unter vollem Bewusstsein durchgeführt habe." Oder muss man das Ganze vielleicht weitaus ausführlicher festhalten, indem z. B. verschiedene Praktiken angekreuzt werden, die zulässig sind. Und muss ein Notar es beglaubigen? Es bleibt die Frage, ob beide anschließend überhaupt noch Lust auf Sex haben.

Gar nicht so einfach, sich zu verorten zwischen diesen beiden Polen: dem Macho mit dem offenen Bademantel, der mit einem schmierigen Grinsen in der Zimmertür steht, und dem übervorsichtigen Angsttypen, der lieber auf Sex verzichtet, als irgendetwas falsch zu machen. Wann ist ein Mann also ein Mann? Tja, es ist wirklich nicht mehr so einfach wie früher – der Mann muss sich neu erfinden: im Beruf, im Familienleben, in der Beziehung. Aber vielleicht liegt darin ja auch eine Chance, dass nicht mehr nur das *eine* Modell Mann akzeptiert wird. Das führt ja auch zu mehr Freiheit. Trotzdem bleibt es schwierig. Wahrscheinlich ist der einzig brauchbare Tipp im Moment: authentisch bleiben. Mehr kann ich Euch gerade auch nicht raten – ich bin ja auch nur ein Mönch, äh, Mensch, äh, Mann.

Mann, Sonntag!

*Ja, Bruder Christophorus, was?*

Wir sind durch fürs Erste!

*Wie: Schon fertig?*

Ja, das Alphabet hat nun mal nur 26 Buchstaben, wir schreiben jetzt noch ein Schlusskapitel und das wars dann. Was machst du danach?

*Na ja, ich warte darauf, dass Du wieder runterkommst, in mich reinkarnierst und mich Deine Fastenpredigt halten lässt.*

Das ist eine gute Idee, Sonntag, ruh Dich ein bisschen aus, die nächste Fastenpredigt hat es in sich!

*Das kann ich im Nachgang von Deiner letzten auch sagen.*

Guter Junge!

# Kapitel 45
## Zum guten Schluss

So, liebe Menschinnen und Menschen, Leserinnen und Leser, das Buch ist zu Ende. Euer Alphabet ist mit sechsundzwanzig Buchstaben einerseits sehr lang und vor allem der Buchstabe „X" hat mich fast ins Schleudern gebracht, bei anderen Buchstaben wären mir noch zehn, fünfzehn oder gar zwanzig Kapitel eingefallen. Aber ich habe es Euch zu Anfang des Buches gesagt, es geht hier nicht darum, alle Probleme, die Euer jetziges Tun erzeugt und produziert, dezidiert zu besprechen. Es geht schon gar nicht darum, zu jedem Problem die schlüsselfertige Lösung zu liefern. Mir ging es vor allem darum, mit Euch ins Gespräch zu kommen und Euch vielleicht ein bisschen die Augen zu öffnen über Dinge, die Ihr eigentlich wisst, die aber tief in Euch vergraben liegen. Dann hätte das Buch schon einen Wert. Außerdem muss ich langsam auch meinen treuen Knecht wieder ins Leben entlassen, der Gute hat ein paar schwere Monate hinter sich, er wurde mit falschen Vorwürfen durch die Presse und die Justiz gejagt und muss jetzt wieder arbeiten, um seine vielen Kinder zu ernähren. Sonntag, wie waren die Monate für dich?

*Na ja, lieber Bruder Christophorus, das war schon hart, wenn Du Woche für Woche in der Zeitung wahrnehmen musst, wie ein ambitionierter Journalist Vorwürfe gegen dich transportiert, die nicht stimmen und mit einem großen Fragezeichen auf der ersten Seite platziert – und wenn dann eine Steuerprüfung, ein Staatsanwalt oder ein Kriminalkommissar verlautbaren, dass die Anwürfe gegen dich falsch waren und du unschuldig bist, konntest du das auf Seite siebzehn unten rechts in einem kleinen Kästchen lesen.*

Ich habe ja nicht gefragt, was passiert ist, sondern wie die Monate für dich waren?

*Ich würde sagen, das war schon richtig hart und das möchte man keinem anderen Menschen gönnen. Es gab einen Tag, da bin ich einfach unter dem Druck zusammengebrochen. Ich lag wie ein jammerndes Würmchen auf dem Boden und habe interessiert aus der Metaebene heraus beobachtet, wie so etwas geht. Man sieht Zusammenbrüche sonst immer nur in Filmen, aber dass das wirklich funktioniert, dass der menschliche Körper unter dem Druck der Seele zusammenbrechen kann, die Muskeln ihren Dienst versagen und du auf dem Boden liegst und keine Ahnung hast, ob du jemals wieder aufstehen kannst, das war schon eine ganz neue Erfahrung.*

Hast du dich ein bisschen gefühlt wie Hiob?

*Ein bisschen schon, aber warum fragst Du das, Bruder Christophorus?*

Weil Du gerade gesagt hast, das möchte man niemandem gönnen; ich habe es Dir von Herzen gegönnt.

*Du hast WAS?*

Ich hab es Dir von Herzen gegönnt, denn schau, was es mit Dir gemacht hat. Was würdest du sagen?

*Nun, ich würde sagen, ich habe zum ersten Mal begriffen, wie Presse und Politik wirklich funktionieren, was man von ihnen erwarten kann und was nicht und vor allem, ich habe meine Freunde kennengelernt und ich durfte erleben, wie meine Geschwister und meine Kinder für mich da waren und mich aufgefangen haben.*

Wunderbar. Weiter?

*Weiter? Ich habe in diesen schrecklichen Monaten, die mich an den Rand meiner Existenz gebracht haben, auf eine bestimmte Art auch mehr Glück, mehr Liebe, mehr Freude und mehr Enthusiasmus erlebt als in den ganzen Jahren zuvor.*

Siehst Du? Du verargumentierst gerade, weshalb ich Dir diese Monate von Herzen gönne. Und etwas Weiteres ist passiert!

*Ja, ich habe nach vielen Lebensjahren lernen dürfen, dass es Menschen gibt, die mich wirklich lieben, vorbehaltlos, nicht um dessen, was ich habe oder zu sein scheine, sondern um dessen, wer ich bin.*

Weiter?

*Ich habe sogar eine Partnerin gefunden, der es um mich als Mensch geht.*

Treuer Knecht, mir kommen die Tränen! Was für ein großes Geschenk hat Dir das Leben mit der größten Krise Deines bisherigen Lebens gegeben, begreifst Du das?

*So, wie Du das gerade darstellst, würde ich sagen: Ja.*

Erinnerst Du Dich an den Spruch, den Dein Opa, der Bildhauer Oskar, in ein Holzbild geschnitzt hat?

*Du meinst: „Dein Auge kann die Welt trüb oder hell Dir machen, wie Du sie anschaust, wird sie weinen oder lachen?"*

Genau das meine ich. Kannst du Dir vorstellen, dass Dein Opa vor fast einhundert Jahren diesen Spruch deshalb geschrieben hat, damit Du ihn heute wahrnimmst und leben kannst?

*Willst Du damit sagen, er hat es für mich getan?*

Ich frage nur, ob Du Dir das vorstellen kannst.

*Ich finde das vermessen; ich habe drei Geschwister und neun Cousins und Cousinen, oder wie man bei uns sagt, „Bäsle und Vettern", meinst du nicht, dass er an jemand ganz anderen gedacht hat?*

Nein. Er hat an dieser Stelle an Dich gedacht. An anderer Stelle an andere; er hat an alle zugleich gedacht, so wie wir Seelen das mit allen anderen Seelen tun. Dieser Spruch ist dennoch exklusiv für Dich.

*Wow, das rührt mich sehr.*

Siehst Du, guter Knecht, dann mach Dich jetzt wieder an Deine Arbeit, sei aufrecht und freudig über alles, was Dir bisher im Leben begegnet

210

ist und was Dir alles noch begegnen wird. Denn denen, die Gott lieben, müssen alle Dinge zum Besten dienen!

*Unter diesen Umständen ist es leicht, Gott zu lieben.*

Natürlich ist es leicht, wäre ja schlimm, wenn es schwer wäre! Ist Dir beim Schreiben des Buches irgendwas aufgefallen?

*Ja, ich denke immer wieder an diese Passage aus dem ersten Kapitel:*

*„Es gibt auch kein Eingreifen Gottes auf dieser Welt; er bietet Euch nur seine Weltanschauung an und Ihr könnt Euch daran bedienen. Ihr könnt kosmisch-göttliche Kräfte anzapfen und ein erfülltes Leben führen. Ihr könnt Euch frei machen und Glück geben und empfangen. Ihr könnt aber auch alles andere tun, das ist sein Geschenk an Euch: Macht, was Ihr wollt, und kommt mit den Konsequenzen zurecht."*

*Das ist im zweiten Teil natürlich eine wichtige Kernbotschaft, die Du ja auch in jedem Kapitel immer wieder bestätigt hast. Aber mit dem Anfang bin ich noch nicht ganz konform.*

Kannst Du das genauer erklären?

*Na ja, weißt Du, ich kenne so viele Menschen, die einen Glauben an Gott absolut lächerlich finden, sie erklären das mit der Naturwissenschaft. Sie haben alles von Yuval Noah Harari gelesen und sich deshalb vom Agnostiker zum Atheisten hin entwickelt, weil ihr scharfer Verstand jeden Glauben an höhere Mächte als lächerlich empfindet.*
*Ich kenne aber auch wirklich viele Menschen, die das Eingreifen Gottes haptisch und materiell gespürt haben. Menschen, die eine unsichtbare Hand fühlten, die sie vom Zug wegzog, der sie sonst überfahren hätte; Menschen, bei denen eine fremde Person an der Tür geklingelt und das Lebensentscheidende gesagt hat und danach wie vom Winde verweht weg war. Diese Menschen sind vom unmittelbar direkten Eingreifen Gottes komplett überzeugt, weil sie es gespürt haben. Und Du sagst, Gott mischt sich nicht ein? Wie passt das zusammen?*

Gute Frage, treuer Knecht, auch diese ist ganz einfach zu beantworten: Wenn Du Gott bittest, mach, dass Tante Gerlinde nicht stirbt, dann wird Gott nicht seinen Finger auf Tante Gerlinde richten und einen kosmischen Energiestrahl senden, der ihr den Krebs aus dem Leib brennt. Das tut er nicht, aus verschiedenen Gründen und aus den Gesetzen heraus, die er und Ihr, wir alle, uns für das Leben auf der Erde aus guten Gründen gegeben haben.

Er bietet Euch aber das Energiefeld seiner guten Gedanken an und wenn Du ganz intensiv um eine gute Sache bittest, ändern sich Energiefelder auf der Welt und das, was Du möchtest, tritt ab einem bestimmten Moment ein. Aber auch das gehorcht gewissen Gesetzen. Du kannst Dich nicht bei völliger Dunkelheit auf die Gleise legen und dann beten: Lieber Gott, mach, dass der ICE mich nicht überrollt. Soweit geht das nicht, verstehst Du das? Du hast einen freien Willen, alles zu tun, was Du möchtest, und bist deshalb auch verantwortlich für die Konsequenzen daraus. Das Anzapfen der guten, göttlichen Energien kann dazu führen, dass sich Deine Gedanken und die Gedanken anderer ändern, dass sich dadurch das allgemeine Tun ändert und sich dadurch die Konsequenzen ändern. Insofern greift Gott ein durch seine Kraft, der Ihr Euch bedienen könnt, aber nicht, indem er einzelne Dinge ganz konkret lenkt und steuert, hast Du das begriffen?

*Ich lese mir das noch dreimal durch, dann vielleicht.*

Gut, dann sagen wir jetzt beide anständig „Auf Wiedersehen!" zu unseren Leserinnen und Lesern!

*Bruder Christophorus? Kannst du Dir vorstellen, dass wir mal wieder zusammen ein Buch schreiben?*

Ich hoffe, dass es nicht notwendig sein wird und dieses hier ausreicht. Wenn nicht, werde ich mich bei Dir melden.

*Das ist ein guter Ansatz und wir sehen uns ja bei der Fastenpredigt in der nächsten Faschingswoche!*

Lustig, was Du unter „sehen" verstehst, aber ja, ich fahre in Dich rein und lasse Dich schimpfen, dass es kracht.

*Ich freu mich drauf, Christophorus!*

Ich mich auch! Gott mit Dir, treuer Knecht!

*Bis bald, Christophorus! Ich glaube, Du wirst mir fehlen.*

Jetzt übertreibst Du aber, alter Knabe!

## Danksagung

Jetzt ist Christophorus weg und ich schreibe alleine. Ohne ihn. Komisches Gefühl.

Ich bedanke mich deshalb auch in erster Linie bei Bruder Christophorus Sonntag, der sich die Mühe gegeben hat, mir das ganze letzte Jahr hindurch immer wieder seine Gedanken zu diktieren. Ohne ihn hätte dieses Buch keinen Sinn – und wäre auch nicht entstanden.

Ganz herzlichen Dank an meinen Freund und Kollegen, Thomas Schreckenberger, den ich in diesen Zeiten so oft wie keinen anderen angerufen habe, ob ich denn wohl die Gedanken von Bruder Christophorus richtig verstanden hätte. Danke, Thomas!

Danke an meine Schwester Henriette, die wie jedes Mal ein neues Buch von mir als Erste liest. Diesmal sagte sie: „Christoph, da muss man gar nicht viel dran machen. Aber der Text kam ja auch von oben!" Danke für diese schönen Worte und Deine Hilfe!

Danke, Susanne Ilg, für das umwerfende Cover und Danke an mein Team, Cathrin, Stephanie, Sarah, Filip und Alex, für die laufende Unterstützung und konstruktive Kritik.

Und ganz herzlichen Dank auch an Dich, Lena, du hast mich im letzten Jahr 127 mal gefragt: „ …was ist los?" Meine Antwort war stets die gleiche: „Psssst, Christophorus diktiert wieder!"

Danke für Deine große Geduld und Liebe.

Allen Leserinnen und Leser, allen Menschen und allen Seelen ein schönes Leben auf dieser Erde! Man sieht sich! So oder so, hier oder dort!

214

Christoph Sonntag, geboren 1962 in Waiblingen, arbeitete nach dem Abitur als Journalist, nahm Schauspielunterricht und schloss 1991 sein Studium in München und Berlin als Dipl. Ing. im Fachbereich Landschaftsplanung/Landschaftsökologie ab.

Der schwäbische Entertainer blickt auf eine jahrzehntelange Bühnenpräsenz zurück. Seit 30 Jahren ist er als Kabarettist, Autor und Moderator in allen Medien und auf den Bühnen des Landes unterwegs. Verschiedene Radioglossen, wie AZNZ (Alte Zeiten Neue Zeiten) oder seine legendäre Fastenpredigt in der SWR Sendung "Das Jüngste Ger(i)ücht", in der er als der geistliche Bruder Christophorus den Mächtigen aus Politik, Wirtschaft und Gesellschaft die Leviten liest, machen Christoph Sonntag zum komödiantischen Sprachrohr der Schwaben. Christoph Sonntag ist inzwischen Autor von 15 Büchern.

Neben seiner Arbeit als Satiriker engagiert sich Christoph Sonntag seit 2007 mit seiner STIPHTUNG CHRISTOPH SONNTAG für zahlreiche gesellschaftlichen Themen im Bereich Naturschutz und Soziales. Letzteres vor allem mit benachteiligten Kindern und Jugendlichen.

*Pünktlich zu Beginn der Fastenzeit kommt Bruder Christophorus wieder herab von seiner Wolke, um den Mächtigen und Prominenten aus Politik und Gesellschaft die Leviten zu lesen.*

*All die Aufreger und den nahezu täglichen Wahnsinn in Politik, Wirtschaft und Gesellschaft kann der Geistliche natürlich nicht stehen lassen.*

*Kein Platz bleibt leer, wenn Christoph Sonntag und zahlreiche Künstler-Freunde und Kollegen, unter anderem Thomas Schreckenberger, Dui do on de sell, Horst Maria Merz, Klaus Faber und die schwäbische Band „Erpfenbrass" mit bitterbösem Kabarett und Sketchen das Publikum im Saal und im Fernsehen begeistern.*

Die Zeiten werden immer härter im Land und Ländle ...nicht nur für die Bevölkerung, sondern auch für den „homo politicus", jene hart gesottene Spezies, die Baden-Württemberg regiert. Die hochrangigen Vertreter der Landesregierung sowie der Opposition amüsieren sich köstlich – über die Schläge, die sie einstecken müssen.

Bruder Christophorus legt weiter beide Finger in alle Wunden!

*Wie immer ein „tierisches" Vergnügen: Das Puppenspiel des Wanke Ensembles unter der Leitung von Sylvia Wanke und Helmut Landwehr.*

*Zur Fastenpredigt gehört das Starkbier! Das Highlight, der Fassanstich, für den Ministerpräsident Winfried Kretschmann im Jahr 2020 neun Schläge benötigte.*

*Als ein Kommissar mit Trenchcoat, Polizeimütze und Sonnenbrille auf die Bühne kam, dachten viele: Das ist doch nicht etwa Günther Oettinger? Doch! Gell do glotsch!*

*„Das jüngste Ger(i)ücht" mit Christoph Sonntag und Gästen findet alljährlich zur Fastenzeit statt und wird im SWR Fernsehen in Baden-Württemberg ausgestrahlt.*

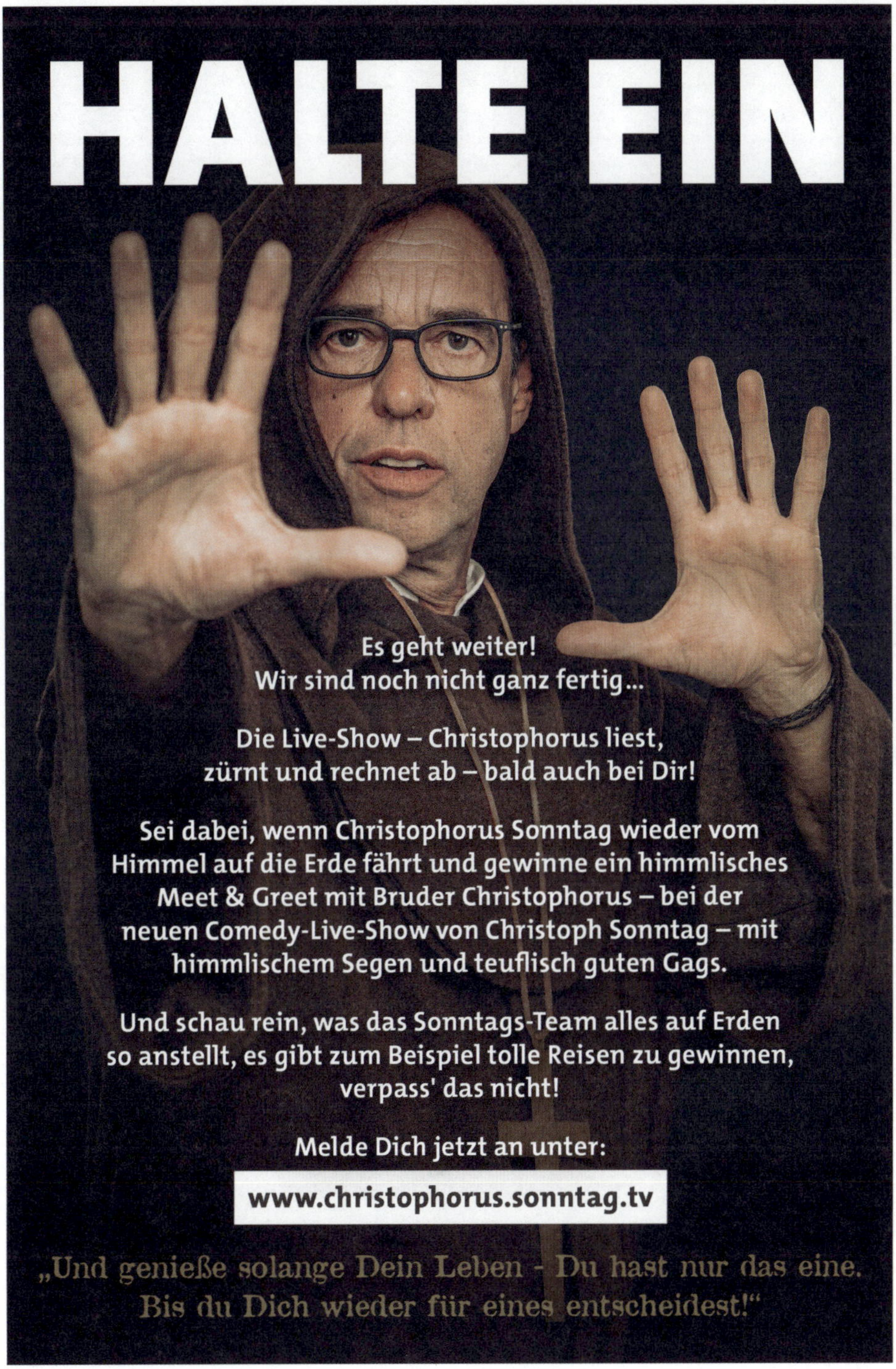
HALTE EIN
Es geht weiter!
Wir sind noch nicht ganz fertig...
Die Live-Show – Christophorus liest,
zürnt und rechnet ab – bald auch bei Dir!
Sei dabei, wenn Christophorus Sonntag wieder vom
Himmel auf die Erde fährt und gewinne ein himmlisches
Meet & Greet mit Bruder Christophorus – bei der
neuen Comedy-Live-Show von Christoph Sonntag – mit
himmlischem Segen und teuflisch guten Gags.
Und schau rein, was das Sonntags-Team alles auf Erden
so anstellt, es gibt zum Beispiel tolle Reisen zu gewinnen,
verpass' das nicht!
Melde Dich jetzt an unter:
www.christophorus.sonntag.tv
„Und genieße solange Dein Leben - Du hast nur das eine.
Bis du Dich wieder für eines entscheidest!"

www.sonntag.tv

222

# Weitere Werke von Christoph Sonntag:

*Das Busorakel,
Hohenheim Verlag 2009,
ISBN 978-3-89850-192-7*

*Schwäbisch für Anfänger,
Langenscheidt Verlag
2010,
ISBN 978-3-468-73801-2*

*Deutschland deine
SchwaBadener. Baden-
Württemberg von innen,
Silberburg-Verlag 2010,
2. Auflage 2010,
ISBN 978-3-87407-997-6*

*AZNZ Alte Zeiten Neue
Zeiten. Damals war heute
noch Zukunft ...,
Silberburg-Verlag 2011,
ISBN 978-3-8425-1133-0*

*Sonntags Ausflüge:
133 1/3 famose Ziele, Ge-
heimtipps und Adressen,
Silberburg-Verlag,
Tübingen 2014,
ISBN 978-3-8425-1300-6*

*So, jetzt wär des au
g'schwätzt – Warum man
uns Schwaben gerne mal
gern haben kann,
Heyne Verlag 2015,
ISBN 3-453-60334-6*